精神分析という経験

事物のミステリー

C・ボラス　著

館　直彦・横井　公一　監訳

訳
赤山正幸・岡達治・倉ひろ子・小土井直美
後藤素規・弘田洋二・村井雅美

岩崎学術出版社

……そのように，我々は生きていくだろう，
そして祈り，そして歌い，そして昔の話をして，
きらびやかな蝶の群を見て笑うだろう。
そしてごろつきどもが宮廷の噂話をするのを聞いて，
我々もそいつらに混じって，そういう話をするだろう。
誰が勝っただの，誰が負けただの，
誰が羽振りがいいだの，誰が落ち目だのと。
そして我々は事物のミステリーを身にまとう，
あたかも神の密偵であるかのように……

（『リア王』，第５幕，第３場）

精神分析という経験
事物のミステリー

『精神分析という経験——事物のミステリー』は，精神分析的な過程に見られるパラドックスに関する哲学的な論考である。この精神分析的な過程は，関与する２人の参加者の深い主観性をとおして精神生活を客観化しようとする方法であるが，このミステリアスな出会いをクリストファー・ボラスは創造的かつ啓発的な方法で考察している。

精神分析の核心にある探究方法は——すなわち患者の自由連想と分析家の平等に漂う注意——知識を得るための論理的で合理的で「科学的」な方法であると私たちが教えられてきたものと，すべてにおいて対照的な方法である。しかしながら，患者の精神的真実が明らかにされるのは，このような一見非論理的で破壊的な方法を用いることを通してしかありえないのである。ここで突破口が開かれるのは，思考や性格の病理構造の治療においてだけではない。西欧の精神がその知識の考えることがなかった形式（unthought forms of knowledge）にアクセスする仕方にも革命が起こるのである。

クリストファー・ボラスは，その類例のない，非常に読みやすいスタイルで，知ることについてのこの形式が幅広く含意するものに焦点を当てている。臨床研究によることで，ボラスは，心が長い間にわたって自己の敵であるような患者たちに，この方法を用いることによって起こるジレンマを集中的に描き出している。そして創造性について書くことによって，ボラスは，新しく打ち立てられた形式によって，個人の解放のために精神分析がどのようなことを提供できるかを示している。

『精神分析という経験——事物のミステリー』は，研究者にも，専門家にも，そして素人の読者にも同じように魅力的であろう。

クリストファー・ボラスは，ロンドンで個人開業している精神分析家である。彼はすでに以下の書物を著している。「対象の影（Shadow of the Object)」(1987)，『運命の力（Forces of Destiny)』(1989)，『性格となること（Being a Character)』(1992)，『ひび割れること　(Cracking Up)』(1995)。

謝　辞

「分析家が時として陥る狂気」はBoyerとGiovacchini編集の『熟練治療者による退行した患者の治療』(Jason Aronson出版社)のなかに「逆転移のなかでの退行」と題して発表された。「精神分析家がいる場所」はAmmanitiとStern編集の『精神分析と発達』(New York University Press)に発表された。「心の干渉」はCorriganとGordon編集の『心という対象』(Jason Aronson)に発表された。「境界例の欲望」はInternational Forum of Psychoanalysis誌(1996)に発表された。「形象とその機能」はPsychoanalytic Quarterly誌(1996)に発表された。「治療同盟の起源」はEnglish Speaking Congressで口演され，その会議で1989年に公刊され，そののちInternational Forum of Psychoanalysis誌(1998)に発表された。これらの論文の掲載された各出版社の許諾に厚く感謝する。Ezra Poundの『Ezra Pound詩編』(copy right 1934, 48 by Ezra Pound)からの詩句については，New Directions Publishing Corp. for the US and CanadaとFaber and Faber Ltd for the British Commonwealthの許可を得て再掲した。

目　次

謝　辞　　iii

序　章　　*1*

第１章　治療同盟の起源　　*7*

第２章　精神分析家がいる場所　　*22*

第３章　欠くことのできない精神分析の破壊について　　*43*

第４章　形象とその機能　　*57*

第５章　１，２•••７　　*78*

第６章　精神分析の目標とは　　*98*

第７章　自己に背く心　　*122*

第８章　心の干渉　　*143*

第９章　境界例の欲望　　*171*

第10章　パラノイア概観　　*185*

第11章　分析家が時として陥る狂気　　*191*

第12章　体現化　　*206*

第13章　創造性と精神分析　　*220*

第14章　事物のミステリー　　*243*

用語集　　*267*

参考文献　　*273*

解　題　　*277*

人名索引　　*283*

事項索引　　*285*

序　章

フロイト（Freud）による精神分析という方法の発見は，西欧的な物の見方を抜本的に変えてしまった。精神分析の方法論では，われわれが何を考えているかを知るためには慎重で客観的であらねばならないという，つまり今日的に言えば科学的であらねばならないという，もっともに思える要請を放棄してしまい，自分たちの心に浮かんだことを何であれそのまま話すという一見散漫な企てに参画するように求められるのである。西欧の知性は，意識という管理人によって仲介されている場合に限って知的な冒険に乗り出すことが許されている家父長制度的な秩序に慣れ親しんできたので，自由連想という方法は，単にしまりがないだけではなく，破壊的なものとすら思われるであろう。しかしわれわれが自分の内的な世界を理解しようとして，語り，語り，語り，そしてまた語ることに没頭するということは，いったいどのような意味をもつのであろうか。

分析が行われる場所は，しばしば分析家の自宅の一室であったり，オフィスビルの中に設定された応接室の一室であったりするのであるが，そこは企業活動や，科学的な活動や，宗教活動や，学術的な活動が行われる場所には似つかわしくない。しかもそのうえ，他人のいる前で横になるのである。ヨーロッパでの通常の分析の設定では，被分析者は頭を枕に載せてベッドで寛ぐのであるが，それに対してその対話の相手は被分析者の視野の外に座り，対照的に沈黙を守りつつ，その瞬間に心に浮かんだことは何でも話すように患者を促すのである。これはむしろ，カウンターカルチャーの世界のものである。それは，おそらくは女性の，とりわけ母親たちの，世界や仕事を拠り所にしているものである。そこではむしろ，女性たちは相手の世話をすることに慣習づけられており，無意識のコミュニケーションの形をとおして沈黙のなかで多くの声に語りかけられることに慣れ親しんでいるのである。

私がこれから論じるように，フロイトにしても，そのあとに続いた精神分析運動にとっても，この発見は容易に受け入れられるものではなかった。われわれ皆がそうであるようにフロイトが必要としていたものも確かな事実であり，そのためフロイトは，自由連想で人間を動機づけるものが何であるのか，そしてなぜそうであるのかについて（23巻の著作集の中で）語ることはほとんどなかったのである。しかしフロイトの発見した方法はまた，フロイトの意図を欺くものでもあった。なぜならば，このようなやり方で語ることを要請することによって，フロイトは，われわれすべてを，われわれ自身にとっても，また他者にとっても，常にミステリアスなものとしてしまったからである。自由連想をしている被分析者は，語りの中で自分自身を見失い，往々にして「私は自分がなぜこのことを話しているのかがわからなくなりました。セッションが始まる前は，まったく別のことを話そうと思っていたのに」といったようなことを述べる。物語が不可解な方向に進展していくにつれて患者の論理は辻褄が合わなくなり，やがて患者は，分析家が患者の心の背後でふと思い浮かぶ考えを語ることを欲していて，それをそのままにまったく関連のないものについての語りの論理に従って拾い上げようとしていることを知るようになるのである。「でも，私が考えていることをあなたに話したとしても，それは意味をなさないですよ」というのは納得のいく叫びではあるけれども，しかしやがて時間が経つとともに，患者は断片で話すというこの驚くべき，そして不可思議な自由を享受するようになり，そしてそれぞれの断片が，思考の異なった階層での，小さな見せ場をそれぞれ物語っていることに気づくようになるのである。

この方法のもつ治療的な本質は，この方法がまったく自然に，症状や病理構造にある麻痺的な支配力を破壊するところにある。たとえば，何年か前に自分は友達のコロンに汚染されたという妄想にとらわれていて，その瞬間から自分はリルケ（Rilke）を読む情熱を失って，自分には耐えがたいパウンド（Pound）を読むように強いられてしまったと確信している人物を想像してみよう[訳注1)]。妄想にとらわれた人は誰でも，ある固定した観念に閉じ込められてしまっていて，たとえ時にはそれが，ばかげた考えであることを受け入れていたとしても，しかしそれは動かしがたい構造として存続しているのである。ただ，妄想を抱いた人物が自由連想をするように求められるそのときまでは，そうなのである。「『コロン』について考えたとき，何が心に浮かびますか」というのは，単なる質問ではない。これは妄想のなかで結びつけられた数多くの関連性のない諸観念へと至る通路を開く鍵となる。質問を投げかけることは，妄想の構造を壊し始めることである。実際に，妄想を抱いている人はそのことを感じ取ることができるので，この脅威に抵抗しようとすることはよくあることである。「そんな質問をして，いったいどんな意味があるのですか」と彼は尋ねるかもしれない。もちろん，分析家にもわかりはしない。まさにそこがポイントなのである。その質問が，そしてその質問が関与している方法論が，妄想的であれ，あるいは精神分析的であれ，確かな事実への扉をこじ開けるのである。

分析家は，分析によって獲得された真実の知的な神聖さを密かに傷つけるようなプロセスを援助するという，いくぶん報われない作業を行う。それゆえ，分析家は自分たちの発見したことをより強く主張しようとするときには，自由連想を一方的な方向へ押しやってしまいがちであった。このことは理解できないわけではないが，遺憾なことである。というのは，深遠なミステリーを育む方法論を採用することなしには，患者はそのままに理解することができないものだからである。

本書の最初の6章には，精神分析的な方法の核心にある自由連想法の過程の性質と効果について焦点を当てたエッセーが含まれている。

第7章から11章までは，狂気についての，特に自己が心から疎外されることに関しての臨床的研究が含まれている。日常の生活に溶け込んで自由になる前に奇怪な指示に従わなければならない強迫的な人間について語るときでも，また自己を容赦なく処罰する心をもった抑うつ的な人について語るときでも，あるいは心によって用意された台本に従って実行するように不思議にも駆りたてられているように見えるスキゾイドの人間について語るときでも，狂気は他のどの場所にもまして，精神分析のなかにその舞台を見出すのであ

訳注1）　Pound, Ezra（1885—1972）：アメリカ生まれの詩人。その後英国に移住し，モダニズムの主導者の1人として活躍したが，その後激動する時代とともに生きることを決心し，ファシズムを支持。戦後，精神病院に収容され，1958年にようやく釈放された。代表的な詩集に，“Cantos”がある。

る。ある程度まで，患者の精神の病は拘束的なものであり，それゆえ組織化されたものでもあるため，分析家の解釈の作業は当然のことながら制約を受けるであろうが，しかし精神の病は，というよりも性格複合体というほうがより正確であろうが，それもまた，たとえ苦痛に満ちたものであろうとも，素晴らしいミステリーなのである。このような複雑な迷路を切り開いて，なぜ患者の自己が生きてきた体験のなかで進歩を阻まれたかについて理解するに到る作業は，たいへん興味深く，そしてまた非常に意義のあることである。精神の混乱のもつ目的の１つは，思考を促進させることであり，また自己に自己理解を促すことであるのかもしれないとも思えるのである。

精神の病，すなわち心理的な困難は，人々を精神分析へと導くのであるが，皮肉なことにこの作業は，双方の参加者にとって抗し難く魅力的なものとなる。私は病の諸形態を論じるために「病理構造」といったような用語を用いるかもしれないが，しかしこれらの病はむしろ，性格の不可思議さとでもいえるような，自己と他者の上に課せられる思考と行動の反復したパターンといえるようなものなのである。それは束縛された存在の様式ではあるが，しかしそれはまた生きてきた体験の奇妙な醸成物でもあり，自己が存在してきた体験のさわりの場面が凍結した，謎として提示されたものでもある。それゆえ，精神分析の解釈の仕事は，ただ単に自己の病理や精神の病を相手にするのではなく，それ自体の謎めいた形成を醸成した自己のすべての体験と関わりをもち，解釈のためにそれを呼び起こすことなのである[訳注2)]。

おそらく人々は「問題」をもっていることが，つまりしばしば心の前景を占めるような「問題」をもっていることが，必要なのである。それは症状であるかもしれないし，性格の異常であるかもしれないが，しかしそれは「ジムとバーニーのどちらと結婚しようか」とか，「田舎で暮らそうか，それとも海辺で暮らそうか」とか，「ミュージシャンとしての生活はあきらめて，

訳注2)　その人の「病理構造」，あるいは思考と行動の反復するパターンは，どの場所にもまして精神分析状況のなかで展開される。その様をボラスは他の著書のなかで，水中花が水の中で花開くように，あるいは，完全な防音室の中に入ったときその人の体内から生じる音が耳に届き始めるように，といったイメージで描き出している。しかしそのようなその人のなかにある凍結した醸成物，すなわち「謎」は，ボラスにとっては，生きられた（他者との）体験のなかから作り上げられたものであり，（他者との）関係性のなかにおいて展開されるものである。

精神療法家になろうか」といったような，やっかいな問題であったりもする。誰もがこうした片づけることのできない問題のいくつかをもっており，もしもそれが片づいたとしても，また別の問題が手際よくそれに取って代わるのである。このような見かけ上はありふれた問題をわれわれがミステリアスであると思うのは，それが解決を拒んでいるからではなく，むしろわれわれがそれとともに生きていく必要があるような日々のありふれた問題の中から，その特定の自己によって選び出されたジレンマだからである。

精神分析の仕事について記述することは，交響曲や絵画について描写するのと同じように挑戦的な試みである。しかしこのような探究から見出されるものは，時として素晴らしいものであり，ミステリーに満ち溢れたものである。そこで私は精神分析家のためのみならず，素人の読者のためにも書くことにした。というのは，この仕事のなかにわれわれが発見するものは，より幅広い関心を惹くべきものだからである。第12章から14章で，私は自己のもつよりいっそうミステリアスな特徴のいくつかについて論じた。それはつまり体現化（embodiment）によってわれわれが意味しているものについてであり，そして言葉にしたり語ったりすることでどのように性欲が話法のなかに持ち込まれるのかについてである（Wording and telling sexuality と題された章は，紙幅の関係で割愛せざるをえなかった。訳者注)。創造性についての章がさらにこの問題を押し広げることは容易に連想されることだろう。それはすなわち，自己を変形させるためにわれわれはどのような様式を選択するのかという点についての問題である。

私の初期の著作からの読者は，いくつかの考えが本書にも継続して引き継がれており，そしてさらに深められていることに気づくだろう。特に人間のイディオム(human idiom）という概念，すなわちその人自身の独特の審美的な知性を実現しようとして生きられる体験を捜し求める「自己」と呼ばれる存在の特異な様式についての考え方がそうである。「性格とは，個人的な選択を，すなわち，それが明白なことではないときに人間が選んだり拒否したりするような種類のものを，顕わにするものである」と，『詩学』のなかでアリストテレスは述べている。われわれのイディオムはそのような選択をとおして姿を現し，そしてウィニコット（Winnicott）が論じたように，われわれが生きていく上で対象をどのように使用するかをとおして明らかとなるのである。欲望の一形式，すなわちこのような選択は，自己の運命の表現であり，その目標は体験をとおしてそれ独自の存在の様式を実現することにある。われわれはこのような欲動が，われわれの自己をあたかもそれが知的な生きる力であるかのように存在させて，そしてまた再現させていることを感じ取っていて，そしてわれわれが無意識のうちに神の力に対して確信を生み出しているのは，まさにこのような内的な運命の感覚によってなのである。

創造性と精神分析に関する章は，芸術という対象が，どのように自己を醸成させたものであるのかを，あるいは自己という存在の審美的な影響を一時的に客体化した対象をどのようにして形成するのかを，検証するものである。

しかしながら，最後に述べておきたいことは，病としてであるにせよ芸術としてであるにせよ，表象としては表しえない何ものかがわれわれの中を流れているというそのことである。「オデュッセウスの航海を成し遂げた者は幸いである」とセフェリス（Seferis）は『外国の詩歌についての考察（Reflections on a Foreign Line of Verse)』の中で述べている[訳注3)]。「船出の際に，自分の身体の中に愛情の索具を強く感じることができた者は幸いである。その索具が渡す帆のなかに血管が拍動とともに血液を満たすようにそれは広がっていくだろう」というのは，もしもそうであるならば，それがもたらすものは，

永遠に変わることのないリズムの愛，音楽のように征服しがたく
そして終りもない
なぜならば，私たちが生まれたときにそれは生まれたから，そして私たちが死ぬときに
それもまた死ぬかどうかを，私たちは知らないし，また他の誰も知らないからである。

ミステリーのなかの何がしかは，最後の最後まで残るのである。

訳注3)　Seferis，George（1900—71）：ギリシャの詩人，外交官。ギリシャの現代詩に事実上の「転回」をもたらしたとされる。1963年にはノーベル文学賞を受賞。代表的な詩集に『航海日誌』がある。日本の俳句にも影響を受けたことが知られている。

第1章
治療同盟の起源

精神分析を受けようとする人たちがこの企てに不安をもつのは当然のことだと思うのだが，彼らがごく自然にそれを受け入れているのは驚くべきことである。なぜなのだろうか。自分たちは自由に連想する話し手となり，分析家は「平等に注意を漂わせる」聞き手となるという，この興味深い分業に彼らが同意するのはどのような根拠からなのだろうか。

治療同盟という概念は，おそらく，被分析者のなかに本来的に分割された区画が存在するということを前提としている。真剣で，苦悩に満ちていて，空想的で，非論理的で，そして時には子どものような部分がある一方で，被分析者はまた，このような緊張に満ちた個人的な現実に圧倒されることなく，分析家と協力して，忍耐と洞察と十分な理解を用いて，緊張状態に持ちこたえる観察者の部分を他方に持つのであろう。

被分析者は，自由連想をする自分を抱えてくれるプロセスに身を委ねるならば，分析が機能することを理解しているように思える。他者の知性が導くプロセスのなかで，ある種の主体となるために，語りのコントロールを放棄するというのは，胎児が母親の中にいたときに，また乳児が主に母親が管理する世界にいたときに，そして子どもが家族構造の論理枠にいたときに，無意識的には慣れ親しんだことなのであろう。意識を限局して集中することを放棄して，単一の意識より以上のものから導かれる心的展開の一部分となって，分析過程のなかで自己を区分けすることは，程度の差はあっても各人にとって既知の分割なのである。

胎児が子宮の中にいることを知覚できるかどうかについて，また乳児が母親をいつどのようにして認知するのかについて，われわれに一致した見解がないとしても，しかしわれわれは次のことには同意できるであろう。つまりある時点で乳児は，同盟を結んでいてその内部に包まれてはいるが，それについては限られた知識しか持っていない，何らかの外的知性によって組織化されていること（胎児にとってそれは子宮の生物学的な機能の本質なのだろうが）を知っている。乳児には主体的な能力がある，つまり自分にとって利用可能な心的領域のなかで自らの体験に場所を与える能力があると考えたならば，乳児は自分が，自分の考えが及ばない知性の，しかし自らの身体的また精神的幸福に必要不可欠である（生存に必要とまでは言えないにしても）知性の，その一部であることを知っていると想定することはできるだろう。

言い換えるならば，乳児は，ウィニコットが抱える環境と呼んだ，乳児を含み込む人間的なプロセスの内部にいることを知っている。このような他者によって乳児の心身状態に生み出される変化が，乳児がそのような変形性状況にあるという感覚をもたらすのであり，それによって自己の体験は繰り返し変化をこうむるのである。

母親に加えて父親もまた変形を可能にする存在であり，やがて子どもは，自分が固有の在り方や関係の仕方をもつある特定の家族の中にいるということに気がつくようになる。多くの意味で，エディプス期とは，自らが作った内的世界と家族からなる複合体（コンプレックス）の中に自分の運命があるという発見である。

それゆえに被分析者は，存在の形成へとさかのぼる早期の同盟の派生物として，治療同盟を無意識のうちに知覚するのであろう。それは子宮的知性の内部にあるという胎児の感覚にさかのぼるものであり，生きており，そして（無意識的に決定的であるという意味で）精神的であり，しかも必然的である容器の中にいるという，乳児期に高まりつつある感覚にさかのぼるものである。他者の身体と精神のなかに含み込まれているという体験を患者が再構成するときに，自らも関与するプロセスのなかに在るというこの体験は，程度の差こそあれ，治療空間へと移し込まれるのである。

こうして患者は分析家その人と同盟を結ぶだけではなく，分析のプロセスとも同盟を結ぶことになる。この 2 種類の同盟は同じものではない。患者が定期的にやって来て，カウチに横になり，自由連想を行い，転移のなかで自分を表現するならば，患者は分析過程と同盟を結んでいるのである。ある患者がどのようにこのプロセスを用いるかは，その患者が子宮や母親や父親や心それ自体といった容器と人生の早期にどのような心的同盟を結んだかにかかっている。もちろん当然のことながら，患者が（両者が共に参与しているプロセスとは区別して）分析家その人をどのように使用して関係するのかも，特に同盟の用い方を並べて比較する場合には，非常に重要なことである。たとえば，分析家に解釈をさせないために分析のプロセスを使用したり，分析の手法に身を任せるのを放棄して分析家その人にもっと関係しようとしたりするならば，そのことで，患者は以前に持っていた同盟について多くのことを伝えているといえるだろう。

実際のところすべての治療同盟には，患者と分析家の双方が分析のプロセスを認知して使用するという一側面がある。こうした分析のプロセスは，特定の分析カップルに先行して存在し，それを抱え，そして生き延びるものであり，第三の対象として暗に示されているものでもある。もちろん分析家が（様々な理由で）この第三の対象との同盟を失うことは起こりうることである。たとえばそれは，分析家が自由連想を要請するのをやめたり，解釈をするために沈黙を守るという本質的な基本を捨て去ったときなどである。

分析家と被分析者は，ある意味では非常に逆説的なやり方で彼らを導くものの一部となる。分析家と患者が共に作業するためには，彼らは一見お互いを放棄しなければならないように見える。患者は通常の社会的振る舞いを捨て去り，新しい自己表現の手段となる方法のなかに自らを見失わなければならない。また分析家は，患者の内的世界を受け取ろうとするならば，援助しようとする願望を放棄して，ただちに治療的改善を求める患者の要求を拒否し，受容的態度に身を浸し，患者の無意識のコミュニケーションに向かって開かれなければならない。

患者と分析家は両者ともに，一時的に意識が減弱した状態に入っていくことをわかっている。そして分析可能な患者たちは，分析家の解釈は分析家が相手に聞き入りわかろうとするときの基本的な精神的没頭状態から発せられることを，しばしば非常によくわかっているものである。分析家のコメントがもつこのような特質（平等に漂う注意から発して言葉となるという特質）を認識することで，分析技法に対する同盟での両者の役割はさらに強固となっていく。患者に対する分析家の（転移性および逆転移性の）体験的な関係に先行して，分析家は分析技法と同盟を持っていることを，患者は理解している。いずれ治療的となる同盟を形成するためには，この分析のプロセスに分析家と被分析者の各々が入っていく必要があることを，被分析者は知っているのである。

フロイトが夢を精神分析の礎石に置いたのは偶然のことではない。夢のなかで人は2つの基本的精神構造に分割されている。それは夢のなかで体験の主体となる「単純自己（simple self)」と，夢の環境を創り出し意味を与える組織的知性とである。これは胎児期や乳幼児期の生活での分割，つまり複合的な知性とその内部に浸っている単純自己という分割2を反映しており，この複合的な知性は精神内的な生活の本質の一部となる構造である。そして単純自己は無意識的自我が世界を創造する働きを体験することになり，その体験によってわれわれは謎めいた知性の内部で生きているという確信を精神的に具体化するということに，われわれは気づかざるをえない。

われわれは夢から目覚めると，自己の様々な部分を纏め上げることができる複合自己（complex self）を用いて，夢に思いをめぐらし，夢の何がしかを理解する。しかしその一方で夢のなかでは，単純な関与者たる自己は自我の劇場に没頭するあまり（つまり「関与する」あまり)，観察することができないのである。

分析のなかで，人は投影によって解体され，自己の体験を拡散し，情緒状態と自由連想を変化させ，何も知らない相対的に単純な関与者となる。そして分析家も，患者の精神的な影響をより良く感知するために，思考の自由な動きに自己意識を委ねてそれに加わる。患者は，自分も分析家も精神生活の内容を最大限に認知するために分析のプロセスを用いているとわかっており，意識が持つ野望がそこで周期的に失われることで，それは可能となるのである。

夢のなかで単純自己は，波乱に富んだ思考と寓話的な登場人物のいる，非常に複雑な劇場の中へと繰り返し入り込み，そのことが治療同盟に精神内的な根拠を与える。被分析者はそれぞれ，自らの複雑な世界を言葉やイメージや出来事や感情に投影してそれを表現するプロセスの内部に入り，そして夢の中のただ体験するだけの単純自己のようにそれを通過する。分析空間に入ると，シニフィアンの連鎖に存在する意味のギャップ，視覚的イメージの偶像的な象形文字，登場人物の寓話性，過去から蘇った人物の記憶痕跡機能などの隠れた意味を把握することを通して，被分析者はこの複雑な世界を自由に理解するようになるのだが，そのときに彼は夢の生活に，もう１つの空間ともう１つの目的を創造しているようにも思える。

フロイトは，分析のカップルを（自由連想し夢を報告する側と，自由に漂い解釈をする側との）２つに分けたときに，心の主観的状態と客観的状態の間にある通常の区分を巧みに利用した。われわれは多少なりとも深みにある主観的な現実の解釈と，そしてその先行する主観的状態についての多少なりとも客観的な内省との間を，行き来しているのである。しばしば思考のなかに入りこんだり，そしておそらくは白昼夢のなかに浸りこんだり，あるいは部分的な考え，部分的な記憶，部分的な本能表象の前意識的感覚の中をただ漂ったりした後で，われわれはより明瞭に鋭敏に系統的に考えるようになり，やがてまたより主観的な自己の状態へと戻っていく。こうして繰り返し起こる２つの心的ポジション（主観的／客観的）の間の行き来は，生活上のエピソードやその個人の文脈での事態の理解を進めていくうえで，不可欠なことである。この必要性を認識することによって，被分析者は分析関係を無意識に理解して使用することになる。そうすることによって，分析家が患者の心的構造の本質に対して，ついには影響を与えることができるように，分析的関係は患者の内的な生活を対人的な空間に位置づけるのである。

その複雑さに浸りきっている自己と，それに引き続いて（連想することや投影することによって）その状態を（分離することや熟考することによって）客体化するより内省的な自己との行き来は，内的対話の構造でもある。それは話者（我 the I）と受け手（汝 the you）との分割である。無意識の派生物と知覚そのものとの間を仲介するために，われわれはこの修辞的な分割をしばしば用いる。被分析者が自由に話すとき，被分析者は転移による歴史的（過去の）対象に対して話しかけるのみならず，決して答えることのない修辞上の他者である汝に対しても語りかける（内的な発話では，我のみが語っている）。そして分析家の沈黙は，内的対話の修辞的な汝と同盟し，分析的パートナーシップの本質を無意識に認知することに貢献するのである。

夢のなかの自己と夢見る人との間，内的対話の我と汝との間，我と報告された諸対象の世界との間には，運命的な同盟が存在しており，そのような同盟は精神分析的関係にとって構造となるものを提供している。心的現実を考えるためには，分割された人物像の一方は，焦点を他のパートナー（あるいは他の一部分）part（ner）に放棄した単純自己でなければならない。作業同盟は，（夢，白昼夢，漂う考え，創造的プロセスのなかで）無意識の表象が増大するためには，意識が時には緩むことが必要であることを認識するとともに，内省的観察と吟味と分析の瞬間が等しく繰り返される必要があることを認識している。この本質的に内的な契約は，心的生活の通常の特徴なのだが，分析家の役割（反応する，観察する，吟味する，分析すること）と患者の役割（夢を見る，白昼夢に耽る，自由連想する，考えを漂わせること）とによって構成された分業なのである。

主体は自らの生のミステリーに直面するがゆえに，自らの生について考えるようになる。本来は**超自然的なこと**という意味の mysterium は，ラテン語では不可思議な事柄，秘密の儀式という意味があるのだが，今日，ミステリーは「説明のつかない未知の事柄」「秘密にとどまるゆえに好奇心を刺激する事柄や出来事」という意味がある。乳児は自らの理解を超えた非常にミステリアスな世界のなかに住んでいるのだが，ひとつには（ダニエル・スターン《Daniel Stern》が強調したように）その新奇性のために，メラニー・クライン（Melanie Klein）が強調した「知識本能（epistemophilic instinct)」，つまり知りたいという欲動を誘うものなのである。この本能欲求は人が人生のミステリーに出会う本質的な部分であり，それは繰り返し起こる夢のミステリーショーから，内的世界の秘密，科学的好奇心を刺激して探求に向かわせる宇宙や自然界の謎にまで及ぶものである。この世界およびそこにおけるわれわれの位置を神学的に説明しようとすることは，生の複雑さを考えようとする本質的な努力ではあるが，しかしそれは力のない信念に基づく早まった幻想となり，人知の及ぶところ以上に知ろうとすることがいかに負担を強いるものかを示すことになるであろう。

患者と分析家が入っていく同盟は，病的な心的内容を探索し，分析家の解釈作業とコンテインする機能を通してその内容を変化させて，精神構造そのものを変化させるための同盟である。一部の患者はこのプロセスから相当程度の恩恵を得たのちに，この同盟を破壊するようなある種の陰性治療反応を起こす。たとえばある患者は，セッションで私が発した言葉を一言一句そのままに繰り返した。分析家がこう思うと口にしたことではなく「本当に思っている」ことを知りたいと要求して，逆襲してくる患者も数多くいる。

こうした治療同盟への挑戦には，何かしら通常のありふれたもの（おそらくはむしろ本質的といえるもの）がうかがえる。われわれはむしろ意識的な単純自己の集まりとして，母親による養育のシステム，家族の複合体，夢の世界，多声的に起こってくる自己体験，我の対話を受ける汝の内に生きているのであるとしても，全体を動かしているものが何であるかを知りたいという当然の好奇心がそこにある。乳児や夢見る人はこう尋ねる。「このすべてはどこから来るのだろうか。」体験する自己はこう尋ねる。「私がこうして体験している様々なことは何が引き起こし，何が組織しているのだろうか。」エドウィン・ミューア（Edwin Muir）[訳注1] は「車輪（The Wheel）」のなかでこう語っている。「私の人生を回すこの車輪を私は回せるのだろうか／この手を動かすもう１つの手を作り出せるのだろうか／私は動かし手ではないので，この手を動かしているのは私ではない。」しかしこのような質問に答えてくれる者など決していないであろう。たとえファウストがそのようなものを求めた者の物語であったとしても。

そしてあるとき，西欧文明のなかに精神分析家が現れて，人生のミステリーの何かしらを引き起こすプロセスの支持者となり擁護者となった。精神分析家は，それぞれ関連しつつも互いに異なるこれほど多くの同盟，すなわち子宮とその中の胎児，母親世界とその中の幼児，父性原理とその中の子ども，家族複合とその中の子ども，夢とその中の自己，我の対話の培地とその中で対話が向けられた相手との同盟を，分析のプロセスの構造が移動させる（transfer）ことができることをわかっていたのだろうか。精神分析家はまた，分析空間を創造することによって自分が引き出すものの及ぶ程度と範囲をわかっていたのだろうか。

訳注1)　Muir , Edwin（1887-1959）：スコットランド生まれの小説家，詩人，評論家。カフカなど現代ドイツ文学の英訳でも知られる。

精神分析的な構造はこのようなことを引き起こす性質を不思議にも有しているために，多くの被分析者はミステリー劇（mystery play）[訳注2] のなかで，その知性の秘密を探求しようとする。それは乳児が母親の無意識の知恵を探求すること，夢見る人が自分を夢見る他者を探求すること，自己がその体験の源流を探求することに通じている。本当のもの（noumenal）[訳注3] 転移の一形態として，主体は派生物を突破して本物の事物（the real）あるいは事物そのもの（thing in itself）を見出そうとする。それはあたかもエイハブ船長が，「ただのボール紙でできた仮面にすぎぬ，すべて目に見えるもの」を打ち破ることのようなものだと確信した，実物の白鯨を見つけ出そうとすることのようである。これこそが，われわれが思い描く世界が唯一の本物であるという錯覚で機能する心的作業同盟を破壊するのである。たとえわれわれがその世界を変形し続ける心的現実の力を慈しみ育てているときでさえも。本体論的転移は，分析家という精神的な人物像に心的内容物を転移するというよりはむしろ，分析のプロセスに形を与えていると想定される知性に対する知識本能の要求という意味合いを帯びている。現実が持つ真の性質に答えを求めるのはこの要求から発しているのだが，それは否認能力を反転させたものであり，信ずるに足る確かな証拠を何としてでも求めようとする固執なのである。

作業同盟に挑戦する被分析者は，本当のものを知るために錯覚に挑戦するときに，本体論的な転移を表現しているかもしれない。その本当のものとは本当の分析家であり，どこかにあって分析の動きを導いていると想定される本当の知性のことである。その場合，破壊的な派生物や妄想的な派生物や原光景の派生物を分析するだけでは不十分であろう。それというのも，このような行動はあらゆる作業同盟を破壊する度合いが高いという特徴があるために，そこでは実際に被分析者が探し求めているものを認知することが必要とされるからである。

被分析者は分析家に街の通りで出会うとショックを感じるだろう。それは

訳注2） Mystery play （秘儀劇，神秘劇）。14，15世紀を中心に流行した宗教的ドラマで，多くは聖書を題材とし，教会で行われた。

訳注3）the real はラカンの用語では「現実界」ということになるが，ここでは錯覚とも対比されるので，「本物の事物」と訳した。

現実世界で機能している本当の分析家の姿を垣間見たという感覚から引き起こされる驚きである。たとえこうした出会いが楽しいものであったとしても，分析家が今や現実の人として，文化的な意味をもつ対象領域に突然入ってしまうために，それは常に心的外傷となる危険性をもつ。

人生にはまだ謎が多いと感じつつも，自分をより多く知るようになり，価値ある新しいヴィジョンを手にして，分析の終結に近づくことは（人生の終りに近づくのと同様に）大変なことだろう。被分析者は，本当は誰がこのショーをやっているのかと尋ねるために，この同盟を破壊するのだろうか。それはただそのようにあったのであって，ショーをやっていたのは誰でもないという事実，そしてわれわれはただいるのであるという事実は，多くの被分析者を，分析家その人を知ろうと目指すことによって，分析がプロセスを追って治癒に至るということに反証をあげようと駆り立てるのかもしれない。

その一方で，被分析者は「プロセスとしての他者」の存在の内にずっといるのであり，分析家の沈黙，知覚，想像力，構成，解釈，発声などによって，被分析者は形成され変形されるのであり，そのすべてが患者が分析家を使用する（そして形づくる）特性の動きに対して生じる正当な無意識的反応を反映している。この２つの並置された美学は，流動的な意味のあるイディオムとして互いを形づくり，また互いを知るのである。

したがって患者は，分析家としての本当のもの（the real），つまりひとつの形のある知性として分析家に内在するものと出会ったと感じ，患者自らの無意識がこの知性と関わったと感じるであろう。それは無意識と無意識との間の，本体と本体との間の出会いであり，お互いに関わりあう２つの霊的な論理の出会いなのである。われわれを導くこの内的な論理に，われわれは常に至高のシニフィエを用いてきたのである。つまり，われわれがそこから生じてきた神という理論を構築するのは，この体験からなのである。そして，われわれの内にある知性，内的にわれわれを導く知性は，他者の中にも同様にある「魂と魂の」出会いと結びつくと思われる。これは逆説的な出会いである。それは非常に奥深く，しかも非常に説明し難い出会いなのである。

ウィニコットは「本質的な孤立」の領域という，どの自己にも不可避でありかつ必要である孤立について記述している。この孤立は隔絶や孤独と同義ではなく，実際のところ，それはまさに他者がいることで裏づけられているがゆえにこそ，生成的なものなのである。それゆえ，他者のいるところで1人でいられるというのは，様々に読み取れる複雑な陳述である。関係するという必要性に邪魔されずに，自らの自己とともに居られるというこの能力は，他者がいるというまさにそのことに関わりなく，それに囚われることなく，自らの自己で**いることができる**能力の到来をも意味しているのである。

分析家のいるところで自由連想を行い，それが価値をもつ素材かどうかという内的な考えに縛られることのないようにとフロイトが患者に勧めたときに，フロイトもまた，非常に複雑な陳述を行っていたのである。つまりフロイトは，内的な検閲の存在に縛られずにしゃべるようにと患者に勧めたのだが，しかしそれが同時に，そうすることが他者から予期される批判を忘れていられるという患者の能力にかかっていることを認めてもいた。患者は，話すためには他者がいることを忘れていなければならないのであるが，しかし皮肉なことに，こうした否認能力こそが，まさに深い孤独のなかから話者を出現させるのである。

今まで精神分析家たちは，分析家の，その患者の，そして精神分析の，このような生成力に満ちたしかし奥深い孤独について十分には記述してこなかった。私は自分が分析の作業をしているその場所について記述できないことを知っている。たとえ幸運なことに私には「平等に漂う注意」とか「夢想」とか「分析的態度」といった言葉が使用可能なシニフィエとしてあるとしても，しかしこうした言葉は，はたしてこの場所における精神生活を本当に指し示すことができるのであろうか。

精神分析は2人の人間の間で起きるものではあるけれども，しかしそれは，私の私的な人生の内奥に息づいているもののようにも思われる。

このような言い方は，無意識を論じるもう1つの別の方法なのかもしれない。しかしそうだとしても，私はこの事実を私なりの言い方で語ろうと思う。というのは，患者との1つひとつの出会いのたびに，私は自分自身の中へと深く入っていくからである。そしてそこは，濃密な心的複雑さの支配する，声なき法則が働く本質的な孤独の領域だからである。

次章で論じるように，分析家とその患者は奇妙にも自叙伝的な状態のなかにあって，特権を与えられた側（患者）と引きこもっている側（分析家）という，２つの歴史の間を行き来しつつ，生成力のある不在を創造する。その結果として患者は，２つの「素材」から自分自身を創造することになるだろう。それは言語のなかでの自分自身の動きと，そして分析家に去来する考えという素材の内での患者には未知の旅とである。

われわれの生きている場所。１人ではあるが，しかし他者のいるところで１人でいるということ。

今現在でありながらしかし過去をもはらむこの一瞬。無限の多義性をもちながら，しかし意識と文化の制限を受けてもいるこの一瞬。他者の存在を必要としながらしかし他者と共有されることのできないこの一瞬。それに導かれて，人は分析に「入っていく」のである。

１人ではあるが能動性を持ちつつ，この濃密な内的ネットワークの作業はともかくも進んでいく。それによって対象に備給し，対象に意味を見出し，心的強度を作動させて，夢を引き起こして手に入れて，そして日々提示される対象を通して主体は産み出されていく。面接室のなかで，日常の生活より少ない刺激のもとで，しかしこの内的世界により深く開かれて，被分析者は自らが錯覚のなかを生きているのを見出す。ここにおいて，ついに彼は，この内的な場所から話すことが可能となる。ここにおいて，ついに彼は，この濃密に息づいている複雑さに声を与えることが可能となるのである。分析家は，その錯覚を共有する。

しかしそれは錯覚ではあるが，幻覚ではない。分析家も被分析者もともに，分析が実際にはそうした深く内的な共有を表象する場を提供しないことを知っており，しかしそれでもなおそうであることを信じて疑わないということは，なんと深く胸を打つアイロニーであろうか。精神分析には，可能性に対するこうした非常に急進的な挑戦がある。それは実際，幾度も劇場になぞらえられた挑戦である。しかし，たしかにこの挑戦によって，参与者は両者ともに，人生を告げる真実に少しずつまた少しずつと近づきつつあるという深い感覚を得ていくのである。

臨床状況のある非常に特定の局面を取り出したとしても，それでもなお無意識について語ることは不可能である。今ここでの転移について論議をつくしたとしても，はたして，今ここでという即時性（the immediate）を本当に語ることができるのだろうか。過去やどこか別の所ではなく，今目の前でそれは起きているのだから，それゆえわれわれはそれを知ることができると言いたくなる誘惑に駆られるであろうが，しかしおそらくさらに考えるならば，この目の前で起きているという贅沢な状況も，かなり逆説的なことだとわかってくる。ブランショ（Blanchot）[訳注4] によれば，即時性のやっかいなところは，それがすべての瞬間を告げるにしても，常にその現れを巧みにかわすところだという。

> 即時性というものは，人がそれに臨むことができないが，しかしそれから切り離すこともできないようなものである。あるいは言い換えるならば，それから逃れることができないというまさにその事実によって逃れてしまうものである。それは，**それを逃すことはできないが掴むことのできないものである。**
>
> （1993： 45）

今現時点での動き（活動）というものは，体験の結果であるのかもしれないが，しかしその体験を知的に集積して理解する過程の一部分とはなっていない。むしろそれは「分散の無限に続く変転であり，非弁証法的な動きであり，そこでは矛盾点は対立や調和とは何ら関係をもたず，またそこでは**他者**は決して同一のものに戻ってくることはない」(46)。

それゆえ，たとえ現在の体験が人生を渡るわれわれの知的活動の一部だとしても，しかしわれわれはそれを知ることができない。ブランショはそれを次のように言う。「この活動のなかにある曖昧な点は，それが顕わにする（disclose）ものにある。つまり，自らを顕わにする必要を持たないのに常に露わになってしまう（開かれてしまう）（dis-close）もの，そして隠蔽されるあるいは自己隠蔽する動きのすべてを顕在の様式へとあらかじめ還元してしまうものにある」(46)。つまり即時性とは（描き出すことが）不可能なものであり，われわれの知の外側にあるものとして客体化されるようになるが，しかし特別な地位を得ているものである。

訳注4）Blanchot, Maurice（1907〜）：フランスの作家，批評家。引用文の出典は，『終わりなき対話（L' Entretien infini)』(Gallimard, 1969)。

ブランショはさらに言う。われわれは「不可能性のなかに人間の生の直接性の持つもっとも人間的な属性を」(47) 認識しなければならない。しかしこの人間の体験を伝えることは不可能である。なぜならば伝えようとして話すことはそのような自己と他者の間にある本質的な分断を乗り越えようとすることでありながら，しかし同時にいかなる二者間にもある根本的な差異を再確信させるものでもあるからである。

ブランショが言うには，われわれの課題とは，「可能なもの（the possible）に**名を与えること**，不可能なもの（the impossible）に**応答すること**，私の聞くことを越えるこの語りに応えること，それを真に理解することはかなわぬがしかしそれに応答すること，それを繰り返すなかでそれに応えること，そしてそれによって語らしめることで応答すること (65)」なのである。

２人の人間の間には「不可思議さ（strangeness)」が存在する。「いかんともし難い断絶」(68) がある。すなわち，いかなる二者間にもある差異に由来する無限の分離がある。私は他者を知ることができないとブランショは主張する。たしかに，私は他者の内的な自己の体験を知ることができないという究極の不可知性のなかにある他者が，われわれすべての人生における心的な存在を構成するのである。そしてそれをブランショは，「中立的なもの（the neutral)」と名づけた。大文字の他者（the Other)，すなわちその人（the He）は「第三者（the Third Person)」ではあるのだが，しかしそれは「中立性を遊び（play）に引き込むような」(71) 人ではない。

「**中立的な関係，関係なき関係**」(73) [強調は筆者]は人に，自らにとってのすべての不可思議さをもたらし，また「その無限の距離における不可知性」(77) を構成しもするのである。

フロイトが中立性を創出したときに，フロイトはその中立性のなかに何か不可知なものが即時的に存在していることを暗黙のうちに認識していたのだろうか。患者が語るとき，その言葉は心的内容を伝えるとともに伝えないものでもあるがゆえ，その語りは，コミュニケーションがそれ自体の不可能性を認識するという究極の実感の一部となるものであるというのであろうか。

こうして，さらなる疑問が浮かんでくることになる。はたして中立性の創出によってもたらされたものは，自己分析の体験を自己 - 他者関係に移すことの不可能性という興味深い真実なのではないのだろうか。いま対人関係論的分野における現代的な興味に目を向けてみるならば，われわれは，人間のあらゆる関係の本質的な特徴を表すものとしての中立性の位置づけを見出さなければならないのだろう。つまり，他者とは聞くことや知ることを越えたものであり，そしてそこに向けて語りかけることはできるが，しかしそれを聞き取ることは不可能なものである。そうであるとすれば，中立性は，精神分析の不可欠な一部分となってくる。関係性をあまりにも対人関係的なものとするならば，中立性を社会化してそれを置き換えたものである関係性とは，この真実を拒否するものとなるだろう。

対人関係的な要素を否定することもなく，また解釈の内で生きているという慰めとなる文脈を否定することもなく，しかしその一方で患者は，他者とは究極的には知ることのできないものであるという紛れもない事実を分析家もまた認めているということを感じ取っている。それは分析の 2 人組とともにありながらも，しかしその外側で機能しているもの，そのような分離した別々の個人の孤独な私的生活の内にあるものである。精神分析はこうした別個の活動，つまり行間に息づく活動を過たず表現してきた。そしてそれを常に無意識の特質として認識してきた。フロイトに見出せるものは，ラカン（Lacan）が大いに指摘しているように，誰に向かって語りかけるのでもない，自分自身に向かってさえも語りかけてはいない主体なのである。なるほど，語りかけるその先は，それを通して語りかけられる場所でもあるが，それは無意識的な心的現実を表現しようとしてわれわれの口をついて出るこの無意識によってさえぎられるのである。

分析家の沈黙は傾聴のある特殊な一形態であるが，それは主体の動きの手段としての言葉に特権を付与するものであり，逆転移と並んであるいはまた逆転移の外側にある精神分析のそうした側面に向けられたものである。つまり，分析家の沈黙は，分析家が考えたり感じたりしていることに関係なく作動する動きである。患者が強烈に繰り広げる想像上の劇場に取り込まれて，想像によって仲介される要素によって終始動かされながらもその一方で，臨床家は重要な物語を余念なく組み立てようとしているのかもしれない。

たとえば自由連想は，それが分析家との関係を暗に示しているときでさえも，またたとえ注意を払ってくれている他者がいるところでのみその意味を成すのだとしても，分析家との関係とは独立して存在しているものである。しかしながら，シニフィアン（意味するもの）とシニフィエ（意味されるもの）の布置の間にある結びつきは，それが生み出す想像上の劇場の外側にある，それ自体のネットワークに従って作用している。私が第5章で論じるように，分析家の内にある主観的な反応は常に客観的なもののこうした内的な動き，すなわち，人間的関係に関わりなく心的な真実を描き出すシニフィアンの連鎖の先にあるものに対応しているのである。

精神分析の重要な特質は，対人関係的なものを越えている。われわれは他者を知ることはできないし，また今ここにある即時性の意味を知ることもできない。しかしこの差し迫った人生の事実は，その性質をなんとか表現することを通して，精神分析のなかで名誉ある位置づけを与えられるのである。つまり，今ここでの即時性は自由連想の交流のなかで，またそれを通して，インパクトを与えるのであるし，そしてまた分析的な夢想や他者の不可知性（unknowability）はこの中立性の機能によって支えられているのである。

感情や個人的関係や心の劇場に対してはまったく頓着することなく，言葉のもつ象徴的機能はただ単純に語るのである。それはまた逆転移にもお構いなしである。

精神分析は対話なのだろうか。それとも会話なのだろうか。あるいは間主観的な営みなのだろうか。精神分析は一者心理学なのだろうか，それとも二者心理学なのだろうか。精神分析はいずこに見出されるものなのだろうか。対話は確かにある。精神分析は対人関係的でありうる。またある意味では間主観的でもある。そしてもちろん，それに参与する両者は常に精神内的でもある。転移も逆転移も常に生起し，そして両者はお互いに深く結びついてもいる。精神分析にはここに挙げたすべての要素がある。精神分析はこれらのすべてのものであり，しかしながら，結局はそのどれでもないのである。

精神分析とは，このように分類して名を当てることによっても消えてなくなることのないミステリーの場なのである。

第2章
精神分析家がいる場所

1つの新しい心理的な関係を最初に，神学的形式を用いて作り出したのは聖アウグスティヌス(Augustinus)[訳注1] であっただろう。自らの精神的な危機を体験した彼は，『告白』において，自分が探索の対象でありながらまた問いを決定する主体でもあるというユニークな方法によって，自らの内的世界を映し出した。彼の内省はもちろん，キリスト教的な葛藤のモデル，すなわちキリスト的なものと反キリスト的なものの間での力の葛藤に終始していたが，しかしその実践から生じた表現形式は，エイブラムス（Abrams）が主張するように「最初に内的生活を歴史的に綴ったもの」(1971： 83）であった。

人は，いつもなんらかの方法で自分自身を見つめてきた。聖アウグスティヌスが内省を発明したわけではないが，しかし彼は，それ以後の自伝的な労作のすべてに影響を及ぼすような1つの「声（表現法)」を創り出したのである。

たしかに，『随想録』におけるモンテーニュ(Montaigne)[訳注2]，そして『パンセ』におけるパスカル（Pascal)[訳注3] は，そのエッセイにおいて幾分

訳注1) Augustinus, Aurelius（354—430）：初代キリスト教会最大の教父。西方ラテン・キリスト教界の代表的神学者で，正統的教理を完成するとともに，中世思想に決定的影響を与えた教父時代のもっともすぐれた哲学者。

異教徒の父と篤信のカトリックである母との子として，生まれながらに異教とキリスト教との対決に引き入れられた。『告白』(397—400）によると，カルタゴに遊学していた19歳のとき，智恵の愛（哲学的精神）をよびおこされ，当時北アフリカまで広まっていたマニ教を合理的世界観と信じて，9年間そのとりこになった。383年カルタゴからローマに渡り，司教アンブロシウスから深い人格的感化を受け，また新プラトン派の書を読んで，はじめて非形態的なものを見る目を開かれ，唯物論的神観から解放された。しかし，新プラトン派を橋渡しに，知的理解に進みながら，肉につく古い意志と霊につく新しい意志とが内心を引き裂いていたが，聖徒たちの模範を示されて，この争いが最高潮に達したとき，ミラノのある家の庭で，子どもの「取って，読め」と聞こえる歌声のようなものを聞き，聖書を開き読んで回心する。この劇的な回心は386年（32歳）の夏の終わりとのこと（哲学事典，平凡社，1971より）。

自伝的なスタンスをうかがわせる。しかし，本当に自己検証が新しい深さにまで至るのは，マイケル・ウィグルスワース（Michael Wigglesworth）[訳注4]によるもののような，17世紀の清教徒の日記においてであり，清教徒の日記に見られるこうした告白の多くは，偽りの誓いによって欺くことなどできはしない厳しい神なるものの前に自分をさらけ出したいという欲望に駆られてなされたものであった。清教徒である作家たちの多くと同様に，ウィグルスワースは自分の魂を小心な習癖からひき離して，背徳の所業を逐一くまなく神に告白したのである。

聖アウグスティヌスとは違って，清教徒の自己開示は，神をだまして来世を約束された選ばれた民の世界になんとか自分を選んでもらおうとする無意識的な努力に駆られていた。清教徒たちは，たとえ運命が人知の及ばぬ神の選択に委ねられているとしても，せめて告白によって神の恩寵に与ろうと期待して，人格の邪な面を吐露するというまさにつらい作業に向きあったわけである。

ルソー（Rousseau）[訳注5]では，実質的には他者を啓蒙しようとする衝迫がその意図においては圧倒的ではあるが，しかし彼もまた自分自身の罪を告白しており，その著書は自伝として折り紙つきのものとなっている。しかしながら，このような特殊な表現形式によって書かれた最初の著作はスカーギル（W.P.Scargill）[訳注6]のものであり，その著書である『非国教派の一牧師の自伝（The Autobiography of a Dissenting Minister）』は1834年に出版さ

訳注2)　Montaigne, Michel (Eyquem) de(1533—92)：ボルドーの高等法院に関係した職を得，のちに市長となる。彼の名を不朽のものにした『随想録』(1572—80, 1588) は，時代の新思想や人物批評を行って，新しい文学ジャンルを開き，のちにマシュー・アーノルドが「精神の自己対話」と呼ぶことになるものに先鞭をつけた（世界人名辞典，岩波書店，1997)。

訳注3)　Pascal, Blaise(1623—62)：数学者，物理学者，神学者，著述家。1654年，神秘体験をきっかけとして，修道院に入った。『パンセ』は彼の死後1669年に出版された（世界人名辞典，岩波書店，1997)。

モンテーニュと並びフランスのモラリスト（人間性の観察者）とされ，他者および自己観察をとおして，人間や宗教，人生について軽妙な語りをする随筆のスタイルをとった。

訳注4)　Wigglesworth, Michael (1631—1705)：イギリス生まれの詩人。7歳でアメリカに渡り，医師となった。代表作は“The Day of Doom”で，ピューリタン詩人の第一人者として活躍した。

訳注5)　Rousseau, Jean Jaques(1712—78)：政治哲学者，教育学者，随筆家。啓蒙思想家としてフランス革命の思想に多大な影響を与えた。『エミール』出版後イギリスに逃れ，『告白録』の大半を執筆した（世界人名辞典，岩波書店，1997より抜粋)。

れている（Olney 1980： 5)。「自伝」[訳注7] という言葉は，18世紀末に「『自己 - 人生 - 書くこと』を意味する３つのギリシャ語の要素」をまとめられて作られたものである。それはつまり，告白，日記，そして記憶を包含する活動であった。

『序曲』において，ワーズワス（Wordsworth)[訳注8] は歴史的な時間のなかでの出来事や活動をする１人の登場人物としての自己を反映するだけでなく，その自己を回想的な瞑想という行為の中に呼び覚ますような，詩的な形式を構築した。その「序曲」には，「詩人の魂の成長；自伝的詩歌」という副題がつけられている。「ああ，この優しい風の／なんというありがたさ！　緑の野原から，……そして大空のかなたから吹き渡るこの風は，私の頬に吹きつけては……」。彼は，幼いときの記憶が新鮮に浮かんでくるように呼び出すのである。「私はもう一度深く息を吸ってみる！」と彼は書き記している。「私のところに速く訪ねて来ておくれ……私はおもわず恍惚となり，

訳注6)　Scargill, W. P. ：イギリスの聖職者。ここにあげた自伝は，自伝という形式に先鞭をつけたものとしてつとに有名である。

訳注7)　自伝という言葉は新しいが，その由来，起源はすこぶる古い。英語の autobiography が，現在各国で通用する呼び名の原語とほぼいえるようで，これは19世紀初頭にようやく使われだした。自伝の多くは，長く原稿のまま残され，後世が発見するという形で公刊されたもので，もともと秘められたもの，私ごとの性格が強い。ヨーロッパで自伝の源流が，宗教的な告白に存在したというのも，これとつながる事情で，思考の神に向かうときはじめて，人は安んじて内なる秘めごと，裸の私をさらけ出すことができた。裏側からいえば，率直な自己告白のためには，神の語りかけというしかけが必要であった。宗教的な告白自伝が，おびただしく書き残されたのは17世紀のイギリスとアメリカであるが，まさしく清教徒革命，宗教的移民の時代というばかりでなく，すでに懺悔を教会の儀式としてとりこみ，制度化していたカトリックの国と違って，告白への衝動を満たすためには，信仰日記や自伝がぜひ必要であった。18世紀にはいると世俗化の傾向が濃くなり，詐欺師，悪漢の自伝から，カサノーバの『回想録』のような，快楽性あふれる性的自伝までものされるに至る。内なる秘めごと，裸の私の定着をめざす傾向と，自身の業績の確認という意向がからみあい，重なり合うところに生まれたのがルソーの『告白録』，ゲーテの『詩と真実』という自伝文学の最高峰であろう。こうした動きが，詩や小説にも波動を及ぼし，また流入したのが19世紀から現代に至る趨勢といってよい（世界大百科事典12，平凡社，1988より抜粋)。

訳注8)　Wordsworth, William（1770―1850）：スコットランドに近いイギリス北部の山地に生まれた詩人。14歳のころから，詩というものは，結局自分の心を，つまり自分の奥底から湧いてくる感動を書かなければならないという鉄則をはっきりと自覚するようになったらしい。本章で引用されている『序曲―詩人の魂の成長（“The Prelude or Growth of A Poet' s Mind”)』は，5種類の完全原稿のほか，13種類の部分原稿が今日残されているという。しかも，生前ついに出版されず，1850年に初版本が出版された。本章に引用されているのは，オクスフォード大学出版局より1959年に出版されたもののようである。

精神の高揚が不意に私をおそう」という彼は，「ただ疲れ果てた日々の積もり積もった重苦しい感じが……本来私のものでもないし，私のために作られたのでもない」(1959；Book One，1―25行)（岡三郎訳，1968第5版，国文社より）ものにすぎない偽りの自己の帰結とみえる「はりついた不自然な自分」を置き換えて，想像の動きがそれ自身を記すままに任せてぞくぞくするような興奮を覚えているのである。

ここには伝奇的雰囲気がある。そして，自由がある。ワーズワスは，自分をもっと以前の状態へと運ぶ記憶に解き放たれて，詩情と呼ばれる心の活動をとおして自伝をより高い段階に推し進めるとともに，以前の自分を蘇生させたのである。

90年後，フロイトは自己分析をとおして自伝を新しい位置に推し進めたが，その営みはかつてそこまで厳しい条件でなされたことのないものだった。彼は，「私はめまぐるしい思考の連鎖のなかで，古い時代へと引き寄せられ，引き回される」と，1897年10月27日にフリース(Fliess）へ宛てて書いたのであるが，それはワーズワスに似ていなくもない表現である。

ワーズワスがしたように，フロイトは夢と夢に対する連想を厳格に分析することによって，自伝的表現法（autobiographical idiom）を新たな限界にまで推し進める特殊な形式を開発した。過去だけでなく，抑圧された性的な衝動，競争心や喪失体験も，彼のもとに押し寄せた。彼が太鼓を鳴らすと，ジークムントの亡霊たちが抑圧の墓場から起き上がり，彼の目の前に現れてつきまとうのであった。

フロイトが自己分析という対話をとおして成し遂げたことは，今ではよく知られているところではあるが，しかしそれは実に奇妙なことである。彼は精神分析的状況を濃縮したのである。患者はたったいま述べたような性質の回想につきまとわれており，その住人であることを求められる一方で，自己分析するフロイトのほうは冷静であり抑制的であり，それらの回想の意味の解体者でありえた。「私の気分は，列車から外を眺めている旅行者が目にする風景のように移ろった」と，彼はフリースに宛てた手紙で自己分析を表現していた。数年後，彼が被分析者たちに自由連想のやり方を告げるときに，自分が列車に乗って心の景色を目にしていると想像し，目に見えたものを報告するようにと要請したのであった。

しかし，それに先立つ自己分析という回路のなかでは，列車（無意識的なもの）とその乗客（意識）は，いずれもフロイトのなかにあった。もしも彼の乗った列車が新しい景色のところに達したならば，そのとき彼は，メタ心理学的にはきっと列車の欲望の視覚表象と位置づけられるこの景色を現象学的な詳細さで報告しようとしたことであろう。

彼が同時に列車であり乗客でもあるかぎり，彼は頃合をみて心的な表象（風景）と自分の自我列車（egotrain）が把握した内的な動きを結び合わせることが可能であり，そうして彼の衝迫，情動，事物表象や言語表象を連結していった。しかし彼が列車の操業をやめたときには，彼は情動や観念や言葉や想像を特殊なやり方で切り離したのだが，そのやり方を，彼は同じことをしている強迫的な患者たちの中に（多分，正しくも）見つけることになったのである。

自伝の進化にとってフロイトの貢献がもたらすはずの利益は，精神分析を形づくるためにそれを分裂させたことによって失われた。そしてその失敗から，きわめて皮肉なことに，われわれは利益を受けてきたのである。しかし，ここで弁解している場合ではない。というのは，フロイトがしようとしたのは，自伝的な発見を他者と分かち合うことだったからである。意識していたかどうかはともかく，実際そうであったように話を聞いてはくれるが，しかし感情を動かさぬ他者に向けて話をするプロセスに入ることになるのを暗に覚悟しながら，彼は転移像としてのフリースを当てにしていったのであろう。このことが精神分析的な労働分配の起源をなすものだったかもしれない。だが，もしもそうだとしたら，聞いているだけの他者（フリース的なもの）が，フロイトの思考のつながりを理解するのに共感的な解釈の水準ではほとんど役に立たない人形のようなものであるということも，またおそらく知らず知らずのうちに認識していたのではないだろうか。

それでは，フリースの位置が，遠く離れたところから時折解釈をする素朴な聞き手という基礎を形づくったのだろうか。フロイトが列車の機関士なのか，乗客なのか，あるいは傍観者なのか，フロイトがいる場所がフリースへの提示のなかには示されていない。彼が，患者に耳を傾ける精神分析家にこの機能を振り当てたということは，距離的に遠く離れておりどちらかと言えば心理的に隔たった人物に対して，精神的なもの，情緒的なもの，心に残るものというこの特殊な軸を手渡すことをあきらめたのだろうか。つまり，フロイトは核心的な記憶は自分自身のなかに保持しておいたままで，つながらず，関わらずというあり方（dissociated detachment）を「実践する」分析家のモデルとしてフリースを分析の世界に送ったのだろうか。

たしかに1923年までには，フェレンツィ（Ferenczi）とランク（Rank）が，精神分析の中に生じていた極端に超然とした位置取りでこの技術を実践するタイプの技法家に警告を発している。それと同時期に，フロイトは，征服者的な熱狂から醒めて，精神分析の治療効果について悲観論を増幅させるようになっていたが，これは，彼が自己分析をとおして本当に人格的な，心底からのひらめきを引き出していた1897〜99年当時とは際立った対照をなしている。

彼の悲観論は，人々が秘蹟を執り行った者のご利益に与ることができるようにするために，彼自身が人類にその身を差し出した個人的な犠牲（自己分析）から派生したのであるが，精神分析の儀式的な実践に見いだされるのではないだろうか。過度に寡黙な分析家は，精神分析の創造によって殺害された，フロイトのなかの死者ではなかっただろうか。第1章で論じたように，中立的なものが現前したのではなく，殺害された者のもつ死の暗い雰囲気が押しつけられたのではないだろうか。まあ，誰にもわからないことだが。

肝心なことは，長い西欧文化の歴史に引き継がれてきた，しかし彼独自のものでもあった非常に特殊な形式の表象を，フロイトが拒絶したことである。彼は自分自身に語りかけることができたが，同時に，その問いかけに応じる声は，以前立てた解決の諸前提が新たな一連の無意識的な表現によって根本的に覆されるのを発見することになる，合理主義者の探求者を絶えずひそかに侵食し続けていたのである。われわれは，いま彼の自己分析において動いていた諸観念の回路を参照することで，本来のフロイトによる分析がもっていた性質を問いただすことができるだろう。この問題を提起することは，フロイトが引き受けた努力の完全さに異議を唱え，ちょっと傷をつけることになるが，私はある特定の方法でそれをやってみようと思う。

まず，彼は個人的な文脈を生きていた。つまり，父親の死が迫っていたこと，フリースと彼がもった複雑な関係，さらに愛する女性への脱性愛的な関係が増幅していたことである。この現実から彼の夢は発して，過去および現在の自己の世界へと彼を運ぶのであるが，自分の子ども時代，現在の職業生活の場面，想えども行くことのかなわぬ都市ローマにしろ，それらはすべて現在の文脈によって混乱させられている。夢は決まって，共通点のない記憶を１つの場所に寄せ集めて，歴史を無視した混合を果たす。自問のための資源として夢の価値を決定する権利は夢から目覚めた人にあるのだが，フロイトはこの場所を夢に譲り，さらにそのうえ，その声に全権を与えると同時に，自分自身の連想をつけ加えて，夢がすべて意味をもつように筋道をつけるべく努力した。

この一途な自己喚起の力は恐るべきものであり，自伝的な冒険はその極限まで推し進められた。フリースはといえば，解釈をしない「古典的な分析家」の最低基準を満たすというだけの人物であるのに，救いをもたらす他者の代理を引き受けたわけであるが，しかしこれほどの持続的な自己喚起の場に生きる能力においては荷が勝ちすぎた。作業はそこで分裂させられたのである。患者は夢を伝え，フロイトは，かなり距離のあるところから傾聴し，解釈するようになった。もちろん，彼はフリースではなかった。しかし，彼がフリースの場所を取ったことが，現在では実践をする分析家に移し変えられたのである。１世紀以上にわたって，この分裂は精神分析の実践において維持されてきているが，分析的な労働の分割が不可欠の一歩であったにせよ，それでもやはり自己分析がもつ緊迫性からは遊離してしまった。実際，フロイトが外科医的な落ち着きをもって接する対象としての患者に対して抑制した会い方を強めていったことは，1926年までに，心というものからもっとも正気なものの座を奪いとろうとする無意識の力の，熱のこもった関与から遠く隔たってしまっていたことがうかがえる。しかしながら，第6章で論じるつもりであるが，患者と分析者の間の協同性は彼らの無意識がお互いに影響を与えあうその結果を中心に展開するのだから，それは抑制した関与ですらないのである。

ともあれ，自伝的ないし自己分析的な行為における特異な分裂は，記憶，本能，苦痛と外傷を担っているのは患者であり，それに対して分析家はそれらの事柄について公平で情緒的に巻き込まれない位置から自由に考えをめぐらすようにせよ，というフロイトの主張によって達成されたのである。しかし，時が教えてくれるように，患者の転移の意図は，この抑制した観察者を客観的な位置から連れ出して，いま少し患者の内的な混乱の核心に連れ戻そうとしているようであった。当初，これは転移性恋愛の形で現れたのであるが，それはこの過剰に距離をおいた人物を愛して関わりの中に連れ戻そうとする被分析者の努力だったのであろう。フロイトはそれを彼の分裂‐排除する機能に対する抵抗と見なしたが，われわれは，それがこの分裂を打ち消して，分析家にフロイトが自己分析の断念に伴って捨て去った心，情動，および連想を結合するよう強いる患者の試みだったのではないかと考えてもよいだろう。

精神分析の文献は，患者のためらいがちな愛の中に攻撃的な要求が含まれていること，分析家が被分析者の愛を感じるだけではなく，むしろたとえ分析家がそれに報いずにいてもそれに苦しむだろうことを取り上げた論文でいっぱいである。しかし，これまでは，フロイトの濃密な研究の対象となってきたのは患者であり，そこから彼はメタ心理学と臨床的な理論を構築した。フロイト派の空白のページが分析的状況における第三の対象(a third object)になったが，それはフロイト（1985：274）が抑制した生き方を求めて，そこに自分自身を託そうとしたものだった。彼の好奇心，本当のことを知ろうとする願望は，ファウスト[訳注9)]のごとくに彼を深みに連れていったのであり，彼が1897年10月27日の手紙で，ゲーテ（Goethe）を引用したのも多分

訳注9)　“Faust”：Goethe, Johann Wolfgang von(1749―1832）の代表作とされる戯曲の題名であり，その主人公の名前。幻滅した学者ファウストは象牙の塔をあとにして実人生の幸福を求める。世俗的な成功を保証するために悪魔と契約を交わし，悪魔によって平凡な村娘グレートヘンの誘惑と死が導かれる。悪魔はこのほかの悪事を通して，ファウストを巧妙に道徳的退廃の瀬戸際に追い詰めていく（世界人名辞典，岩波書店，1997より抜粋）。

物質的快楽のために自分の霊魂を悪魔に売り渡したというファウスト伝説は，ゲーテにおいて高められ，人間に与えられたいっさいの幸福と苦痛とを自ら体験し，自我を普遍的なものに高めようとする衝動が基調となっている。この自我拡大と目標の無限追求の精神が「ファウスト的」と名づけられる。たとえば，シュペングラーは，近代ヨーロッパの基本的特徴を「ファウスト的」とよんでいる（哲学事典，平凡社，1971）。以上のように，ゲーテが翻案した主人公であるファウスト像は，1つの精神的なあり方を表す象徴ともなっている。

そういうわけである。

そして，懐かしいあの人この人の面影が浮かびあがり，
昔の半ば消えうせた伝説のように
初恋も初の友情もみなもろともによみがえる
（『ゲーテ全集 3』　山下肇・前田和美訳，1992，潮出版）

自己分析は彼を「高揚と軋轢」という場所に連れていき，彼は「人生の悲しい秘密の多くが，ここではその最初の根っこまで追及される。自尊心や名誉の多くがその卑しい起源に気づかされる」と書いた。彼は被分析者の場所に身をおくということがどのようなものであるかを知っていた。すなわち，「私が自分の患者たちと体験することのすべてを三人称（a third [person]）で，ここにおいて私はもう一度発見する」のである。

抑制した生き方と科学的な探求という古典的な場所を獲得するということは，実は，痛みと苦悩が伴う場所を離れるということである。すでに示唆してきたところではあるが，フロイトは，分析的な設定のなかで情緒的に関与する誰も（精神分析家も含む）が感じる心が痛むという体験を拒絶してしまっていたので，患者の転移が本当に含蓄するものの探求に，本当の意味でかかわることはなかった。転移は，当初精神分析のなかば自律的な機能に対する抵抗であった。後に，それは医師という人物にかぶせられた幼児期の情景を反復する力であり，それらの情景はかなり首尾一貫しており，再構成して幼児期と関連づけられるはずのものとなった。

とにかく，平等に漂う注意，中立性，および穏やかな距離は，分析状況における分析的な態度の基準になった。たしかに，そうした姿勢は精神分析過程において不可欠なものであるということは，理にかなったことだったかもしれない。というのは，その過程は，被分析者が，臨床家の偏見や，思いつき，乱暴な解釈などによって，自分たちの特権を侵害されることを恐れずに話すことのできる自由に，部分的にしろ基礎づけられているからである。

ところで，たいがいの個人の分析において，それまでとは異なった分析的な布置を呼び起こす瞬間があるが，それは患者が，分析家の中に呼び起こさ

れる気分，イメージ，自己状態や観念を通じて分析家に語りかけてくるときである。こうした逆転移は患者の側にある転移活動の結果であるが，とりわけ分析家を困惑させるものであり，その点については第11章でより深く探求することになる。精神分析の初期には，逆転移は平等に漂う注意を妨害する障害物と見なされた。だからそれは，個人的に自己分析するなり，克服（多分，強力な精神分析的な超自我に訴えかけることによって）されてしかるべきであり，その結果，分析家はその特別な場を維持できるのである。やがて，患者によって喚起された気持ち，考えや自己状態の動きは，被分析者が持ちよる貴重な情報源と見なされるようになった。

分析家は，患者の様々な部分を宿す一種の主人役のようなものと見なされるだろう。あるものは望まれないものとして，またあるものは価値あるものとして，分析家のなかに投影的に同一化される。もしも分析家が被分析者の厳しい詮索的なものの見方を宿すとすれば，患者が自分１人のなかにそれをもっているのがあまりにも難しいので，どのようにして患者が自分の過酷で非難がましい部分を，分析家のなかに押し込んでいるのかを示そうとするだろう。仮に，ある患者がすぐに捨て去る愛人たちとの乱脈な関係を自己批判もなく語っているところを想像してみるならば，分析家はそれを非難したい気持ちになっているかもしれない。すると，分析的な課題とは，非難したい気持ちを抱えもっておくのが，あまりにつらいに違いないことを患者に指し示すことであるかもしれない。

転移と逆転移の関係に関するこのような概念が導入されるに伴って，表象に関する精神分析理論において，冒険的ではあるが重要な移行がなされた。従来，無意識的な表象は，言葉の表象をとおして無意識的な想念の論理を担うシニフィエの動きのなかに見出されるべきものであった。決定的な言葉というものは，自らを象徴の秩序に書き込む出来事の銘を内に含んでいるものであろう。たとえば，あるねずみ恐怖の患者は，この忌まわしい対象に対する恐怖にほぼ衰弱しきった自分を立て直そうとして分析を求めたとする。分析家は，その患者が子どものころ，夜ベッドで横になってねずみたちが屋根裏を這いまわる音を聞いたとき，この恐怖を初めて体験したということを発見する。後に，彼女は母親の興味深くもわけのわからない行動を見つけたとき，おそらくねずみ（rat）という言葉の中に母親の行動への恐怖を刻み込んで，彼女は母親のことを「突飛な（erratic)」と評したのである。

無意識的な表象は，イドと超自我に対してその関係を調整する自我の活動の中にも見出されるべきものであった。したがって，自我状態（その衝動のさまざま，絶望のさまざま，硬さのさまざま，など）を観察することによって，分析家は，適応を目指す巡礼者に随行する英雄のように自我に語りかけて，患者がなしうるほどよい人生をめざして正気の判断という道を歩むように，控えめにこの人物を手助けすることができた。

精神分析家たちは，情動，防衛の布置，行動化，反復，および言語的なイディオムなども，無意識のさらなる表現形と見なしたが，それぞれは精神分析的な文献のなかで十分に考察が重ねられた。患者の転移によるコミュニケーションとそれが分析家に与える効果についての理論は，人間の表象についての根本的に新しい見解であった。フロイトの自由連想という革命的な発見は，半世紀後のクライン派の投影に関する諸研究に引き継がれた。それは，人は自分自身の一部を対象に投げ入れるというものであり，最初は内的世界の諸対象の中に（たとえば，人格の支配的な部分を表すものとしての雇い主とか，自己の世話をする部分をもつものとしての看護者への賞賛とか)，次いで他の人々の中に（たとえば，他者のなかに支配者を出現させるものとしての度重なる怠慢とか，他者の中に看護者を引き出すものとしての病気の表現とか）投げ入れるのである。患者は人格のこれらの部分を心の中の対象や他者に転移するのであるが，ローゼンフェルド(Rosenfeld)，ビオン(Bion)，シーガル(Segal）およびジョセフ(Joseph）とその他の人たちの著作において非常に入念に記載され発展させられたのは，後者の能力（および転移の受け手がその役割を無意識的に受け取ること）であった。

この理論は，もちろん完全に独創的というわけではない。旧約聖書は，神がその至上の効果をもった声を聞き取る特別な能力を備えた他者の身体と心の内にどのように語りかけたのかを書き記している。中世では，幻覚を持ったヒステリー患者は，その耳で悪魔の声を聞いたし，19世紀までには，堂々とした女性の霊媒士たちが死者の声の媒介を執り行うサロンが開かれていた。しかし，クライン派の理論が初めてこうした転移の本当の理解を提供し，人の間で起こっていることを深く考え直すことを請合ったのであった。

フロイトに戻ろう。

通常その日以前の出来事が端緒となる夢をめぐって構築された彼の自己分析は，フロイトの性的渇望，殺人衝動および利己的専心が彼にとって衝撃的ながら，好奇心をそそるものとして提示されたので，自伝の形式における独創的かつ重要な一歩であり，ワーズワスを幾分超えたものであると私は論じておいた。自由連想をとおして，彼は，自己によって語りかけられるための新しい形式を見つけたこと，その点で，人間理解の歩みを前進させたことを知っていた。

しかしながら，この発見を分裂させて2人の関係に転じ入れること（それは神経症者の利益ともなった）によって，フロイトはもはやハンナ・アーレント(Hannah Arendt)[訳注10] が「一における二の対話（the two-in-one dialogue；1958：185)」と呼んだものに十分に重きをおくことがなかった。以前の自己や衝迫を呼び起こすとともに，よい解釈に決定的に重要な情報を全面的に，解釈を行う主体に情緒的に知らせるように思えた，あの内的な対話は精神分析においてどうなったのだろうか。一における二を二における一に転換することによって，フロイトは精神分析からまさにその魂を抜き去ったのである。

逆転移に関する関心の復活となったのは，それが問題の核心をはらんでいるがゆえに，精神分析的運動の重要な部分である。転移を喜んで受け止め，そして自身の内部に生じる様々な気分，自己状態，雑な想念と信頼に足る理

訳注10)　Arendt，Hannah（1906—75）：ドイツのユダヤ中産家庭階級に生まれ，大学で哲学と神学を学び，ハイデッガーとヤスパースの強い影響を受ける。1941年にニューヨークに亡命し，ニューヨーク知識人の論客として活発な言論活動を行った。政治思想家として位置づけられ語られることが多いが，「精神の活動力」についての考察から引き出された「共通感覚」の観念を政治哲学に適用するという考えなどのユニークさが注目を集めている（哲学思想事典，岩波書店，1998より抜粋)。彼女の学識の中心には本質的に，自由と思索の腐食の進行と結びついた現代における公共領域の喪失に対する彼女の関心がある。アーレントは，思索という精神活動における重要な特徴として，意識の内的対話と意味の立ち現れを挙げた。科学的な知識，客観的な知においては，個人の主観的な意味体験を離れた共通認識が重視される。それに対して，思索という精神活動は，知識の原理において営まれるのではなく，存在の意味という主観的要素によってこそ成り立つものであると論じている。この思索をとおして達せられる公共性が切り離されることによって，科学という世俗性において公共性が失われ，社会がアノミー化するという政治，社会的な分析を行った。

論などの多くに静かに注意を向ける分析家は，やがて一における二，分かちもたれた「精神」に行き着く。そこにおいて，分析家は喜びという痛みを感じ，考えがめまぐるしく動くかと思えば，不活発な心の無風状態となる混乱を体験するであろう。

患者がその上に投影する理論的な（理論においてであって実践においてではない）空白のスクリーン，あるいは平等に漂う注意の必要性については多くのことが記述されてきたが，それらが意義深いのは，まさしく転移がその平等さを混乱させて，自らの活動を強調するからである。古典的な態度は，分析的な傾聴における重要な基盤である。しかし徐々に，分析家は，自分が患者の連想に心が占領され，転移活動によって異なった自己状態に運ばれているのを感じつつ，分析家の主観性という材料をとおして患者の内的対象を彫り出すのである。第11章で詳しく論じるつもりであるが，行動化を繰り返したある患者は，院内であったすべての悪事が彼のせいだと私が思ってしまうほどに私の気を揉ませたものだった。その母親がいかに彼のことを気に揉み，常に彼の空間に侵入していたかということを彼が語ったとき，私はこれら２つのデータ（彼の報告と私の内的状態）を使うことができ，以下のようなことを言った。それは彼が無意識のうちに気を揉む母親を私の中に持ち込もうとしていること，そして，行動化を起こすことによって，その母親をからかってコントロールすることを楽しんでいるように思えることであった。もう１人の患者は，大変魅力のある内省的な参与者として分析を始めたのだが，すぐに恋愛をして自分のすべてのエネルギーをそちらに向けてしまい，分析において内省するのを止めてしまった。はじめのうち，私はこうして分析関係や分析作業がなくなってしまったことに対して腹立ちを覚えたが，そうこうするうちにやがて，むしろ自分が根こそぎなくなってしまったような気持ちになった。数カ月かけて，彼は私に，子どものころ母親が自分を乳母に預けて顧みなくなったこと，この全面的な愛情撤去が彼を死んだような気持ちにさせ，彼女を本当に憎むことになったと語った。私は彼が生育歴として物語ったことと私に生じた逆転移を使うことによって，彼の行動化は生き生きとした始まりがあって，それが突然不意になくなり，その後に断固とした拒絶があることがどのようなものであるのかを，私に示したのだと指摘することができた。

そうした瞬間は，１つの分析における日常的な部分ではなく，むしろ神の顕現のようなものであり，患者と分析家の双方が明らかに同じ現象を語り，経験しているとき，それらはある種の一における二の契機から生じるものである。これらの出来事がなおいっそう注目されるのは，精神分析家がそれらを感じて，しばしばそれ以上ありえないほど強く感じ入っているのとは対照的に，患者は往々にして生活史上の出来事や過去の情景を感情に流されずに物語っているからである。患者の熱情と分析家の冷静さに基づいて構築された古典的モデルとの逆転が，なんとも絶妙ではないか！

ともあれ，こうした瞬間が，分析家が被分析者の情景や対象の分裂 - 排除された部分を分析的な出会いに持ち込み，しかるのちに患者の心に返す重要な心的機会となっているのである。

しかし，これらの宗教的顕現が出現するまでにかかる長い期間は何なのだろうか。

フロイトの自己分析は，ワーズワスの喚起による追体験，そして聖アウグスティヌスの内省的回想と同様に，常々使われていてそれゆえよく慣れ親しんだ孤独という場所に住まいながら行われる知的な行為である。私が言おうとしているのは，自分自身というものに対する逃れようのない関係，つまり一における二の対話において，表象化しえない内的言語によって語ることのできないものが凝縮されるときのことである。

だから，われわれはこの内界の出来事を表現しようとしたフロイトの試みに同情してもよいし，そしてまた，内的言語のオペラがあまりに語りを超越したものであるのに対して，夢が幾分整然とした筋をもった内容であることによっていかに表象に開かれているかを理解することもできる。しかし，かつて自分の声が語るのを聞くことを，引き受けたときのフロイトと非常に近い場所で，骨折っている作業中の精神分析家にも，思いのたけを馳せてみるべきである。

新しい患者に会うとき，私は見知らぬ人に出会うのである。通常，私は彼らについて何も知らない。彼または彼女と最初の握手をしたあと，なんであれ私は最初の「印象」をもつ。そこで私の中にあるのは，私の前に立つこの人物の表象である。目に付くことを数え上げて（つまり，着ているもの，顔の表情，歩きぶりなど）面倒なリストを作るということを省略するために，私はただ，人は誰でもそれぞれのイディオムを持っているのであり，それがまさに最初から私に印象を与え始めるといっておこう。時間が経過すると，新しい印象がくる。すなわち，患者は，彼らがどこで成長したかを私に語り，彼らの子ども時代の風景を私に焼きつける。彼らは印象深かった友人や仇敵，両親や同胞，縁者や他人について描写する。また，自分たちの日常生活，仕事中あるいは家庭での，あるいはある社会的な催しと関連した出来事を私に語る。知の海のごとき印象の波々が，私の主観性という素材の領域に作用する。

やがて被分析者がその生育歴の諸断片を語り出すにつれて，母親，父親，兄弟や姉妹たちのつきない名場面集，現在の生活における様々なエピソード，夢また夢そしてそれらの夢，沈黙の層の上にある微妙な沈黙の層，これらの物語や，視覚像や抽象的観点が凝縮されて，私のなかに１つの非常に固有の動きのある作品が形成される。

フロイトが心の痛みから自分を解放し，生きるということの中心にある真実を見つけようとして自分の夢を分析しようとしたのとちょうど同じように，ある点では，解釈は，この活動を生き延びるために，逆転移の痛みを変形する目的で形づくられるのだと私は思う。しかしながら，私は，新しい印象をもたらしてくれる受容的な沈黙（receptive silence）を維持することを習慣としているが，それは，ときとして分析家の作業は，この関わることに伴う苦闘の孤独のうちに達成されるからである。

私は，語る能力が際立っていて，それでいてひどく悩んでいた１人の患者のことを思い起こしている。彼は，自分の父親の人格を念入りの詳細さで描写することができ，そうしていた。私の分析的な枠組みどおりに，内的な格闘をとおして，私はこの父親がその患者のいやな部分のメタファーであると理解しようとしていた。私は，私自身に向けた彼の転移に関する理解と結びつけてこの解釈をしたとき，自分がかろうじて救われたような気がした。それでも，父親の信じがたいほどの狭量さについての彼の説明は続き，父親の描写は自分自身の内的世界のメタファーであるという考えによって，彼が私とともに何かしら奇妙な救われたような気持ちを分かちもったこととは対照的だった。それはまるで，われわれのコントロールをはるかに超えた現実の力があるのに，われわれが2人して投影ですべてが説明できると主張しているかのようだった。父親の思い出は持続した。ある晩，私はその患者の父親の夢を見た。その父親は，患者によって酷く扱われているよい人という私の理論に合致していたが，夢の終り間際になって，私は彼のあごの下に皺のようなもの，襞を見つけ，それがよくよく調べてみると仮面であるのを知った。翌日患者に会ったとき，彼の父親に対する私の態度は一変していた。私はもはやその父親を投影として理解しようとせず，ひたすら耳を傾けて患者の記憶に集中した。患者の回想は私をその家族の家の中に，小さなレンジと日々の食料品すらをほとんど入れることができない冷蔵庫のある台所，特別なときだけに火が入れられるガス暖房がある薄暗い居間，父親が家の中に物を取り付けるときに作業するが，息子には見ることを許しても決して触らせなかった物が置かれた道具部屋へと私を誘った。

ここでは事例を紹介する意図はない。患者が物語るところによってその人生に引き入れられ，患者の世界に住まう，精神分析家として生きるということがどのようなものかについて，何かしら言い表すために述べたのである。

ある患者は，海辺へバス旅行するという1つの夢を私に語る。彼は青い海（sea）を目にして一時的に活気が出るが，それは人波にかき消される。彼は丘の麓に沿って歩いているが，1本のビンが斜面を転がり落ちてきて，割れて，ガラスの破片が自分の皮膚に刺さる。彼は5年間分析を受けてきているので，彼がこの夢を私に語るとき，私は参与者としてそこにいる。私もバスに乗り，海を一瞥する。私は人波にうんざりする，しかし，そのビンが丘を転がり落ちてくるとき，私はそれを「見る（see）」わけだが，「彼はまさに海（sea）に達さんとするときに（すなわち，まさに見ようとしたときに），自分のビンを失う（勇気を失うことを表す英国の俗語）」という連想をする。患者は習慣どおり，連想が湧くのを待ちながら沈黙している。私は心の中で，4年ばかり前に彼が報告した1つの夢に，そこで彼は子どもの頃休暇をすごした保養地の近くの桟橋に降りていき，彼の子ども時代に輝きを与えた海を見たのだが，つまり，無邪気さ（simplicity）という海に引き戻される。患者の連想は最近した海外旅行，その人だらけの街，そして脚にできた腫れ物に及ぶ。彼は沈黙している。私が「そしてそのビンだけど？」と尋ねる。彼は「本当に何も思い浮かびません。それが割れる感覚だけが」と応える。「自分のビンを失うということ？」，「私の勇気を，という意味ですか？」。長い沈黙。私は以下のように言う。

> この夢から，私には，あなたが最近した海外旅行のことが思い浮かびましたが，あなたは仕事の成功にいたく希望をもっておられたように思います。海には何の障害物もなく，それゆえにすばらしいのです。つまり，好きなだけ遠くが見渡せるのですが，そのような場所に辿りつくためには仕事で関わる多くの人たちと対応しなければならず，あなたはそれに必要な勇気を失うのではないかと心配しているように思います。

この解釈が正しいかどうかがここでの問題ではない。患者の夢はそれぞれ私の夢になる。それらは明白に演出が施された形態で伝えられようとも，私のなかに１つの新しい経験を呼び起こすのであり，それゆえある点で私は，それによって夢想される，夢見る人がいる場所にいるのである。夢のお告げは，あるところから別のところへと，胸のわくわくするような経験をとおして，奇怪なものにいたるまで私を運び，その道中の一歩一歩が私のなかに連想を呼び起こす。折々，私の内面生活がある情緒的な体験の進展に巻き込まれるとき，それは情動を銘記するものとなるし，ときには，視覚的な秩序の強制力があまりに強くて，私は内なる列車に乗って内的な風景を往来する旅をしているだけのこともある。私が登場人物や，彼らの活動，そして出来事の不思議な絡み合いを思い出そうとして強く集中した結果，脚本の濃密さがより文学的な感動の方へと私を押し戻していくことも度々ある。ときおり，象徴の秩序において語りかける他のシニフィエと結びつくまでそこに隠されていた言語表象が，副題のごとく視覚像から生じる。現在の夢によって呼び覚まされる夢を辿りかえりながら，私は夢見る人が同じ景色に回帰するのはなぜかと考える。

ある意味では，私は患者に付き添われて，人生の社会的な表面から出発して，彼と一緒に学校に通い，クリケットを遊び，性愛的な体験に参加し，結婚の破綻に耐えるといったように，過去の微妙に色分けされた時間領域に運ばれて，慣れ親しんだ映画（その父親や母親）を見せる患者の夢の感動的な深みへと誘われるのである。

それぞれのセッションは，50分間の喚起であり，夢と現実の間のどこかにあるのだが，それでもそれぞれの特徴がはっきりとある。それぞれの患者のイディオムは，私の「他者の」人生を呼び起こしつつ，新しい場所に導いていく。

患者と分析家が，それがたとえ短い間であってもそこにもう一度息吹を与えつつ過去のなかを歩むというときに，こうした夢とその記憶が果たす役割は大きい。それは時の流れに逆行する行いである。「過ぎ去った時間は，眠りの茂みのように暗黒である：／暗黒なのは過去である：覚醒してそこを歩くものはいない」（『征服者』におけるマクリーシュ MacLeish[訳注11)]）のである。それでも，分析家と患者は，短く，強く心に訴えるやり方で闇を照らす夢見という１つの形態を創造する。

われわれがするコメントは，われわれの体験全体のほんの小さな破片にすぎない。というのは，孤独と驚きのこの場所において，われわれは，明けても暮れても自分の作業と理論を事とする物言わぬ状況としての「フロイトのいす（The Freud Chair)」に腰かけているからである。ワーズワス流の感覚からすれば，われわれは，時に「楽しい，のどかな旅」をしているが，しかし，その旅は，しばしば私たちの自己探索を強要するのである。つまり，「光栄ある仕事に就くのに，はたして自分に適性ありやなしやを，自ら厳格に審査してみると」（1959：145行目）ということである。われわれが分析家として占めている場所は，詩人たちのそれに似て，回想が衝迫的な力でこみ上げてくるときのように喚起的なものである。私は，患者たちの夢や先立つ諸セッションを想起したり，その母親や父親を想像したりするとき，集中的な作業と責任が伴う場に呼ばれているのだと感じる。

訳注11）MacLeish, Archibald（1892―1982）：詩人。イリノイ州生まれ。イェール大学とハーヴァード大学で学び，議会図書館員（1929―44）となり，ハーヴァード大学の修辞学の教授となった（1949―62)。一作目の詩集は1917年に発表され，『征服者』は1932年に出版された。現代的な韻文で書かれた社会的な劇『JB』（1959）でピューリツァー賞を受賞した（世界人名辞典，岩波書店，1977)。

人間の精神は，ちょうど音楽の響きと同じで，
和音のように構成されている。個々の不協和音を融和させて，
1つの運動のようにまとめあげる，目に見えない
不思議な動きが，その中にかくれているのだ。

（Wordsworth 1959，340—345行）

私の患者たちとともに，この孤独ないすに座って，私は被分析者の人生の，処々のカテゴリー（情動，事物表象，言語表象，身体状態）と広範な時間を旅して回る。自我が人生の矛盾した要素をわれわれに非常に意義深く圧縮してもたらすにつけ，フロイトと同様に私も「夢，空想，その日の気分について何も理解できなかったために自分自身でがっかりする」（1985：274）日々もあるが，しかし心（ないしは身体）に浮かぶ連想はしばしば「高揚と軋轢」を伴ったものである。

メラニー・クラインとW．フェアバーン（Fairbairn）によってしつらえられたこの英国のいす（British Chair）は，ウィニコットによって暖かく馴染むようになってきており，ただ単に患者の物語に耳を傾けているのではなく，私は自分以外の他者へと微妙に成形され，いまや自分の気持ちだと感じるほど患者の気持ちの望ましくない部分になり，あるいは，私自身で患者の母親が今よみがえったと感じることになったりする。

こうした占有，自己によって住まわれる場所が，その部屋の静けさのなかで，しばしば濃密な自己分析に勤しむ精神分析家の座席なのである。結果は単純に，沈黙ばかりであったり，あるいは何らかの連想，ないし何らかの解釈であるかもしれないが，そうした分析的行為は，言葉によって，動かされ，揺さぶられ，困惑させられ，発作的に眠ってしまうほど不活発になるまでに退屈させられ，途方にくれさせられるなどといった強烈な内的過程の派生物にすぎないのである。要するに，私は，あの最初のフロイトの場所，つまり自己分析のなかにいることになる。

もしもわれわれが，自分の患者はわれわれがしている私的な格闘を知らないと考えるならば，患者に害を及ぼしているだけでなく，無意識についてのわれわれの理解を問われることになるだろう。しかし，私は，時折出される

質問（たとえば,「あなたは何を考えているのですか？」）を除いて，患者たちが自分たちの子ども時代および個人的なイディオムに私を住まわせ，私がそれらに喚起されて生き抜いている間も，私を精神分析的ないすにいるがままにして，私自身を分析するという課題に取り組ませてくれているのがわかる。彼らは私がどこに行っていたかほとんど知らないだろうし，そうあるべきであろう。私の贈り物は，ほとんどの精神分析家がそうであるように，沈黙を守っていることであり，それが被分析者の言葉の優先性を支え，またこの長いプロセスをとおして患者と私自身を抱えるという課題に不可欠な私自身のプライバシーの境界を保障もする。

われわれは自分の患者たちの物語を知るようになり，多分それ自身が母親ないし父親の一部の転移なのであるが，患者の心の部分がわれわれの自己のなかに現れて形をなすのを見出すであろう。これらの認識（knowings）について考え，ゆくゆくは言葉にすることは可能であろう。しかし，前章で論じたように，もう1つのタイプの認識がある。つまり,「形成する（in-formation)」作業であり，そこでは，人の特定の性格が，表象のためのイディオムとして，他者に影響を与えるのである。なるほど，内容に関する知識があれば，私は自分の患者が自分の夢を私に語ったときに何と言ったかを記載することができる。しかし，私は表象に用いられたイディオムや体裁を記述することはできない。それをあなた自身で体験したければ，そこにいなければなるまい。というのは，この知識はほとんど考えることができず，言い表せないものだからである。

精神分析家は，精神分析が何であるかはそれを経験することによってしか知ることができないと述べることでよく非難を受ける。しかし，これは単に説明することから逃れるための1つの手段であり，人々を分析に引き入れようとする口実なのであろうか。批判的な人たちはたしかにそう思うだろう。

しかし，分析家は，ある交響曲を聞いたばかりのときに，友人からそれはどんな曲だったかと尋ねられた人と，同じ範疇の問題に直面させられている。それが言い表せないので，質問した人はそれを聴くように薦められるのである。それは，くだんの形態がもつ独特の審美的なイディオムによって決められた，内在する変形のロジックに集中すること，ある作品の形態に耳を傾けるということである。

フロイトが分析的空間を発明したとき，意識においては知ることも，それゆえに関わることも不可能であるが，それにもかかわらず人のコミュニケーションの核心であるこの形態に関する認識を引き出す１つの関係を案出したのである。

したがって，私は一自己としての患者から知ったことをあなたに語ることができない。私は彼の物語を話すことはできる。私は彼の病を論じることはできる。しかし，彼がいったい何者なのか，あるいは何者であったのかと問えば，深い影響力をもつが言い表せないほど神秘的であり，様々な形態がありうることを斟酌すべき存在の文法である生命それ自体の忘れがたい活動であったとしか言えないのである。

第3章
欠くことのできない精神分析の破壊について

通常，人々は，苦痛があるので精神分析を受けに来るのである。彼らは，車に乗るのが不安だというような支配的な恐怖をもってやって来たり，フェティシズムなどとして実行される自分たちをうろたえさせるような性的な強迫を語ったり，持続的に欠けているものがあるために何かが剝奪されているように感じて親密な関係を避けたり，幻聴が聞こえてきたりする。病気に送り出されて，彼らは治療にやって来る。

分析家は病気によってその病気の真実を追求するように求められ，そして患者は分析的な仕事の遅さにしばしば文句を言ったり，迫害的に感じられる解釈に抗議したりするだろうけれども，その探求は当然のものとして認めている。このような探求には皮肉なめぐり合わせがないわけではない。というのは，ちょうど病気が無意識の自由を排除するように，病理を理解しようとする分析家の探求は患者のその他の局面を理解する能力を狭めることになるからである。あるコンプレックスについての解釈的な作業は，（病気のように，反復の一形式である）その構造を反映したものであり，もしもこのことが精神分析の唯一の特徴であったとしても，しかし病気と解釈がどちらがより病理的かを競い合うといった状況はグロテスクな様相となるであろう。

しかしながら，精神分析的な過程は，思考や性格の障害を粉砕する破壊の生成的な形態を維持している。自由連想の方法と解釈の行為とは，非常に異なったやり方によってであるが，被分析者の心的なヘゲモニー（指導権）や分析家の解釈的な理解において繰り返される分別を分散させる破壊的な力なのである。

たとえば，自由連想は，それが夢のテキストを破壊するのとちょうど同じように，精神的な結び目（knots）を壊す[訳注1)]。つまり様々な記憶や願望を

訳注1）　結び目（Knots）（結節点）。レイン（R.D. Laing）に“Knots”という著作がある。精神分析の破壊ということでレインに言及したのだと思われる。

とおして，そのそれぞれが運動の転換点にあるような，その各部分を心理学的な分画へと脱構築することによって，自由連想は分析家の解釈を断片化する。私が第6章で論ずるように，自由連想は当事者双方の権威を滅ぼすものであり，またそうあるべきものなのである。

このような破壊は，興奮を減少させるためにつながりを粉々にしようとする死の本能と，思考の新たな結合を創造しようとする生の本能との共同作業である。新たな結合を創造し，一時的に語りのなかで無意識に結びつけることで意識がスリルを味わうのだとしたならば，それを絶え間なく置き換えることによって意識のテキストを破壊することは，ある種の断片化によってその快楽を挫くことなのである。それではいったい，意識はどこまで無意識を理解するための努力を払うことができるのだろうか。結局のところ，たいしたことはできないのである。しばしばそうであるように，とりわけ分析家と患者が双方とも，新しい素材の出現によって理解が破壊されることに伴うスリルが見出されたと思ったそのときには，一方は自由連想的な休止へと，もう一方は平等に漂う注意へと，両者ともに追いやられるのである。

思考の散種（dissemination）は破壊的である。すべての精神的強度は，対象のもつ喚起的な力によって連結されることで，それに先立つ思考の流れの動きの結果として形成されるが，しかしそれらは新しい思考の流れを始める際の構成要素として，置き換え（displacement）や圧縮（condensation）や代替（substitution）や象徴化（symbolisation）の力によって解消されることになるのである。

フロイトは，こうした粉砕は知性の働きによるものであり，それによって意識は受け入れ難い観念から守られ，そうした観念は壊されて置き換えられた形態で表現されると信じていた。しかしながら，フロイトの書いたもののなかには，これが希望的観測であることを指し示したくだりが山ほどある。つまり心的内容のあるものは，こうした無意識の仕事を経て，隠された願望に役立つような分散されて変形された形態で意識のなかに現れるということは歴然としているとしても，しかし精神的強度の大部分は，そのような証人保護計画[訳注2)]といったもので保護されることはなく，その代わりにそれら

訳注2）　witness protection plan. 犯罪や暴力などの目撃者や証人が，新たに犯罪などに巻き込まれないように保護すること。欧米では法律によって定められている。

は新たな実体となり，今度はそれが断片化されて新たな構造となるのである。そこには精神的な生産性の終りなき連鎖があって，無意識的な展開のあらゆる筋道と，そして対象の側の驚くべき行動との間で交わり（intercourse）が起こって，そこに子どもが産み出されるのである。

イディオムが自己の形態として表された知性であり，それが現実を形づくるものだとするならば，そのときそのイディオムが，心的対象にその欲望のヘゲモニーを押しつけるということはないのであろうか。そしてまた，イディオムが人生というものの上に，あるいは人生というものを通して，それ自身を押しつける一形態であるならば，いったいどのようにして自由連想はイディオムを散種するのであろうか。実際のところ，散種と，夢の内容や記憶や人生についての語りの論理的な散乱（dispersal）とは同一である。それならばこの論理は，形態の美学とどのように適合するのであろうか。

人生の始まりの時期から，イディオムというものは，待機中の想像力のようなものであり，ビオンならばやがて到来する事物の前概念と呼ぶであろうものであり，時間の経過のなかで形がはっきりとしてくるものである。イディオムは対象を求めるが，それは，人生のこれらの内容を形づくることによってそれ自身を実現する形態を，対象が実体化するからである。これは深い快楽となるだろう。それはその人の存在がその人独自のものであることを表そうとする欲動の現れであり，それはそれ自体が対象世界を通しての展望をもった運動であることを示唆する形態である。エリオット（Eliot）が『バーント・ノートン（Burnt Norton)』で述べているように，「欲望それ自体が活動なのである」[訳注3]。

単一の心的内容（１つの夢，記憶，物語）の散種によって，潜在的な（かつ将来的な）内容は解放され，意味の筋道が創造される。しかし，分散の行動は無意識的作業の１つの表現であり，ここで示唆されることは，自己のイディオムを念入りに仕上げ続けていく（人生から自分の音楽を作り出す）ためには，そしてそれらをリフォームするため，またそれらを新しくかつ異なっ

訳注３）　Eliot, T. S.（1888―1965）：アメリカ生まれの詩人。その後イギリスに帰化。1947年ノーベル文学賞受賞。この詩は，『四つの四重奏曲』に含まれるエリオットの代表作の１つであり，1935年に書かれた。

た意味の構成へと再び形づくるためには，内容がヘゲモニーを握っている事態を打破しなければならないことを，自我が知っているということである。人生は，新たな観念が誕生することを通してのみ形成されるというのは1つの原理の機能なのであって，たとえ（物語や記憶やテキストなどの）新しい内容が創られようとも，人の存在は形態としてあるという原理は，そこで見出された観念がどのようなものであれその神聖さを破壊するように自己を運命づけているのである。

それではこの運動を駆り立てているものは何なのか。それはどんな個別の本能にも，一群の本能にも由来しない。この衝動は本能的な満足の累積を通して現実化され，後になって，表象されることを求める独立した欲望を承認するようになる。もしもそれが本能生活のなかから始まるとするならば，それが現れるのは，どの本能のグループに由来するにせよ，その本能の限定された野心のなかからであろう。なぜかといえば，本能の構造の中にこそ表象することの快楽が見出されるからであり，それは今やより大きな野心に向けられる。すなわち，過去，現在，未来にわたって，自己に備給されたものを成就することへと向けられるのである。

無意識は，刺激のか弱い組織化によって始まり，やがて徐々に限定的な精神構造ができあがって，そして想像しうる限りもっとも複雑な秩序へと発展する。無意識が成長するのは，それが思考するからだけではない。無意識の構造は思考のネットワークのなかで生きているのであり，そして毎日新しい考えがもたらされることによって，このネットワークはさらに発展するのである。散種の仕事（すべての内容をその派生物へと解放すること）によって，意味へと意味が送りやられ，自己がその欲動の関心の幅を拡げていくことの役に立つのである。このような審美的な関心，すなわち欲望としての形態は，それ自身を未来において求めており，そのイディオムが繰り返し現実化されるだろうことを感じ取っているのである。

フロイトは『快感原則の彼岸』で，新たな種類の衝動をはっきりと示そうと試みた。その衝動は，反復強迫の秩序のもとにある何ものかであることを彼は理解し，それを彼は新しい本能として選び出した。すなわち生の本能と死の本能である。生の本能とは，系統発生学的な反復であり，結合しようとする強迫である。死の本能とは，生命体が生命があるより以前の存在へと戻ろうとする（すなわち死というべき恒常性を達成しようとする）生来の傾向である。フロイトは，願望の成就を超える快楽というものをまさに把握しようとしていた。つまり，願望する主体が置き換えられることによって覆される喜び，自己が対象世界と遭遇して自由に動きつつ発見することによって絶えず再配置されるという喜びを，把握する寸前のところに到達していた。そしてそのそれぞれが，真実を探し求める三つ組みの本質的な要素となっているのである。

子どもは城（意識と首尾一貫性による複雑な体系）を築いた後，それからそれを一撃で破壊することを好んでいる。創造してから抹消する。「何ものであれ，終りには満足がある。／構造がなくなったとき，光が／差し込んでくる／もう一度始めるために」（チャールズ・オルソン Charles Olson，『塔 La Torre』）[訳注4)]。破壊が意味するのは，取り除くことの創造的な側面であり，それによって新たな内的空間が開かれ，現実性を改めて心に描くことに利用することができるのである。ある特定の願望が達成されることによって，重荷が取り除かれる。分析家は記憶することなく，欲望することなく，分析することが必要であるとビオンが書いたときに，彼はこの必要性を精神分析に刻み込んだ。それは通常を超えた快楽に対する申し立てであり，従来の願望や記憶を破壊することに伴ってくるのは無上の幸福であった。また，ウィニコットの本当の自己という概念は，破壊性の創造的な側面を確認するものであるが，それは，何か新しいものを創造するために，対象の真の同一性を絶滅しようとするものであった。認識の重荷は，想像力によって持ち上げられるのであった。破壊をとおして解放は起こるのである。

自由連想が意識の心的対象を用いる方法と，本当の自己が対象を用いる方法とは，ほとんど同一だと言えるだろう。無意識の過程は圧縮によって詰め込まれた状態を爆破するが，それは意識の諸側面を無慈悲な目的で用いている。すなわち，精神的強度のなかで創り出された欲望に磨きをかけるのである。イディオムの欲望の潜在的なコード（暗号）を解き放つこのような強度の散種をとおして前進することにより，自己の展開の道筋を明らかにするも

訳注4）　Olson，Charles（1910―70）：現代アメリカの詩人，批評家。

のとして対象は見出され，そして使用される。

はたしてこの散種の力を賞賛することは，解釈の価値に反対する論点となりうるのだろうか。

良い解釈は長期にわたる平等に漂う注意から発展するが，患者が自分自身で解釈を語ることができると分析家が感じるまさにそのときに，生み出されるのである。いくつかの点において，それらは圧縮に由来し，圧縮を反映している。しかし，解釈とは，患者のたくさんの語りや夢や転移のなかでの行動の重なり合いのうえに構築され多重決定された行動であるからこそ，いったんそれが生み出されると，その真実に則った成分による散種する力のもとで，それは破壊されていくのである。解釈のなかに含まれるあれやこれやの真実について念入りに検討しながら，患者がそれについて語るとき，患者は解釈を変更していく。このような解釈の過程（すなわち，素材が集められて，分析家の心の中で１つの語りとして首尾一貫するようにまとめられて，それが発せられて，その後，それが自由連想を通して散種される過程）は，全体的な夢の過程（日中の出来事，夜夢を見ること，翌日の連想）についてのフロイトの理論を映し出したものだけではなく，思考の自由の基本構造そのものを反映したものである。日中の素材のなかを曲がりくねって進みながら，ある瞬間に筋が通って特別な意味が立ち現れることに鼓舞されつつ，思考の自由によって破壊される過程。ここにあるのは創造の快楽であり，破壊することのスリルである。

人間のイディオムは，人生の織物をとおして織り上げられていく。その「編物」は，それ自体に特異的なパターンを果てしなく創造することをとおして実現化される。レイン（R.D. Laing）が論じたように，心的葛藤は結び目を生み出し，その結び目は解釈の作業によって解きほぐすことができるが，しかしたいていの解釈は，解釈のヘゲモニーと関係がない無意識的内容を失ってしまうのである。こうして失われた内容は，被分析者の結び目の優先権と，それに対する分析家の解釈によって，破壊されてしまうことになる。

私の〔教育〕分析家の解釈は，ほとんどいつでも意味があった。それらの解釈は，私が夢中になって辿っている，自分がすでに旅立っていることがわかる旅路を指し示すものであった。しかしまた私は，そのそれぞれの解釈が，どれも少しずつ間違っていることも理解することができた。私は，解釈の旅路のなかで破棄されたものの喪失を感じたし，私の存在の裏側で静かにくすぶっているものを感じもした。ある日，私の分析家が，私が彼のコメントに（その意味と重要性は理解したものの）完全には合意していないことを感じ取り，私が完全には合意していないように思えると語ったとき，私はただちに，彼の言ったことの一部を訂正した。私は，このことについて再び深く考え込むことはなかったものの，これが肝心な瞬間であることは承知していた。それで何年か後に，特定のある被分析者と仕事をしていたときに，私が「多分あなたはちょっと違うように考えていますね」と言って，彼がただちに訂正することがあったのである。この点に関しては，もっと系統的であることがいかに重要かということを，私はそれで認識した。

患者が，理解しようとする欲求を成就する解釈，すなわち自己表象の快楽に駆られた欲望を達成する解釈のなかに含まれる様々な言葉やイメージ，すなわち「意味」を破壊するそのときに，分析家もまた，解釈の誤りを訂正することで，その破壊を心地よい場所に据えつけるのである。

たとえ患者と分析家が解釈学的な同盟を結成したとしても，その同盟はそこから作り出された連想によって，直ちに消散させられることになる。そこには自己の体験を生ぜしめる普遍的な無意識の動きがあるように思われる。つまりそれは，無意識をかき集めて意識的な顕在テキストへと纏め上げ，次には自由連想的な脱構築へといたる動きである。分析家は，彼の特権であるあの静かな思考の室内で，被分析者のコメントを破壊するのであるが，その一方で，被分析者は分析家のコミュニケーションを破壊するのである。そのとき両者は無意識的に，お互いの素材をもとにどのように作業をするのかを学ぶのである。分析家と被分析者は双方ともに，無意識に固有の作業のなかに没頭し，精神的に強烈なモーメントに動かされて潜在的な思考を作り出し，やがて明白な観念が到来するまで，一時的に存在の中心となる精神的な基底を提供し続ける。そのような潜在的な思考を表象する暫定的なモーメントは，やがて新たな到来によってまた破壊されることになる。

無意識の心的過程にはこのような特別な破壊性があり，被分析者は分析家の言葉を正すこと，そしてそれゆえそれを破壊することに誘われるのであるが，それに付け加えて，解釈のなかには患者の精神構造の病理を破壊することを目論まれたものもある。

精神分析家にとって，自分たちの解釈作業の破壊的側面について書くのは困難なことである。その解釈作業のなかで，分析家たちは，患者の巧みに合理化された，あるいは病理的に教え込まれた語りを，破綻させるべく干渉するのである。しかし分析家は，臨床素材に関して本質的に異なった見解を患者に伝えることで，分析家自身の語りのつながりも，自己イメージをも破壊するのである。患者はそのような差異に対して抗議するかもしれないし，患者と分析家がお互いに論争の渦中にあるとき，それぞれの必要性が相手の語りを破壊することにもなるだろう。それはこうした反 - 語りが，意識のヘゲモニーを霧散させるように目論まれているからである。

しかし，それをどんなに巧みに述べようとも，これは破壊の行為であり，分析家は自分が話し出す前から，自分の言うことが患者を困らせるだろうことを，そしてしばしば精神的な痛みを引き起こすだろうことを知っている。しかしこのことが，分析家を思い留まらせはしない。患者はやがて最終的にはこの決定を認識し，その攻撃性を理解するが，このことが，自分の病気を表現するために病気になるという患者の抵抗もしくは欲求と出会うことになる。分析家の攻撃性はある種の力となり，そのようなものとして認識され，患者によってそのようなものとしてしっかりと感じ取られるのである。
精神分析は，しかしながら，そのような本質的な破壊性に関しては臆病である。フロイトは大方の人々よりは正直であったので，解釈を通して患者に教え込もうとする姿勢が，患者の診察のなかで無意識の真実を分析的に脱構築する彼の姿のなかに，明確に現れている。クラインのやり方は，強力に真実を押しつけようとするものであったことは疑いようがないが，被分析者たちを無意識の旅へと旅立たせるにあたってはまた違った見解を持っていたために，幸運にも十分な成果をあげることができていた。ウィニコットは，抱える環境に関して多くの発言をしているが，それにもかかわらず，被分析者に対する解釈はしばしば並外れて辛口のものであったのだが，しかし精神分析家が，自分たちが直面化をするときに実際にどのようにするのかを書くことが現実にどれだけ困難であるかは，より不幸な運命を辿った試みのなかで見てとることができる。マシュード・カーン（Masud Khan）『春が来るとき（When Spring Comes）』がもっとも明らかな例であろう[訳注5)]。

ここで，破壊としての解釈に関して，いくつかの生産的な実例を挙げて検討してみよう。

ある若い男性は，母親に対する強い愛と慈しみを語っていたが，その母親に対して彼は，彼が無神経な獣と見なしている父親とは違って，礼儀正しく世話をしていたのであった。時が経過して，あるとき私は彼に，母親にとって彼が父親より優れた連れあいであることを示すことで，父親に対する勝利を彼が楽しんでいるように見えると伝えた。このコメントに先立って，実に20年にもわたって，彼は自分自身について並外れて高い自己評価をしていた。多くの人々から，母親に対する己を無にした愛情や，父親に対して立ち向かう勇気を賞賛されていたのであったが，今やこのほんの一撃で，彼の手持ちのカードは散ってしまったのである。このコメントに唖然とした彼は，きっと私が何かを見落としていると確信して，自分の病歴を繰り返し語った。何度も何度も，彼は父親の野蛮さについて語ったが，しかし彼自身も仰天したことには，彼の夢の報告は，彼が父親の無関心さから報酬を受け取っているという解釈を確認するものであることを見出したのである。彼の自己の理想化された性格は打ち砕かれ，彼は混乱に投げ込まれ，そして最終的にはかなりの精神的な変化が見られるようになったのであるが，これらは，彼を「破壊」したたった１つの解釈の視点によってもたらされたのであった。

ある礼儀正しい，言葉遣いも完璧な婦人が，精神分析を受けにやってきた。彼女は多くのセッションを，自分の人生で出会った敗者たちの描写をすることに用いて，その悲嘆を飾り立てたが，その一方で，彼女の遠い知り合いたちは有意義で贅沢な生活を送っているのであった。彼女は，自分のことを，長いこと苦難の道を歩んでいるが，いまだに自分自身の素晴らしい子どもの自己を孕んでいると考えており，ただ，その子が世の中に栄光に満ちて生ま

訳注５）　Khan，Masud（1924—89）：パキスタン生まれの精神分析家で，ウィニコットの晩年の協力者としても有名。彼は晩年になってスキャンダルを起こして英国精神分析協会から除名されたが，本書はその原因の１つとなったいわく付きのものである。その理由は，本書が患者との関係をあからさまに描いたことと反ユダヤ主義にあるといわれている。ちなみに，カーンはボラスの教育分析者の１人である。

れるためには，**現実的な**理解，愛と知性を必要としていると考えていた。しかしながら，セッションのなかで彼女が，その他の場合には用心深い話し方をするのに，自発的な立場へと跳躍するのは，私がセッションの変更を口にしたときか，解釈を間違えたときに限られていた。「何ですって?!」と彼女は甲高い声で叫び，長い沈黙がそれに続いた。「まあ！」と彼女は叫び，そしてまた長い沈黙になった。こうした瞬間を彼女は喜んでいるように見受けられたが，しかし元気なのは，他者の間違いを探すことに喜びを感じている陽気な検閲者の側のようであった。私は，私が言いたいことをうまく言葉に表現することが難しいことを彼女に伝え，そしてそれは話す素材に由来するのでなく，むしろ彼女のあり方や関係の仕方に由来しているようだと言って解釈した。「あなたは自分の人生が死んだようなものだと言い，あなたのセッションはこの部屋を絶望でいっぱいにする悲嘆ばかりであるように言いますが，しかしそれでも，あなたは私が何か言うときに喜んでいますね。それはたとえば，セッションの変更なんかがそうですが，そういうときに，あなたは実に面白そうに，私に反対なさいますね。」彼女はしばしば自分がどうやって他の人々に復讐したかを論じていたにもかかわらず，このコメントは，彼女を非常に戸惑わせるものであった。苦悩に投げ込まれて彼女は，奇怪な理想化された自己が，自分自身の憎しみという酸によって溶解されていき，今では自分が何者なのかまったく分からない状態で残されていることを感じることができたのであった。

ある躁うつ病の患者はノンストップでしゃべり続けた。私が話すためには，彼を中断させなければならなかった。彼は自分の心は汲めど尽きぬ栄養の源泉のようであると語ったので，「ジョージ，ちょっと口を挟ませてくれ」と言って割って入るためには，私は何度も彼のコメントを使わなければならなかった。彼はしばしば声を張り上げて私に話させまいとしたので，私は彼に譲歩してこう言った。「ジョージ，あなたは私にがなりたてて私を部屋から追い出そうとしているみたいだけれど，私は出て行くつもりはないよ」。そして時には，「あなたは自分で止められそうかい，それとも止められなさそうかい?」と続けることもあった。私の側からの，そのような突然のコメントのうちのあるものは，たいてい強烈に荒れ狂ったピットストップに導いたが，その間彼は，私が考えていることを言うのをもどかしげに待つのであった。それゆえ，こうした瞬間は，実際のところ，ほんの数秒で彼がまた飛び出してレースを再開するとしても，非常に重要なものだった。私が口にしたのは，「ジョージ，あなたは自分の心‐乳房を吸って，自分の素晴らしいアイディアにキスしているようだね」とか，そういったコメントである。それに対する彼の返事がどんなものであれ――それには，ときには怒りが，しばしば深い悲しみが，場合によっては涙が，そしてたまには深い平安な沈黙が伴っていたが――セッションに対する躁的な局面はそこで**破壊された**。ここでの解釈の目的は――実際にそうであるように――ただ単に内容を伝えることではなく，彼の病理を破壊することであり，そのようにもまた機能していたのである。

破壊は解釈的な作業につきものであり，病理的な統合をぶち壊し，被分析者を――傷つき，怒り，不安などに色づけされた――さらなる連想へと駆り立てるのであるが，しかしその分散した思考の筋道のなかで，その基底にある思い込みが顕わになり，先立ってあった思考や行動の固定観念の無意識的で創造的な散乱へと，ただちに患者を送り出すものとなるのである。

われわれの一部分はわれわれの真実の探求のために捧げられているのであるが，しかしそうした探求のなかで，われわれの興味は狭められ，分散されたもののうちのあるものは忘却へと追いやられ，その多くのものが無視されることによって，限られた目的に向けられた正しい道を進んでいくという直感的感覚にわれわれは導かれるのである。われわれは無意識の内容物を結びつけて1つの複合体とするのであるが，それは解釈，あるいは芸術の背後にある独創的な観念，あるいは「精神的類概念（psychic genera）」――無意識の核にまとまりつつある観念で，完成の暁には人生の新しい見方へと送り出すことになるもの――となるであろう[原注1)]。真実の探求は，情熱の1つの形態である。「すべての五感のうちでもっとも根本的なものは／真実の感覚であり／その次に深い感覚的な経験は／正義の感覚である」と，ローレンス

原注1）　精神的類概念（psychic genera）という言葉で，私は，日常生活の無意識的な組織化の一形態を言い表している。このかなり奇妙な術語についての議論に関しては，『性格となること』の中の「精神的類概念」という私の論文をどうか参照していただきたい。

(Lawrence) は『もっとも深い感覚 (The Deepest Sensuality)』のなかで書いている[訳注6]。

しかし，そのようなつながりが形成されるや否や，まず最初にそれらを呼び出した霊感の力のもとにそのつながりは破壊され，そして今度は，自己の新たな表現を産み出すための主要な要因となるのである。つながりは，ばらまく効果がなければ何の意味もない。つまりそうした散種は，意味の探求に役立つ特定の興味の領域を切り開くのでなければ，ただ単に主体のイディオムを空虚に放出するだけのものになってしまうだろう。

散種の作業によって，将来の意味の結合のために内容が解き放たれると，やがてやってくる体験に導かれて，形態はその未来を捜し求めるようになる。もしも，今，私が自分自身に自分の過去を物語るならば，その物語はそれを構成している真実の力によって砕け散ることだろう。そしてそのようなベクトルは，さらに新しい物語を形成すべく，未来において喚起を引き起こすであろう人生体験の対象からのさらなる素材の到来を待ち受ける潜在力として機能するだろう。……そして，このようにして過程は継続するのである。

われわれが意味を創造する。

それに続いて，意味がわれわれを見出す。

類概念と散種，夢と連想，結合 (cohesion) と断片化は，欲望の様々な，しかし相互に本質的な形態間の根本的な運動を表現している。つまり，その一方は深く無意識のなかで廃絶された表現の自由に向けられており，また他方は知ることの欲望へと向けられている。散種が素材を生み出す。結合が真実をもたらす。散種は権威を疎外する。結合はカオスに意味をもたらす。散種は，無限にある潜在的な語形変化をとおして，われわれそれぞれの独自のイディオムを作り出す。結合は，われわれのイディオムのなかから共通のものを見つけ出し，自己をテーマに組織化する。散種は，語られた統一性へと常に導くその目的が，不可能であることを暗黙のうちに指し示す。

結びつこう (cohere) とする力と解散しよう (disband) とする力というこのような 2 つの力は，欲望の異なったタイプを表現している。散種は存在

訳注 6） Lawrence, D. H. (1885—1930)：イギリスの有名な作家であるが，同時に，多くの詩作を残しており，これはその代表作の 1 つである。

しているという形態の欲望であり，興味を複数の場所に散らばらせることで，自己のイディオムをはっきりと表現しようとするものである。意味（あるいは真実）の探求は，認識論的な本能，すなわち発見したり，知ろうとしたりする衝動を表現したものである。散種は，人間の生活は徐々に複雑になるものであり，意味のあるものが意味のないものへと脱中心化されるものであるという事実を，絶え間なく指摘する。複数の意味の間での何千もの本質的に異なる旅路の途上で，自己は，そうした分岐を超越的な意味へと纏め上げることはしない。他方で，結びつくことは意味に満ち溢れた人生を示唆しているが，しかしこのような奇妙な対立は，一風変った結論を共有している。それは，意味があるということは意味がなく，意味がないということは意味があるということである。

フロイトのものの考え方が，この局面を設定した。フロイトは自分の患者たちの真実を発見することに熱心であったが，彼の方法論はその真実の到来を退けたのである。しかし意味の探求と，そして散種の力によってそこで見出された真実を破壊するということは，ただ単に本質的な同伴者というだけのことではなかった。他方がない一方だけの存在は，意味がないのである。精神分析の仕事は，この２つの対立の間で機能する。臨床素材の広範な領域に直面して，分析家の心の一部分は比較的自由にそれに反応するのであるが，しかし彼の別の部分は心的な真実を組織化する核を捜し求めているのである。１つの言葉，１つの言い回し，１つのイメージや前のセッションの記憶が，意味によって重みをもって感じられるようになるのである。やがて時間が経過するにつれて，小さな精神の部屋はこうした密度の濃い対象で満たされて，そしてあるとき突然に，一瞬光が当てられて，分析家はなぜこれらのものが一緒になっているかを理解するのである。この類概念のなかから解釈が生まれる。それは情熱的で心地よい行動であるが，それが話されるや否や，患者の無意識はそれを破壊し，粉々に砕いて，また違った次元から精神的な栄養を引き出してくる。これは真実そのものの力によるのであるが，それというのもこうした類概念は，ちょうど知った者を彼の発見から追い払うそのときに，知識への欲望をまた養うからである。分析的な作業の中核にあるのはこのペアであり，それはさらなる真実を発展させるために統一性を打ち砕く破壊の一形態に基づいたものなのである。

精神分析がその参加者に苦痛をもたらすものであり，意識のそれぞれのヘゲモニーに対して破壊的であるとするならば，精神分析は常にそのような破壊性のなかに快楽を見出すであろう。というのも，そこで産み出された新たな理解はすべてすぐさま真実としての明白な究極性を奪い取られて，やがて副次的な真実（sub - truths）が予期せぬ運命へと導いていくからである。自由連想法の直接的な姿である精神生活のこの力は，精神分析家の精神の協力を得ることになり，そして精神分析を行うというその作業は，心の知的な成長に本来備わっている攻撃性を活用することになるのである。

第４章
形象とその機能

精神分析を実践していく際の核心にあるのは，驚くような目的の対立である。患者は精神の病のために精神分析を求めてくると考えられる。その病のために，被分析者と分析家の両者は，注意を集中させて，解釈という困難な作業を行わなければならないのだが，しかし両者は前もって想定される作業から論理的に生じてくる意図を捨て去り，考えを自由連想することに没頭することとなる。そこでは，意志は瞬時にして打ち砕かれる。イメージや観念や含意のある言葉や言い間違いや感情状態や関係性の発展などの自由な動きを促進し，夢を見ているような心の状態を優先させて，強められた意識を先送りするというこの方法に対して，知識を求める願望が邪魔をしてはならないのである。

フロイトはこのことにいつも落ち着きの悪いものを感じていた。フロイトは明らかに患者が自由連想する権利を擁護しており，精神の真実が自ずと現れるのは，あらかじめ準備せずに話をすることによってのみであるということを十分に承知していた。しかしフロイトはまた同時に，自分が普遍的な真実を摑んでいるとも確信していた。それはたとえば，エディプス・コンプレックスやその他の，連想のネットワークを結びつける普遍的な組織化構造といったものである。フロイトは，素材の中に自らが信じている普遍的な真実を見出そうとしたが，しかし自分自身の発案した方法論に打ち勝つときはついに訪れなかった。今でも見て取ることができるのは，被分析者が持ち出した予期せぬ考えや無意識のコンプレックスに不意を撃たれて，自分の理論の１つを変更せざるをえなかったフロイトの姿である。

たとえばねずみ男との治療記録には，フロイトが時にはどのように患者と共同作業をしたかが描かれている。患者の万能感は家族のなかで起こった最初の死，すなわち「カトリーヌの死（そのことについて患者は３つの記憶を持っていた)」にさかのぼるということをねずみ男に告げたとき，それに応じてねずみ男が「それらのうちの最初の記憶を修正し，さらに膨らませた」ことをフロイトは見出した。また別のところではこんな記述がある。「カトリーヌの死について彼が罪悪感を抱く理由について考えられることを私が話していたときに，ねずみ男はもうひとつ別の大切なことを話し始めた。それがなぜ大切かというと，ここでもまた，万能的な考えを彼が前もって思い出すことはなかったからである」(1909： 300)。

フロイトは真実を告げることを楽しんだ。「あなたの自慰行為は……に原因があると私が説明したとき，彼はとても驚いた。」しかしフロイトはまた，予期せぬ出来事を楽しみもした。

> ねずみ男は夢のすべてを語ってくれたが，しかしそれについて彼は何も理解していなかった。その一方で，彼はWLKについて2，3のことを連想した。これがW.C.を意味するのだろうという私の考えが正しいかどうかについては確証が得られなかった。しかしW［‘vay']から，彼は妹のカトリーヌが歌っていた歌，「**大きな心の痛みが私の心の中にある**（In meinem Herzen sitzt ein grosses Weh)」を連想した［‘Weh’もまた‘vay’と発音される]。
>
> (1909： 294)

フロイトは次に何が起こるのかをわかっておらず，ねずみ男がフロイトの娘についての空想を打ち明けたそのときも，患者の無意識によって新しい局面に導かれた喜びを押さえることで精一杯だった。

すべての著作においてそうであったが，フロイトは簡潔にまとめられた発見と真実を目の前にしていて，それらがただ普遍的な位置づけを得る権利が与えられることを待つばかりであった。だがしかし，一方で彼は，確実性を揺るがすことのできる無意識の力に対して，今なお喜びを感じてもいる。面接が繰り返されるにつれて，患者の精神生活の多義性は明らかになり，特に素材に対する分析家自身の無意識の反応によって，引き起こされる多義性が明らかになってくる。ねずみ男が早期の喪失について説明するのを聞きながら，前回のセッションから得られた3つの記憶についてフロイトが彼に尋ねようとはしなかったのは，その3番目の記憶（泣いている母親の上に患者の父親が屈みこんでいた記憶）がねずみ男の記憶なのか，それとも別の患者の記憶だったのか，フロイトにとって不確かだったせいもあると彼はわれわれに語る。「この最後の2つの点についての私の記憶の不確かさと忘却とは深くつながっているようだ」とフロイトは述べ，そしてさらに「(これらのことは私自身のコンプレックスのために忘れられてしまった)」(1909：264)と付け加えることで，どのような患者との作業においても起こってくるフロイト自身の無意識的な活動があるということを認めている。われわれはここで，夢の本について自己分析しているフロイトに出会うことになる。すなわち，そこで出会うフロイトは，詰め込まれた無意識的な関心事を濃密に物語る素材（夢）の提供者であり，また自由連想をとおしてこの素材を解きほぐす自己であり，またその素材の中の収束点を探求する自己なのである。

知ることについてのこのいくつかの方法の間にある非弁証法的な関係を自らが発見していたことに，フロイトは気づいていたのだろうか。夢は，その日に起こった出来事に照らし合わせて生まれてくる何千もの様々な思考の筋道を1つのイメージへと凝縮する。相当量の知識の詰め込まれたこの脚本の著者，すなわち患者は，自らの作品を理解していない。精神分析は，この夢について何かを知るひとつの方法を提供するのだが，それは知ることについてのまた別の手段をもたらすのである。夢に直接的な意味を与えたいという意識的な願望を破壊することによって，もしくは夢それ自体を破壊することによって，自由な語りをとおして夢というテクストが砕かれて撒き散らされたときに，自由連想が情報を伝えるのである。そして知ることの3番目の型は，解釈をとおして得られるが，それは粉々になった脚本の破片のなかから願望や無意識的な関心の痕跡を示すようなまとまった考えを分析家が探し求めるその時である。

しかしながら，この「知ること」のそれぞれの型は，他のいかなる型で置き換えることもできない。たとえ夢をとおして知ることが，自由連想の論理によって破壊されるとしても，夢を形成することによって見出される真実は決して自由な語りによって根絶されることはない。またたとえ解釈が連想のネットワークに潜んでいるいくつかのテーマを紡ぎ合わせるとしても，しかし撒き散らすことによって産み出される真実に取って代わることはできない。

夢見る人，連想する人，解釈する人，その各人は異なる方法で生きている体験を表現し，各人にとっての真実を作り出している。「知ること」についてのこれらの各方法は，いずれも人格の機能にとってきわめて重要なものである。われわれは夢を作り出す必要があり，それを撒き散らす必要があり，そしてそこから解釈を創り上げる必要がある。たしかにフロイトは分析家による意味の解釈を重んじたけれども，それにもかかわらず，彼は夢の内容や無意識の素材を産み出すものに心奪われたし，また自由連想の過程に忠実でもあった。それは，彼の著作活動のどの時点をとっても，解釈的真実への信念が，彼がいつも心にとどめ置いていた自由連想の技法というものに，取って代わることはなかったことを意味しているのである。

「知ること」についてのこの3つの方法は，ちょうどエディプス三角の上の3つの異なる精神的位置を映し出している。それはちょうどエディプス・コンプレックスが個々別々のしかし重なり合うところもある3人の人物（すなわち母親，子ども，父親）に関係しているのと同じように，これらの過程はこのエディプス三角を構成するメンバーに由来しているのである。フロイトが示唆したように，夢を作り上げるということは，もう一度再び乳児のように考えるということである。1つの現実を呼び起こすような強い幻覚的な想像の中に身を置くということである。そしてまた静かだが現前する他者の隣で横になるということは，自由に連想をしている状態という半ば夢見心地の状態を誘うということであり，それはすなわち，1人でいること（solitude）と関係していること（relatedness）の2つの異なった状態に関わっている乳幼児と母親のようになるということである。そしてまた，被分析者が自分のコミュニケーションについてじっくりと考えて解釈を導き出すとき，被分析者は常に「父の名」を，すなわち欲望と防衛の自由な動きを打ち破る部外者を受け入れることになる。

知の精神分析的方法は，被分析者が以前に用いた知の方法を反映している。それは，乳児が現実を純粋に幻覚として体験すること，そして母親の知の方法に参加すること，そして父親と遭遇することである。そのどれもが，真実を探し求める三つ組の重要な一部となる要素である。

患者が夢を作り出し，自由な語りをとおしてその夢を粉砕し，そして残ったものの中から意味の断片を探し求めるとき，そこで患者は，相互的だがしかし断続的な3つの心性のやり取り，すなわち乳児の心性と母親の心性と父親の心性の交換を生かし続ける。存在を理解し表現する3つの型を十二分に活用することで，それぞれの被分析者は，これらの構成的な秩序の力量を試されることになる。乳幼児であること，子どもになること，母親の中に取り込まれること，父親を取り入れることは，子ども時代になされる構成的な作業である。私は，母親や父親といった人物を内在化されるべき対象として強調するよりも，それらをむしろ**秩序**を生み出すものとして語ることのほうを，すなわち乳幼児と関わりをもちそれを加工する機能の集合として語ることのほうを好んでいる。

たった1人でありながらしかし他者の面前にある自己（夢見る人），畏敬の念に満ちた他者に中身を語ることに知らぬ間に夢中になっている自己（乳児と母親との作業），そして貫くような洞察力をとおして内的世界を知ることの責任を負い，それを受け入れる自己（子どもと父親）は，いずれも脚本家(創造者)の重要な**家族**（機能）である。この脚本家の誰1人として，単独で究極の真実を打ち立てることはできない。いやそれどころか，時が経つにつれて，知のそれぞれの形態は真実の探求者や語り手(分析者や患者)の家族のなかに見出されるようになるのである。

父の名のもとにある属性をあてはめること（たとえば，解釈）や，母の名のもとにある属性をあてはめること（たとえば，夢想）によって，私は，父親は夢想ができないとか，母親は母親独自の解釈を作れないと言っているわけではない。母親の秩序や父親の秩序といった概念を探求すること（たとえば父親的過程から生み出されるある種の夢想など）は興味深いことであろう。そうすることで，おそらく2つの秩序には明確な違いがあることが示唆されるだろう。そして個々の精神分析家が，自分自身のために，ある機能は1つの形象（人物像）の名のもとに属するのか，それとも別の形象（人物像）の名のもとに属するのかを決めることが好ましいことであると私は思う。最後に心に留めておかねばならないことは，これらの秩序が，すべての母親や父親がどのように行動するのかという描写なのではなく，母親やあるいは父親によって通常とり行われ，それに関係づけられる過程の描写なのであり，父親やあるいは母親は，それぞれ発達途上の乳幼児や子どもに対して違った形の重要性をもっているということである。つまり行動的には，母親が父親的な機能を果たすこともあるだろうし，父親が母親的な秩序を働かすこともあるだろう。

もしも先程述べたような3人組のうちの1人があまりに大きな影響力を持ちすぎるようになったならば，あるいは，そのうちの1つの機能が完全に除去されたならば，十分に「知ること」は不可能になる。

3つの構成要素のうちのある1つを強調して他の2つを巧妙に排除してしまうと，精神分析に由来する知の構造は自動的に損なわれてしまう。しかし，精神分析の論文を徹底的に精査すると，著者が「知ること」の3つの構造のなかのどれか1つのものに偏った書き方をしたエッセイが，驚くほど多く存在していることがわかるだろう。たとえばウィニコットは，患者の夢を見るような自由連想の状態を強調して，そのなかで「解釈しないこと（uninterpretation)」を提供しているが，それは明らかに解釈の機能を脇へ押しやっている。クライン派の論文は一貫して分析家による解釈の仕事を強調しており，「抱えること(holding)」の機能や沈黙のもつ創造的な作業を強調しないように分析家に忠告している。それぞれの著者たちを取り巻く分析家のグループは，疑いもなく内部の政治的な理由によって，どちらかのみを強調してきた。ウィニコット派が抱える環境を強調し過ぎたがために，クライン派は内的世界を強調し過ぎることになったというわけである。その結果として起こったことは分極化であり，歪曲された不完全な精神分析の見解が残ったのである。

この論争は皮肉な成り行きを生むことになった。クライン派は生後の最初の1年間に焦点をあてて，母親の身体に特権を与えたにもかかわらず，まさに「父の名」のもとに行われる積極的な解釈を主張する立場を提唱した。(「私の記述が示すように」とメラニー・クラインは10歳のリチャードの分析の記録の序文の中に書いているが，「私は心のとても深層まで**貫通する**(penetrate）ことができた……」（1961： 13）［強調は筆者による］)。ラカン派はその多くが，英国学派が抱えることを強調するのを軽蔑していることをほとんど隠しだてしていないのだが，しかし奇妙なほどに母親的である。

患者は自由に話せて，遮られることはごく希で，しかも遮られたとしても分析家の話は断定的ではなく，謎めいており，あいまいである。

数多くの精神分析の学派がただ1人の人物の周りに構築されると同時に，精神分析のなかで作動している無意識の構造であるエディプス三角を破壊して，母親かあるいは父親のどちらかを追い出してしまっていることは，興味深いという以上の出来事である。それゆえ，われわれは精神分析のなかにやっかいなエディプス論争を抱えているのである。解釈か抱えることか，氏か育ちか（nature versus nurture），あるいは内的世界か外的世界か。こういった問題は必然的にエディプス対象のどちらか一方を重視することになる。たとえば，「抱えること」と「解釈」という題目のなかに，「母親」と「父親」を読み取ってみよう。精神分析の学会やエッセイはしばしばこの類のエディプス的分割の周辺に成り立っている。いやそれどころか，世界のあらゆる地域や都市が，あたかも一方の親を軽んじて，もう一方の親を重要視しているようにもみえる。それゆえに，乳房はロンドンで発見されて英国学派の知的財産になってしまったように見えるし，男根はラカン派の知的財産としてパリに根ざしているようにみえる。精神分析の各グループは，父親や母親の身体の大切な一部分（乳房，ペニス，子宮）を流用して着服し続けている。もしくは，エディプス的態度でこれらの属性を占有し続けている。これをもう少し戯画化する（風刺する）と，「われわれは羨望と破壊についてあなたに語ることができる」，「われわれは共感することを知っている」，「われわれは自分の家の中に潜在空間をもっている」，「われわれは言葉を，『父の名』を持っている」ということになる。

臨床素材を読み取るときに，母親の秩序を好む人々は「前エディプス的」要素に気をつけて見ることを提案することが多いが，それは彼らにとってそのことがより深くそれゆえより真実に近く見えるからである。他方で，父親の秩序を主張する人々はエディプス関係を強調し，前エディプス的なものに焦点をあてることは性的な問題を回避することだと主張する。エディプスに注目することは，謎の真の挑戦に直面することであるというわけである。このように自分たちのエディプス三角上の位置に頼ることによって，多くの分析家は，真実により近い深い知識があると主張する。それは，自分たちが精神分析の真の申し子だと主張することになるからである。ある者は真の知識の母親にもっとも近く，また別の者は真の知識の父親にもっとも近いわけである。

これまでの精神分析運動の動向（たとえば，**自己**心理学，**間主観性**理論，**関係**理論など）の旗振り役になるよう選ばれた人が人間の生の重要な一部分に注目しながらも，その全体像を構成する他の重要な部分を把握しようとしないでいたことは，少しばかり驚くべきことである。精神分析運動は，欲望の名のもとに湧き起こると思い描くこともできるし，意味の名のもとに生じると思い描くこともできるし，あるいは……，あるいは真正さ（authenticity）などはどうだろうか。本物の（authentic）精神分析。それぞれの学派による独占が，それを取り巻く非常に狭い政治的グループの外側にいる人々を不快にさせる傾向にあるのは，多分あるグループは関係性について知っている，また別のグループは本能について，また別のグループは身体について，また別のグループは自己について知っていると決めてかかっていると感じることが，その人たちにとってなんとなく不快なものだからであろう。別の学派から来た精神分析家が招待されて，精神分析の体系のなかから密かに，自分のものとした1つの言葉，あるいは一群の言葉によってアイデンティティを形成してきたグループの前で，話すことを求められることがあるかもしれない。その分析家が，その話のなかで無意識のうちに，そのグループの専売特許となっている言葉を使ったとするならば，主催者はとてもイライラするだろう。なぜならば，この「生まれ変わった」新しい言葉の生みの親たちに言及し損ねたか，あるいはさらに悪いときには，その言葉や概念をその学派に敬意を払うような方法で使わなかったということからである。これは知的な発展というよりは，むしろ知的なトーテム崇拝である。

来訪者である精神分析家が，一見単純な質問を尋ねられることはよくあることだが，しかし主催者が所属する団体の人たちは，それが「暗号化」されたメッセージであることを知っている。そこには，分派を創り出すキーワードが含まれているのであり，その瞬間に，それはイコン的な意味を持った意志表示となる。それにはその団体の分析家の誰かが本や論文のなかで使用した言葉が含まれていたり，尊敬されている個人に対するローカルな供え物であったりする。しかし言うまでもなく，この謎めいたコミュニケーションは来訪者には理解されておらず，知らず知らずの間に攻撃が加えられることになるのである。

こういった主義主張の運動の部外者である精神分析家[原注1]はしばしば，上述したようなグループにとって重要である述語に対してむしろ理性的とはいえない嫌悪感をもつようになる。その結果，精神分析理論の発展にとって本質的なとても重要なアイディアに反対するようになったり，あるいは，ある種の見捨てられた大多数の人々を弁護して，「何でもかんでも良い」というような態度を好んだりするようになる。これは「1つの幸せな家族」という思想を復活させようという問題ではなく，精神分析理論という身体(統一体)が政治的な意図のもとにバラバラになるのを防ごうという問題なのである。精神分析理論の身体が，もしも最初からバラバラだったならばそれを折衷することもできただろうが，しかし実際には（フロイトや初期の分析家たちによって提起された）まとまったモデルがあったのであり，そのモデルはそれ以後，子どもたちである分析家たちによってむさぼり食われてきたのである。兄弟たちの原初の群れが原父の身体をむさぼり食ったという話は人類の起源についての適切な説明とはなっていないが，しかし精神分析運動の性質に関しては，ときには残念なほど適切な神話になっている。

これは，ただ単に戯れに身体や精神やその他のものへの分割を指摘しているだけなのだろうか。それとも私が信じるように，世界中のグループの間で行われているこの闘いのなかから，何か重要な真実が見出されるということなのだろうか。その闘いとは，生後1年目と生後5年目との闘いであり，母親と乳幼児に対する父親と子どもたちの闘いであり，また男根と乳房との闘いであり，一番になろうとする胎児の闘いである。

分析的な自由を十二分に得るために必要となるエディプス構造が解体してしまったことは笑い事ではないが，しかし，なぜわれわれがこんな不幸な状況にいるのかということを考えてみる値打ちは十分にあるだろう。上述して

原注1）　おそらく，精神分析運動のなかにいる誰もが，本当の意味では部族的な思考の外にはいないのであり，筆者もまたたしかに，知的な縄張り制のなかで自らが担っている役割についてもちろん自覚している。

きた知ることが生じてくるためには，精神分析がそれ自身のエディプス・コンプレックスを客観視して，それを解決することが必要だというのが，私の考えである。この場合のエディプス・コンプレックスとは，すでに述べてきたように，片親から認知されたあるグループを別のグループが殺すことである。たとえば，ユング(Jung)は，フロイトが賞賛しかつ怖れもした資質を身につけていた。ユングは，フロイトが目のくらむほどに魅惑された母性や女性性を（ウィニコットも後にそうしたように）演じたが，しかし父親からの認知の外側に自分自身の身を置いておくことを望んだ。フロイトが自分自身をユングから遠ざけたということは，フロイトがまた，母性的な知という意志薄弱で中身のない世界と，彼が感じていた美学や哲学や音楽といった，彼にとって退屈な他の事柄への思考も遠ざけてしまったということであった。そして今日，あまりにも多くのフロイト派分析家がユングを軽んじている。彼らは，ユングを風変わりで，印象主義的で，浮世離れしていて，厳格さに欠けていると見なしており，明らかにユングの仕事を潤していた母性的秩序に対して軽蔑的な表現をしていることに気づいてはいない。

精神分析はこのエディプス的なジレンマと今も戦い続けている。クライン，ラカン，コフート（Kohut），ウィニコット，ビオンといった精神分析の偉大な思考家たちは，それぞれに三角関係の一方の親をもう一方の親よりも好んでいた。フロイトと同様に，それぞれがエディプス家族の3人の全員を含めることを無意識的に拒んでいた。興味深いことに，エディプス・コンプレックスの概念を創り出し，その無意識的な現れへの洞察を誇っている学問それ自体が，精神分析自身の定式化である反エディプス的な様相をいまだに客観視しなければならないのである。

知ることへの精神分析的手法に関するこのような政治主義は，必然的に，面接室における様々な権威の形態に影響を与えている。より詳しく検証してみると，そこに長期にわたるエディプス・カップルの分離が起こっていることがわかるだろう。つまり，精神分析の世界のなかの数多くのグループの間で広範囲に及ぶ意見の相違があるにもかかわらず，根本的にもの静かで比較的に何も言わないままでいるような分析家たちと，他方で，患者と相互作用して関係を対話的であると考える分析家たちとの間で，この世界が二分されてしまっている様子を見て取ることが可能である。このようなことから，合衆国やフランスにいる古典的な分析家たちはそれぞれ，自分たちの患者の内的世界を違ったふうに想像しているのであるが，しかしそれにもかかわらず，分析家が沈黙がちでありコメントをあまりしないことが，臨床作業における基本的に重要な因子であると見なしている。また対人関係学派とクライン派は，それぞれ自分たちの患者にとても異なったコメントをするにもかかわらず，しかし双方ともに分析関係は相互作用的であると見なしており，患者がその瞬間瞬間に分析家に何をしているかについて患者に解釈することが自分たちの仕事であると信じている。当然のことながら，その色合いの濃淡には相違があり，分析家たちが機能している灰色の部分が必然的に存在しており，その領域において厳密な技法の規則を見ることはあまり価値がないようにも思われる。

しかしなぜこのような基本的な差異が生じてしまったのだろうか。もしも様々な学派の分析家たちによる自分たちの仕事への基本的なアプローチに関して，このように意見が二分されるとしたならば，その意味はいったい何なのだろうか。

精神分析の根本的な対象関係へのこのように異なる態度が，その分析家が，母親的な在り方，あるいは父親的な在り方のどちらかとの提携を選択することを機軸にして起こっているとしても，なんら驚くにはあたらないだろう。静かに待ちながら，めったに現れない明瞭な表現の動きを尊重して，発展する意味のニュアンスを理解し，それについて隠喩に富んだ省略的な形でコメントをし，2人の間に存在する生の流れに関与しようとする他者は，母親の秩序の「中」にいる。そして患者に本人が「たった今」していることについて思慮深い説明を与える解釈的な他者は，父親の秩序の「中」にいるのである。

このような分析の中の権威的な形象について考えるとき，われわれは患者の転移についてのポーラ・ハイマン(Paula Heimann) の問いかけ (1956)，すなわち「誰が誰に向かって話していて，それはなぜ今なのか」という疑問に立ち戻ることになり，ひるがえって分析家に対しても，「この話し手は誰なのか，誰に向かって話しているのか，そしてなぜそうしているのか」という問いを投げかけねばならないだろう。これに答えるのは容易なことではないが，しかしそれを単純化してしまいたいという誘惑は避けなければならない。クライン派は，原則として患者を母親の身体へと方向づける一方で，解釈的存在としての父親を演じている。またヨーロッパの古典的な分析家たちは，自分たちが母親の声で話しているという考えに反対するだろう。なぜならば解釈をするときに，そのコメントは父親の洞察力によって分析的二者関係にもたらされる第三の要素を導入していると考えているからである。しかし分析家の母親的な声（「フムフム」と聞き，そして受け止める存在）と，そして転移のなかや自由連想を通して欲望を演じている乳幼児や子どもとの間に身を置くとき，分析家は母親の秩序のなかで機能してもいるのである。それゆえ，分析家が話しをしている最中に分析家とはいったい誰なのかと尋ねるとき，そこには微妙で重要な差異があり，ここでは分析家たちを公平に評価することはできないのである。

分析家たちの間での重要な理論的相違は，その語りの「秩序」に由来するのかもしれない。たとえば，コフートとカーンバーグ(Kernberg)は，自己愛人格に関して異なる見解をもっている。ある意味では，コフートの仕事は母親の秩序により多くの比重があり，極端に単純化すれば時折甘やかしてすらいるようにも見受けられる。その一方で，カーンバーグは父親の秩序からの主張が多く，時には直面化しすぎだという不当な批判を浴びることもある。無論，解決としてはどちらかを選ぶということではないし，また双方の相違点を偽りの統合に導こうとすることでもない。それぞれの立場は，それぞれ重要な視点を示している限りにおいて，確かなものである。私は，大方の精神分析家は，ある時はコフート寄りのやり方で，またある時はカーンバーグ寄りのやり方でというように，自己愛的な被分析者と様々な方法で作業している自分を見出すのだろうと思っている[原注2)]。

しかしいずれにせよ，「母の名」かあるいは「父の名」のどちらかで語る

原注2）　われわれには決して知りえないことであるとは思うのだが，もしも仮に非凡な精神分析的思索家であり臨床家であるこの2人の仕事のやり方についての詳細なセッションのレポートがあって，この2人がそれぞれに「重なるところ」をもちながら，かつ相反する相手のやるような方法で仕事をしていることがわかったとしても，私は何も驚かないだろう。

根本的に異なる分析的立場であっても，分析家はそれと同時にもう片方の親の態度を演じているのである。この観点から見ると，両親は双方とも分析という行為のなかに存在しているにもかかわらず，片一方の親は沈黙の役割を強いられていると言えるのである。私の考えでは，これは精神分析の発展のなかで起こった不幸な出来事だと思う。たとえば，なぜ一連の典型的なセッションが自然とこの2つのポジションの混ざったものではないのだろうかと思う。分析家はかなり長い間静かに内的な連想を（患者のなかにも分析家のなかにも）発展させて生み出している時もあるだろうし，また饒舌に自分と患者とをより「客観的な」ところに連れ出す時もあるだろう。連想の場所は母親の秩序のなかで作動しているし，また解釈は父親の秩序のなかで作動している。そして患者がその両方の世界へ参加することによって，両親のカップルの構造的な使用が構成されるのである。

この両方の立場で機能することが，**完全な**分析には必須である。被分析者は，無意識の素材から作り出される夢見心地で鋭敏なものを支持するような母性的な秩序の要素を使用することが必要である。この母性的プロセスが提供されたならば，分析家が一次過程の一部分として概念化する無意識の自由は促進される。しかしそれと同時に，患者の精神生活は父性的秩序の創造的な介入も必要としている。

ウィニコットはもしかするとこれに反対したかもしれない。ウィニコットは，精神分析家の解釈は乳幼児に差し出されたきらきら光るもの（舌圧子）みたいなものだと書き記した（1971： 67)。たしかに，（直接的な自己体験の限界を越えて）「外から」何かを受け取るという体験の先例は，外の世界から子どもとの親密な関係性のなかへ何かをもたらしてくる母親の，子どもには見えない部分のなかにある。しかし同時に，ウィニコットや他の大勢の分析家たちは，このような外的な対象が母親の機能を父親の存在と結びつけるものだと議論してきた。それというのも，父親は外部の最高権威者であり，無意識のなかでは父親は，また別の心の在りようやまた別の期待をもって待ち受けている，夢見る世界の外部にいる何者かと関連づけられているからである。それゆえ，どこか別のところからやって来て母親の手によりもたらされるきらきら光るものは，もうすでに別の方向を，すなわち父親の方向を指し示している。またひるがえって，同様に，父親の独自の在り方や関わり方のなかに存在する，そして1つの過程としての自己のなかに存在する，父親の多軸的なアイデンティティは，母親の秩序の要素ももっている。それゆえに，子どもが父親に出会うとき，父親の人格のなかにある母親の秩序の要素を感じ取ることができるのである。

分析家のコメントの多くは，解釈的というよりはむしろ連想的である。解釈は多くの要素を1つにまとめることであり，暗黙のうちに直面化することである。被分析者はこのことを理解していると思われており，このような対象を使用することを期待されている。それを理解せず使用しないことや，あるいは解釈をなかったことにしようとすることは，しばしば抵抗として受け止められて，なぜそのコメントがそらされたのかという問いに分析家は立ち戻ることになる。しかしより連想的なコメントは，期待や要求をあまり生み出さないし，患者と分析家との間の無意識的な共同作業に必要な意識の流れを維持することになる。

このように見てくると，典型的な一連のセッションは3つの異なった秩序によって作られていると言えるかもしれない。それは，幼児のあるいは子どもの秩序，母親の秩序，そして父親の秩序である。患者は次のような時間をさまようことになる。密度の濃い内的な体験を促進させるような沈黙の時間[原注3]。自由な語りをとおして，そのような内的な体験を言葉に上らせることによって，自己を無限の方向に撒き散らす時間[原注4]。そして分析家と患者がこれまでの面接から意味を寄せ集めて，内省して熟考する時間。

原注3）　マシュード・カーンは，このことを「自分が存在することを体験すること（the experiencing of one' s being)」と呼ぶだろう（『自己の内密（The Privacy of the Self)』の「治療状況における存在することや知ることや体験することの盛衰」《1974： 203-218》を参照のこと)。このような内的な進展は，そのなかで患者が，たとえ意識の内にそのことを把握できていないとしても，自分自身の存在についての無意識の論理を感じとっているのであり，それが分析の深い仕事の重要な一部分を構成しているのである。そしてそのような沈黙は，患者が連想の流れを止めようとして陥る沈黙や，あるいはある精神内容を秘密にしようとして沈黙し続けるときの抵抗と，混同されるべきではない。

原注4）　もちろんこれはラカンが象徴の秩序によって意味したものであり，それは自己の体験としてどんな人もシニフィアンの無限の連鎖のなかに開かれ現れ出るようになる段階であり，そのシニフィアンが，最初に口にされたことを支える核心の瞬間を越えて，ただちに主体を意味のネットワークにつなげるという秩序である。精神分析は，シニフィアンのネットワークとそれが起因する瞬間との間のつながりを見つけようと，きわめて正当にも振り返り

精神分析の2人の参与者は，これらすべての知ることについての3つの方法を様々なやり方で体験している。分析家もまた，分析家自身の白日夢のなかで乳幼児のような体験をし，そのように空想に耽っている間に生まれてくる心的内容を手にする。患者は自由連想から浮かび上がり，突然に今まで見えなかった何かを見出す。そして患者が客観的なコメントをして，分析家の夢想を中断させるかもしれない[原注5)]。

イメージ（夢や濃密な内的体験）が静止した存在の中心に（夜の時間とか日中の夢想のなかで）現れてくること。そのイメージが自由な発言をとおして解体されること。静かな体験から鮮烈な経験へと揺れ動く，このような動きを望み共有する鋭敏で友好的な他者によってそのイメージが促進されること。外部（しかも，初めから自分自身の考え方の一部である）から来た他者によってそのイメージが中断されること。これらすべての動きがあらゆる人生にあてはまる真実であり，しかも精神分析においてこそ独自にまとめあげられる知ることについての方法である。**これこそ**が精神分析のエディプス構造である。この構造の参加者は，少なくとも3人の他者の亡霊は，機能として生き続けている。そのそれぞれが異なるタイプの権威者である。夢やイメージや心的強度や情動が，その他のすべてのものよりも重要だと，はたして言えるのだろうか。もしもそうだとしたならば，それは乳幼児を甘やかし，そして崇拝することになるだろう。うやうやしくも鋭敏で受容的な秩序，いまや現れようとする意味で満たされた世界が，知ることについての神聖な創造主であると，言うことができるだろうか。もしもそうであるならば，それはただ沈黙してそこにあり続ける聖母マリアを崇拝することになるだろう。義

見てきたのである。つまりそれが患者にとってより直接的に意味のある探求であるとしたのだが，しかし同時に，語ることをとおしての主体の誕生は，その語りがまた主体を結局その主体が旅するまた他の世界に誘うということでもある。これは本来の内容についての昇華というよりは，むしろ指向的な力である。すなわちそれぞれの語りがまた，そこから現れてくる未来の語りや関心を指し示すのである。

原注5）　読者は，ある時点で正当にも次のように尋ねるかもしれない。「このようなことはどのように境界例患者に適用できるのだろうか。」あるいは統合失調症の患者に，あるいは○○の患者に，そしてまたその他の多くの患者に，と付け加えて言うかもしれない。この種の本はどれも上記のような数多くの様々な場合にすべて対応することはできないが，しかし上述したような著者たちの一群は皆，診断の類型にかかわらずどの患者においても分析のなかにその場所をもっている。

務に縛られた心の一部分が真実を解釈的に把握することをとおして自己に説明するようになるまでは，上に述べたものは素晴らしいけれども意味をもたないと，はたして言うことができるのだろうか。

これら3つの知を裏づける形態，これら3つの真実を享受する方法は，母親と父親と子どもの存在がエディプス家族の真の実現にとって欠かすことのできないものであるのと同様に，完全な分析にとって欠かすことのできないものである。よく知られていることだが，しかし今一度述べておく価値のあることと思うが，ソフォクレスの『エディプス王』はエディプス・コンプレックスについての話なのではなく，実際には実現しなかった1つの家族の物語である。愛すべきエディプスが欲したエディプスの家族は，創造的に破壊的な子ども，子どもを受け容れて一緒に遊ぶ受容的な他者，内面の一部となるべき部外者から構成されている。そしてその部外者とは，いつもそこに存在し，最終的には社会における存在について考えさせて，それを確立させるのに必要な法と禁止の運び手としてそこに含まれることになる父親なのである。

精神分析のもっとも重要な仕事の1つは，症状や病的構造や性格の病を徹底的に脱構築していくことであるが，しかしその他に精神分析が達成するものとしては何があるのだろうか。精神分析家は，精神分析的態度の発展が精神分析の重要な1つの成果だと考えるかもしれない。つまり，精神分析家は，ラカンが言うように，患者が自分自身のことを分析家に語ることができるようになった時が分析を終わるときなのだと言うかもしれないし，あるいはまた，コフートのように，患者の「健康であろうとする潜在力」(1984： 44)の勢いをもってそれとするかもしれない。これらの見解は，私の考え方に従えば，とても重要である。たしかに，上述したような心的変化は，患者が分析的態度[原注6)] を発見したときにのみ達成できるものなのかどうかは，議論の余地のあるところである。しかしそれが達成できるためには，知ることと秩序立てることについての3種類の要素に従って作動する能力が必要である。それは第一に，夢見る人，乳幼児，子ども，生き生きとした考えを産み出す人の執行能力。そして第二に，人生を受け止める能力，深く思い巡らしたり

原注6） ロイ・シェイファー(Roy Schafer)の『分析的態度 (The Analytic Attitude)』の「分析的態度：序章」(1983： 3-13) を参照のこと。

遊んだりすることがそのような人生の受容の手段だとしても，しかしそこで起こっていることをあえて知らないままでそれを受け止める能力。そして第三に，判断が要請されている真実を探求する能力である。分析の最後になると，被分析者は，自分の夢に価値を見出す夢見る人となり，また夢や生き生きとした考えを夢中になって練り上げるために必須の要素を受け入れるようになり[原注7]，また自己についての真実に対して，間違いない感情を抱くようになる洞察を断続的に与えられるようになるのである。

精神分析がそれ自体の責任を全うしようとするならば，分析家は，それぞれの患者のなかにある，こうした知ることの異なる形態についてのニードに敏感でなければならない。患者は自らのセッションの真の作家でなければならず，そのようなときにこそ，患者は夢を生み出してそれを回想し，セッションの前日の生き生きとした瞬間を物語り，自分自身の無意識の生活の内容を保ち続けるのである。一方，分析家は，分析の静けさと夢想の本質を理解してそれを利用することによって母親の秩序を保持しなければならず，分析家が生き生きと存在することによって被分析者の中身が受容的に取り入れられ，それが言葉を常に越えた無意識のコミュニケーションの流れにとって基本的に重要なものとなるのである。そして最終的には，分析家は，父親の機能を使わなければならない。分析家はただ単に被分析者の能力を誉めるためだけにそこにいるわけではないし，また抱える環境としてのみそこにいるわけでもない。知ることについての第3の方法を提供するためには，分析家は，患者のなかに心的変化を促すように，よく考えぬかれた解釈で連想の流れを中断させなければならない[原注8]。

原注7）　生き生きとした考えということで，私は，普通の日々の暮らしのなかで実際の対象によって難なく喚起されるような内的連想を言っているのである。そしてそのような連想は，豊かな感情や，潜在的な記憶や，満ち溢れる本能派生物を伴って湧き起こってくるのである。

原注8）　分析家がいろいろな要素をかき集めて初めて頭に浮かんだ解釈をまとめあげるとき，分析家は実際にそのコメントのなかに心的変化をもたらすものを盛り込むことになる。もしも患者がその解釈に耐えて，その解釈のもとに作業をし続けるならば，そのような徹底操作によって，患者はそれ自体が変化の触媒となるような真実を取り入れることになる。直感的に訪れた解釈は，通常，患者と分析家との間で無意識の共同作業が行われた結果であり，その内容のなかで扱われたまさに生まれようとしている心的構造の到達を告げるものである。(ボラスの『性格となること (Being a Character)』の「心的類概念 (Psychic genera)」《1992： 66-100》を参照のこと)。

精神分析的なセッションは，存在の早期の秩序への必然的な退行である。それは分析家が母親やあるいは父親のように振る舞うからというわけではなく，また患者が乳児や子どものように振る舞うからというわけでもなく，それはつまり，これらの秩序を象徴し，精神機能のもっとも中核の部分を構成する心的構造が，精神分析のなかで増幅されるからなのである。夢見ることと夢を回想すること，思考の方向性など考えずに自由に話すこと，自己の体験がもつ密度の濃い世界の理解しがたい換喩という語りの断片をとおして個人の内的生活を明瞭に表現すること。これらの精神分析の特徴は，母親の秩序を呼び起こす。すると次には，この秩序のなかにいる自己に，より局所的で，より強烈で，より明晰なまた異なった心の在り方がそれに引き続いて起こり，それが母親的ネットワークのなかに貫き通り，真実の核心を見出そうとする。そのとき今度は，患者は父親の秩序のなかにいるのである。患者は，ある１つのセッションのなかで，この２つの秩序の間を揺れ動くかもしれないが，しかしいずれの秩序も反対側のものを圧倒してしまうことはない。自由連想をしている被分析者は，いまだ部分的には父親の法則と結びつきをもっており，意識の流れが自然と意識できる点に向かっていくとき，患者は父親的機能に転じて，今度は自分が何を知っているかをはっきり認識するようになる[原注9)]。

これらの２つの異なる考え方と在り方の間には対立するものがあるだろうか。それは性別の間での戦いなのだろうか。深く考えれば，そう言えるだろう。母親の秩序と父親の秩序は正反対のものにかかわっているが，しかしそれぞれが子どもの発展にとって重要である。被分析者が成功するのは，母親の秩序と父親の秩序が自分のなかで結びつくその程度に応じてだろう。患者はもちろん双方のどちらかに耐えることに困難があるわけで，精神分析家はそこで臨床的に調停を行おうとするのである。自己愛的な患者には，父親の秩序は迫害的すぎると感じられるかもしれない。そこで分析家は賢明にも長い時間をより母親的であることに決めて，徐々に父親を導入していこうとす

原注９）　これらの秩序は患者の母親や父親を実際に反映しているのではなく，むしろ体験することや知ることの重要な形式を構成するために，これらの秩序を使用するようになる主体の一部分を表現しているのである。

るだろう。また強迫性人格障害の患者は，母親的なプロセスが無秩序であることを深く軽蔑していて，父親的世界の明快で厳しい対象だけを求めているかもしれない。そこで分析家は時間をかけて，そのような患者を沈黙と自己奔放の脱構築へとゆっくり誘うだろう。

精神分析における権威と知の形態は，たしかに私が今まで使ってきた言葉とは違った用語でこれまでは表現されてきたのかもしれない。母親の秩序や父親の秩序について書くことは，どこか時代錯誤的で不恰好な感じがするし，おそらく独断的で型にはまっても感じられるだろう。たしかに，**その母親**や**その父親**は，そんなにはっきりと定義されるべきではない。われわれは，その両方が反対の性の性質を分かち合っていることを知っている。私は，抽象的な用語を用いるほうがわれわれにとって都合がよいところで，故意に寓喩を用いているのではないだろうか。そう言われれば，そうかもしれない。しかし，私はこれらの術語がもつ力強さを好んでいるのである。われわれの中にある母親的であるもの，父親的であるもの，それは様々な人物とその人物たちの機能が結合したものであるが，それらが私にとって魅力的と思えるのは，人の成り立ちとはわれわれが受け継いだ形とその変容に由来すると私が信じているからであり，そしてその変容は，ある属性をもった2人の特異な別々の人物によってもたらされるだけでなく，まったく違った在り方や考え方を具現化するようになった2人の人物によってももたらされると信じているからである。われわれは母親がどんな人であるか，父親がどんな人であるかを話すことができるし，それを延々と話し続けることができる。それは終りのない会話である。「一次過程」や「二次過程」という用語には，そのような生きた側面があるだろうか。私はそうは思わない。それに，これらの「一次過程」や「二次過程」といった用語が示している機能は，それ自身の生きた歴史をもっていない。それに対して，われわれが母親や父親について考えるときには，われわれは同時に，両親や両親の構造とともにわれわれ自身の明確な歴史についても思い起こしているのである。そしてそれは，すべての人々に共通に分かち合うことのできるものである。だからそれゆえわれわれは，ただちに，われわれ自身の個人史と普遍的な秩序の一部分なのである。それというのも，われわれの誰もが**われわれの**母親と**われわれの**父親をもっているからであり，しかしながらわれわれのそれぞれが，母の名と父の名のもとに適切に列挙されるような心的秩序のなかに関与してもいるからである。

精神分析の退行的な動きのもとで，エディプス三角の 3 人の関与者は息を吹き返して蘇る。それは観念的な意味合いだけでなく，もっと重要なことには，それらお互いの構造上の関係において蘇ることである。おそらくフロイトが精神分析過程を構築したのは単にエディプス的な再演であったのだろうが，しかしそうであったとしても，それはたしかに，われわれのもっとも基本的な部分を臨床という劇場に配置することだったのである。大人の自己はこれらの諸機能の成果なのであり，それは自己の隔離された領域に由来する観念に息を吹き入れて生み出すことができるし，しかも母親によって導入された複雑な過程を十分に使うことができるし，そしてまた父の名のもとにもたらされるその機能を使うことができる。いうなれば，それは混合である。分析のなかでの大人は，自身の自己を奥底から見直そうとする際に，どのように退行したらよいのか，与えられた役割のなかのどの部分を使用すればよいのかを，本能的に知っているのである。

政治的な動向としての精神分析（同じ名前で呼ばれる臨床実践とはここでは区別した）もまたしばしば，身体の一部や自己の一要素や他者の一側面を貪り食って，その部分対象の周りに 1 つのグループを形成する。精神分析運動における重要な動機の 1 つが，一方の親かもう一方の親を殺害することであるのには当惑させられるが，しかしこのことは，沈黙と会話のどちらを中心にすえるかという実践上の分岐点において容易に見て取ることができる。精神分析的実践において親のプロセスを統合しそこなうということは，ひとえに患者が過度に母親的な空間，または過度に父親的な空間に生きていかざるをえないことを意味している。このような分割を解決しようとする努力は，多元論的なやり方でより純粋な方法の効果を水で薄めるようなものだと見なされるが，しかしその純粋な方法とは，望まれない対象を排除することに基づく純粋さであるのかもしれない。精神分析運動のなかで非常に多くのものを生み出したエディプス的な暴力が，「部分対象理論」を引き起こした。精神分析的理論のうちの利用可能な意味の理論の全体のなかから一部分だけを取り出して，その特別な部分対象の周囲に学派や思想体系を築き上げ，それでもって知識の基盤として十分であるとして取り扱うとしたら，それは知識のクローンを作っているのみであって理論の真の発展ではない。そこでは，支持者たちが批判的な吟味役を果たして，最終的にはただ少数のメンバーだけで理論とその理論に対する加害者の妥当性が決められることになるのである。

母親の秩序と父親の秩序が完全な分析を生み出す創造的な過程となるためには，精神分析は，この2つの秩序に向けられる精神分析運動の暴力を批判的に吟味しなければならないだろう。そして実践に結びつくような真に創造的な理論の定式化をもたらそうとするならば，精神分析運動は，一組の母親と父親から導かれるものが融合した価値を評価しなければならないだろう。そうでなければ，われわれの知的活動は母親殺しや父親殺しのなかに有り続け，精神分析理論は片親だけの家族として続いていくことになるだろう。

第5章
1，2…7

ジョン・リックマン（John Rickman）は「個人と集団力動における数的要素（The factor of number in individual and group dynamics)」(1950) において，「もしも精神力動の種類を，関係する構成要素や身体や個人の数によって分類することができるならば，一体（一者）心理学（one-body psychology）や二体（二者）心理学（two body psychology）などについて語ることができるだろう」と述べている。彼は「三体（三者）心理学（three-body psychology)」は「エディプス・コンプレックスの派生物のすべて」を扱うことになるだろうと付記（166）し，さらに「多体（多者）心理学（multi-body psychology)」は，「いくつかのあるいは数多くの個体が共存している時に作用する心理学的力を取り扱うものである」(167) と述べている。リックマンとその同僚のビオンはグループを運営し，そしてそこで自己や人間関係がボディ（body）の諸類型に分割されるのは，部分的には，集団の中の様々に異なる力動の源泉や目的や対象を概念化する必要性に由来することを研究した。

リックマンが主張していることは，上記のそれぞれのボディがそれ自体の心理学的空間の領域をもつということであったが，マイケル・バリント（Michael Balint）は**基底欠損**（The Basic Fault）において，「心の３つの領域」の存在を主張することで，同様の拡張を行った。その第１のものは「創造の領域（the area of creation)」であり，１という数字で特徴づけられている。そこでは「関係する外的対象が存在しないし，そのため対象関係も転移も存在していない」(1968：29)。「主体はまったくのひとりぼっちで，自分自身から何かを創造することが主体の主要な関心事である」(24) という理由から，われわれは心のこの部分についてはほとんど知るところがない。バリントが語るところでは，心のこの領域は対象なのかもしれないし，そうでないかもしれないが，個人が創造的になれるのはこの心的空間をとおしてなのである。2という数字は「基底欠損の領域（area of the basic fault)」を指し示しており，そこでは2人の人間が関係していながらも，「2人の成人の間に成り立っている領域」よりももっと原初的な領域である。バリントは「欠損（fault)」という言葉を用いたが，それは患者が自分自身に欠陥があると見なしており，そこで問題となるのは精神内界の構造的な葛藤（そうだとしたら領域3である）ではなく，乳幼児と母親の結びつきの破綻を反映した，他者と自己の結びつきの失敗であるとバリントは考えたからである。

マリオン・ミルナー（Marion Milner）(1952) は，こういった数のゲームに立ち入ることはなかったが，しかし「象徴形成において錯覚の果たす役割」という彼女の論文で，錯覚の領域は，象徴がそこで自己と他者の共同作業という意味を持つようになる領域であるが，それは第3の対象として機能していると提唱した。それは決して1人による創造ではなく，2人による仕事なのである。そしてウィニコットはそれを受けて，自分が文化についての理論を打ち立てるなかで，この論文がいかに重要であったかを認めている(1971：44)。ウィニコットは「われわれはどこで生きているのか？」と問いかけながら，われわれが生きているのは，内的世界でも外的世界でもなく，遺伝的性質によって動かされている世界でも，環境によって動かされている世界でもないと述べている。そうではなくて，われわれが自分自身を見出すのは「第三の領域（the third area)」においてであり，それは「獲得された環境のなかでの**個々の人間**（乳幼児，児童，青年，成人）**の体験**の産物」なのである。それによって特にウィニコットは，われわれは本能によるものと環境によるものの最終的な帰結であり，それは1人での仕事と2人による仕事であるが，しかし今やそれらは第3の領域が構築されるように混合されていると述べることで，精神分析における概念的コンプレックスの1つを，解決とはいえないまでも，中性化したのである。ウィニコットは精神力動の世界を「ある種の可変性のある空間」に移動させたが「……それは内的で個人的な心的現実という現象に属する変数や，外的で共有される現実に属している変数とは質的に異なっている」のである。この領域の範囲と可能性は，「実際の体験の総和」(125) に基づいている。

ここからすぐさま仮定できそうなことは,「1人の人間」は1人だけの個人の仕事のことを言っており,「2人の人間」は自己と他者とのコミュニケーションのことを言っているということであろう。しかし三者心理学は,それよりもっと複雑なもののように思える。3という数字が,3番目というさまざまに異なった概念を多数導き出したとしても,驚くにはあたらない。たとえばそれは,リックマンとバリントにとってのエディプス的領域であり,ミルナーにとっての錯覚の領域であり,そしてウィニコットにとっての「中間的な(intermediate)」領域である。リックマンは第4の空間,すなわち多数や集団における領域を提唱しているし,また私が後に議論するように,それよりも「より高い」位数を提唱することもできるだろう。

現代の精神分析では,乳幼児と母親の相互交流について非常な関心が寄せられているが,しかしフロイトは外的に観察される関係が精神分析的研究の基本的対象であるとは思わなかったし,アンドレ・グリーン(Andre Green)(1996)などの何人かの分析家は,精神分析が観察可能な実際の場面に注目するのは間違った方向であると考えている。それとはまた別の,そこからわれわれが自己として出現することになる,観察することのできない舞台というものが存在しているからである。つまりそれは,他者の不在を通じて増強される内的な劇場であり,乳幼児観察者によって撮影された相互交流を行っている自己の映像ではなく,乳幼児の欲望によって構成された内的世界である。さらに言えば,ウィニコットが語ったように,それは多くの場合,覚醒時の注意深い知覚の世界ではなく,むしろ「眠りや深い夢の世界であり,それが人格の中核に位置している」(1971:128)のである(さらにもう1つの舞台が言語であり,そこでは生の体験が私的な文脈によって記号化されたシニフィエの連鎖をとおして,自己が語られている)。

フロイトは,内的世界を見るための新しい方法を発見した。フロイトは被分析者からは見えないところに座り,触れられることもなく,相対的に沈黙を守ることで,現実の他者性を展開することを最小限にとどめながら,しかし自由連想を被分析者に勧めることで,深い注意を払っている他者が存在していることを示した。患者の内的対象は,それが表現されるときには多くの場合,実際の他者との明らかな類似性をもっているが,しかしただ1つ夢だけが，幾人かの人物像から作り上げるだけではなく，それ自体が様々な場所や時間や出来事や非対人関係的な問題のシニフィエとなるような人物の一部分から作り上げられる，合成された人物像を創出するのである。ここで再び人物像は，必ずしも対人関係的なものとして概念化される必要のない複合的な概念を提示するための表現装置として用いられている（人間関係の形式が非関係的な目的のために，しばしば用いられているという無意識的な理解は，偽って人間の形を取り入れて人間を乗っ取ろうと企てているエイリアンによって占有されている人類という，妄想的空想のなかにたびたび具現化される。そしておそらく，概念がそれ自体の目的のために，われわれの自己や他者を植民地化しようとしている時には，夢を見るたびに，この乗っ取りがほぼ間違いなく生じている）。

心的状態が自己表象や対象表象の形をとって具体化されたものは錯覚的である。というのは，人物やあるいは人物の一部分が複数の要素を表現するために用いられているからである。夢の辺縁では夢の抽象表現主義的な想像力が発揮されていて，時によっては夢空間それ自体がピカソのように，潜在的には認識可能な像を奇妙な形へと抽象化されるのであるが，多くの場合には，ある１つの理解可能な夢系列からまた次の組織化へと，切り刻まれた編集の中に少しの間だけ垣間見られるにすぎない。これは夢過程それ自体が姿を現すまれにしかない目撃例であり，それは日々の生活のありふれた人物像を一時的に犠牲にすることで生じてくるのである。

内的対象関係の現実化，すなわち２人の人間による転移のエンアクトメント（再演）のなかで表象が力動的に作用することで機能する要素の現実化も，また錯覚的である。というのは精神分析という劇場において，自己がその他者と心地よく存在することをとおして，常には不在である心的生活の形のない霊的な過程が姿を現すからである。

平等に漂う注意や中立性という古典的なモデルの理論は，決して対人関係的な現実を模倣しようと意図していたのではなく，それよりもむしろ，対象からの返答も自己自身が作り上げるような，投影的な対人関係の可能性を通じて，心的内界を描き出そうとするものである。このような２の構造がもちこまれることによって，１の内的表象や力動が語り始めることができるのである。

しかしながら周知のように，程なくフロイトは，患者の転移はある意味で思考の一形式であることに気づくようになった。つまり分析家が存在することで，分析家の他者性に向けられた欲求や関心や不安や欲望が誘発されるのであり，やがて時間がたつにつれて，精神分析家は，逆転移もまた無意識的な観念を表現するためのもう1つの媒体となることを理解するようになった。

ここでわれわれは，ある種の分岐点に到達することになる。

ここに，２つのかなり違った転移の形式と，２つのかなり違った逆転移の形式が存在する。その１つは「古典的」な機能の様式であり，そこでは分析家というスクリーンの上に内的対象が移し出され，逆転移は分析家が平等に注意を漂わせている状態で起こってくる観念を思い巡らせることから構成されるものと考えることができる。フロイトはこれを「厄介でない転移（the untroubled transference)」と名づけたが，われわれはここに厄介でない逆転移をつけ加えようと思う。それは分析家が「自分自身の無意識によって患者の無意識的な流れを把握しようとする」（1923：239）機会なのである。必ずしも人の形を取ったものではないにしろ，こうしたつかの間過ぎ行く心的対象は，本能や感情や空想や記憶を人格化したものであり，それはすなわち，対人関係的なものが心的な寓意として徴用されたものである。

しかしながら，もう一方の転移は，分析家という人間の上に及ぼされる無意識的な活動である。そこでは分析家の体現化された主体性が，ある無意識的な観念を現実化するために使用されるのである。分析家は自分自身が，単純にスクリーンとして使用されているのではなくて，思考を思考するのではなく思考を行動するように求められている役割関係に呼び込まれた他者として，利用されているように体験する。ここではわれわれは，機能することについての関係的な様式のなかに踏み込んでいる。

英国独立学派の分析家たち（特に Rycroft 1986，Khan 1974，Klauber 1987，Wright 1991を参照）は，分析の設定において錯覚が果たす機能について記述している。その錯覚とはたとえば，患者がいるところで分析家の心を通り過ぎるものはすべて患者の在りようを表現しているという錯覚である。このような錯覚によって，患者の心的生活は，特に精神分析家の逆転移が患者の声であるかのように理解されることで，どのようにでも考察することが許容されるようになる。

しかしこれは真実の歪曲ではないのだろうか。このコミュニケーションにおいては分析家の主観性が決定的に重要な構成要素になっているのだが，ではそれをいったいどのようにして，患者のものとして受け取ることができるというのであろうか。

英国〔独立〕学派が主張しているところによれば，それはこの錯覚をとおして，分析家が患者に関する主観的な現実感を高めることができるからなのである。平等に漂わせた状態にある分析家の心を通り過ぎるものは，患者からのコミュニケーションによって創り出されるものであると想定することによって，（これは完全な真実を保留することによって発行されたライセンス《自由》であるが）妨げを受けない思考が可能となるのである。フロイトは「自由連想の過程は考えの豊富な蓄積を生み出す」（1924：196）と語ったが，そこにわれわれは分析家の連想もまた同じようにそれを行っているということ，そして傾聴するという古典的な様式は深い主観性を用いているということをつけ加えることができるだろう。

ここで思い起こしておかなければならないことは，他者によって用いられてわれわれの自己に影響を与えるような素材は，われわれ自身の主観性でなければならないということである。 そのような主観性とは，そこから他者が形づくられる土くれのようなものである。

このような錯覚は考えの宝庫を創り出すばかりでなく，客観性を強化することもする。それはどうしてだろうか。なぜかというと，患者の想像にまかせて，次からまた次へと辿っていくことで，豊富な考えが生み出され，それはしばしば矛盾してはいるが，しかしすべてはすぐに儚い自由連想の流れとなり，主観的なものの絶え間のない流れのなかで，１つの考えはまた次の考えに取って代わられ，そしてまた次の考えに取って代わられるからである。

この流れのなかの単一の要素のどれか１つについてのわれわれの見方を修正するのは，まさにこの絶え間ない流れの移ろいなのである。そして自己のこの領域における作業は，パラドックスに満ちている。たとえば，患者の存在や語りを分析家が主観的に加工するのを許容するばかりか歓迎しさえすることで，分析家は明らかに，分析に無意識に関与することを心地よく感じているのであるが，しかし逆説的なことに，このように連想を膨らませることは，単一の主観的反応のもたらす効果を減少させるのである。さらに言えば，イメージや言葉や感情はしばしばお互いに矛盾しており，差異という動きによって主観的なものは印象的なものになるのであるが，しかしまさにこの差異の働きによって思考の多様さが浮かび上がるのであるから，分析家は内省することによって，自分自身の心の状態がどうであったかを対象化することができるのである。

ここで言っているのは，精神分析家はこのような心の在り方にあるときに客観的であると言おうとしているのではなく，むしろ興味深いのは，イメージや言葉や感情は，高められた主観性をとおして，より多くの思考の対象を生み出すということであり，まさにこの非常に重要な点において，それが対象化の過程と提携しているということである。古典的な分析的訓練は，より主観的でない心の在り方を支持している。被分析者の自由連想過程においては，あらかじめ決められていない連想の連鎖のなかで，ある1つの話題から次の話題へと推移していく。これらの連想の正確な順序に注意し，観念の連鎖の論理によって思考の隠されたラインが明らかにされるかどうかを確認することは，精神分析家の仕事の重要な一部分である。もしそうであるならば，分析家の心で起きていることを被分析者に知らせることは，分析家の任務であろう。

これら2つの心の在りようは，様々な時間的順序で作用している。患者について深く主観的に想像する作業は，ある一瞬からある一瞬への考えつくされることのない観念の運動であり，それは思考の濃密な感情ではあるが，それ自体がどういうことなのかはそれ自体にはわからないものである。それゆえセッションで患者が話し続けていたことを振り返るときだけに，分析家は被分析者の自由連想への遡行的な同一化を行うことができる。

逆説的であるが，語りのある瞬間を対象化しようとする試みはたいがい，主観性とそれによる客観的な産物から成る分析の仕事を頓挫させることになる。たとえば認識された「主観的反応」が次第に開示されることを通じて相互関係性を語ろうとする試みは，間主観的なものからその機能を奪うことで間主観性を特定の型にはめ込むことになり，他者の心的生活から主観性が創造されることを許すことになる。そしてこういった創造性は，相互的な効果や対称的な表現と同じものではありえない。それどころか，自己が他者の影響の下で行うことは，最後には2人の当事者にとっても失われた深遠な労作となり，最終的には，恒久的に改変されて無意識に加えられるだろう。

それでは自己の開示とは，いったいどこに見出されるべきなのだろうか。人間の主観性はどこに存在するのだろうか。それは明らかにされるのだろうか。それは分析家が自分自身について語ることのなかにあるのだろうか。それともむしろ語ることのなかに，とりわけ自分自身**について**語らないことで，語っている**なかにある**のだろうか。

主観性が語ることのなかにあるのだとすると，間主観性は分析的なペアのどこに作用しているのだろうか。分析家が自分自身を開示することのなかに作用しているのだろうか。 それともそもそも分析家が自分のことをわかっていると思っていることのなかに作用しているのだろうか。それとも患者が自分自身でわかっている，あるいは自分自身を開示していることのなかに作用しているのだろうか。それとも，分析家について考えてみるならば，患者が何かを語ることによってそれ以外の何かを語らない決断を行い，そしてそれを言葉にするときの表現の仕方やそれを口にするときの声の調子に配慮して，患者が語ることに反応して分析家の心に生じる特別な感情をいったんは保留することで得られる，患者についての無意識的な知覚や，選択して焦点を当てた1つのイメージや言葉についての無意識的な知覚を通して，間主観性は働くのだろうか。もしも間主観性が作用している場所がここであるとするならば，それはどうやって報告することが可能なのだろうか。それは病理が何かを強烈に反復していて分析家がそれを強いられている場合を除けば，あまりにも無意識的ではなさすぎるのではないだろうか。しかしそうでないとするならば，間主観性は主体の意識の領域の外側にはないのだろうか。……つまり，もしもそれが本当に間主観的であるとするならば。

分析家に，自分の「個人的な反応」や「個人的な貢献」，つまりある瞬間から次の瞬間にいたる，局所的な意味づけの全体についての意識的な感覚を報告すべきであると命ずることは可能ではあるが，それは単にきわめて浅薄な意味においてである。残念ながら，ある患者の素材に対する「個人的な」反応を決まりきった形で報告すること，あるいは分析的出会いという未解決の問題に対する分析家自身の個人史からの貢献を共有しようと努める親切な平等主義者であること，あるいは仲間うちの集まりや執筆活動のなかでこういった細部を報告することは，知らず知らずのうちに，個人的であるという名目のもとに，主観性の仕事を排除してしまうことになるのである。

錯覚の機能に立ち戻ろう。

俳優がハムレットを演じる際に，たとえばレイフ・ファインズ（Ralph Fiennes）[訳注1] が演じるとすると，ファインズは自分がハムレットだと信じる境地にならなければならない。そしてわれわれは，この劇を見ながら，現実のファインズではなくハムレットを見ているという錯覚を楽しまなければならない。それと同じように，精神分析家も分析家の心を過ぎるものは分析家によってではなく，患者によって引き起こされていると確信していなければならない。そうすることで分析家は患者をよりよく認識し，より多くを学ぶだろう。そしてスーパーバイジーが，患者に対する反応について，それがどのように自分自身の過去から由来しているのかを説明しようとして自らの連想を遮断すれば，多分それがスーパーバイジーの早期の関係性や精神構造について何かを物語ろうとしてであったとしても，彼らは対等という名目のもとに，知らず知らずのうちに患者の転移を中断させているのである。そこでスーパーバイジーが見落としてしまっているのは，彼らの語り（すなわちケース報告）はどのような場合でも彼らの逆転移を無意識的に表現しているのであり，スーパーバイザーは，意識的であるにしろ無意識的であるにしろ，スーパーバイジーによる患者の表象を感じとっているということである。さらに言うならば，逆転移体験は，もしそれが無意識についての真実であろうとするならば，基本的に不可知なものであり，そして逆転移を同定して，患者に向き合った際の自分自身の感受性に由来するものを指摘しようとすることは，合理化による変形を被ってしまうだろう。

訳注1）　Fiennes，Ralph（1962～）：イギリスの有名な舞台俳優，映画俳優。シェイクスピア劇をはじめとする数多くの舞台で活躍する一方，『イングリッシュ・ペイシェント』，『プリンス・オブ・エジプト』，『クイズ・ショウ』などの映画でも主役を演じている。

しかし，もしも逆転移を知ることが本質的に不可能であるとするならば，二者心理学において逆転移はどのような役割を果たしていて，どのような意味を持っているのだろうか。逆転移は，単に分析家自身が他者について行っている情報処理なのではなく，治療という目的のために意識的に利用することができないほど非常に深く主観的なものなのだろうか。

この主題について，精神分析の文献の大部分は，逆転移をこのようには（無意識的過程としては）説明しておらず，むしろそれは失敗であり，通常は分析家に苦痛を引き起こし，何物かを意識に押し込むものであるとしている。それは患者の病理構造に由来する相互作用であり，それによって分析家は繰り返しある心的な状態のなかへと投げ込まれ，それを転移と重ね合わせることで，最終的には解釈を行うことができると説明されている。実際に，このような逆転移の発見は精神分析の歴史において際立った重要性を持っているが，それはこういった病理の多くが幼少期における混乱した自己‐他者の関係性から派生しており，分析家はその立場を用いてそのような成育史のいろいろな側面を対象化することができるからである。

そうしてみると一者心理学では，自己の仕事は，相対的に孤立した形で認識されているように見える。典型的には夢においてそうであるが，そればかりではなく白日夢，無意識的空想，過ぎ行く心的破片，情動，本能の派生物などにおいても，そのように捉えられている。しかしながら，二者心理学では，自己の仕事は他者との関係のなかで受けとめられている。一者心理学では，自己の欲望の性感を引き起こすシニフィエとして，リビドー的身体が中心的な役割を持つと認識しているが，それに対して二者心理学では，身体を違ったふうに認識している。二者心理学における身体とは，他者の存在のもとで意味や反応を生み出す相互活動の担い手となるのである。興味深いことに，1である主体がある特別なリビドー的関心をもって他者を見出すとき，1と2は性的魅力という状態のなかで相互に活性化される。このような瞬間は，典型的には2つの要因に依存している。ビオンの思考をひとまず借用すれば，それは1つには性的に魅力的な他者という自己のなかにある無意識的な前概念作用（preconception）であり，また1つにはその前概念作用を現実に転換するようなある現実の人物の出現である。これは本能活動としての欲動がなければ意味をもたないものであるが，しかしまたその目録にあてはまるような他者が登場しなければ不可能なことでもある。これは２つの非常に強力な対象であるフロイトの本能対象と他者の全体性とが，互いに浸透し合う瞬間である。

この２つの対象の出会いは性愛の知を洗練させるが，こういった理解は恋人たちが，時期を見計らうこと，触れ合うこと，衝動に突き動かされること，躊躇することなどに身を委ねながら，互いの性愛を本能的に理解することから会得される知によって，……このような知によってもたらされる。このような知とはそもそも，母親が乳幼児の身体に触れることが乳幼児の本能的な準備状態によって出迎えられるという体験によって植えつけられたものである。

これまで述べてきたように，この２つの心理学はいずれも，もう一方の心理学から完全に分離することはできない。ウィニコットの言う１人でいる能力という理論は，この共存性を考えるうえで有益である。ウィニコットは，母親が存在しているところで小さな子どもが遊んでいる様子のなかに，一者心理学と二者心理学の共存性を見出した。つまり，子どもは自分自身の主観のなかでは１人であるが，しかし他者が存在するということが，直接向かい合うことから離れて深く内的に体験することや，遊びを通じてそれを部分的に具現化することに取り組むうえでの，不可欠な保証となるのである。子どもは時折母親のもとに回帰し，自己表現の媒介として母親を用いるだろうが，しかしこのような場合に二者間の相互関係のように見えるものは，むしろ自己を表現する語彙を拡張するためのものとして，他者を使用している一者なのである。しかしまた別のときには，子どもは統合された対象としての母親のもとへと回帰し，母親の差異や母親の反応を探し求めて母親を探し出すだろう。その両者のそれぞれが喜びであることに間違いはないが，しかしそれらは相異なる欲望を達成しようとしているのである。

これは２の中の１であることの，そして前者は１の中の２であることの実践である。

そして分析家はただ１回のセッションの中だけでも，こういった２つの異なる領域の間を行ったり来たりして揺れ動いていることが見出されるのではないだろうか。そして分析家は，どのようなときに分析家が被分析者の心の状態を洗練加工するための思考の対象として使用されているのか，そしてどのようなときに対人関係という目的のために他者であることを強いられているのかを，認識していることが決定的に重要なことではないだろうか。前者の状態のときには，思考それ自体がもつ権利を静かに受けとめて支えておくことが求められているのではないだろうか。心的な洗練加工を行おうとして，内的対象を投影するために分析家が使用されるときには，分析家は内的対象のためのスクリーンとして，数多くの心的要素が圧縮されたものを包み込むことになるが，これらの心的要素は分析家による矯正的な治療という仕事によって仕分けして，対人関係の場にやすやすと持ち出すことはできないし，またそうされるべきでもないということを心に留めておこう。これは分類上の誤りではなかろうか。この誤りはちょうど，夢空間を現実であると誤解することに類似しており，そしてもしも夢に見られた対象が，夢を見た人に，夢に見られている自分自身の体験について語り返すことができれば，その夢は徹底操作されるだろうと誤って仮定することに似ている。

それに代わって，ここ最近の数十年間で，精神分析家は，転移をとおして葛藤的な自己や混乱した他者を緊迫して作り上げている被分析者に対して沈黙のスクリーンを維持することは，その患者の努力を間違って解釈することになるということを学んできた。そういった患者の努力は，単に投影的加工という行いであるばかりではなく，関係性を通じて形づくられるものを解釈的に理解してほしいという要請でもある。

私が言わんとするところをいくらかでも明らかにするために，短い臨床的素描を提示してみよう。

ある患者は長期に及んだその分析の半ばで，ある分析時間をまず沈黙から始めた。彼は約5分間何も話さなかった。その後で患者が語ったことは，車を運転してセッションに来る途中でブッシュ・ハウス[訳注2)]を通り過ぎたときに，彼の気分が変化してしまったということであった。彼はその日の早くにある著述の企画について検討していて，それからある難病による身体の疼痛を我慢している妻のことを考え，そしてさらにこういった不安を除去する

訳注2)　ロンドンにある英国放送協会（BBC）と海外向け放送スタジオのある建物。

ための場所がセッションであると考えたが，しかし彼がブッシュ・ハウスを通り過ぎたときに，彼の気分は変化してしまったのである。それから約１分間彼は沈黙していたが，私は彼との分析の仕事から彼がそこからさらに内的連想に没頭しているのだと知っていたので，私もそのブッシュ・ハウスという場所と，そしてこの時間にそれが持ち込まれたということについて，自分自身の連想に身を委ねながら沈黙を守っていた。それから彼は「ブッシュ（Bush)」という名称について，そして次に「ハウス（House)」という名称について自由連想したが，それは複雑ではあるが興味深い心的内容のネットワークを創り出し，その時間を濃密に満たした。私はそれらのなかにある道筋があるように感じたが，そこでの彼は「私は家庭生活でくたくたに疲れている（bushed)」と語っているかのようであった。

この時間の最初の35分間に，彼は基本的には，彼が私に委ねた傾聴する自己の部分が現実化された存在として，私を使用していたと思われる。そこである転移解釈が私の脳裏を横切った。それは，彼は私に話しかけようとする途中でその目的意識を見失ったように見えるというものであったが，そう言ってみようかと私は考えた。しかしこれはそう深い考えではなかったので，きっと患者の自由連想を妨害することになっただろう。それから私は患者の話し方にある変化を感じたが，それは言ってみれば古典的モードから関係モードへの変化であった。私は自分自身の方に注意を転じて，先ごろの私のいくつかの連想を意識のなかへと集約しようとしたが，それはそのような文脈から起こったことであった。それからそれらの連想を５分間ほど吟味した後，私は，彼は私が「くたくたになって（bushed)」いて，つまり彼にうんざりしていて，それでもうこれ以上彼と分析の仕事を続けていくことに関心を失っていると体験しているのではないかと伝えた。この理解が生まれたのは，彼の連想が減少して，沈黙が重くのしかかってきたときに，彼がいつものこととはいえ相当にうんざりさせる，毎日とは言わないまでも，毎週繰り返される不満に思いを向けているのだろうと私が想像したときであった。私は疲労感を意識し始めて，時計に目をやって，残り時間があとどれくらいあるかを確認した。彼はその日の自分の感情が意味するものを見出すためには，あとどれほどの時間がかかるかわからないと語ったが，彼もまたセッションの終わりを意識していることが明らかであった。そして，私は自分の心理状態を手がかりにして，彼は私から飽きられているのではないかという不安と，格闘しているのではないかという考えを述べることを決心した。たしかに，これは分析において繰り返されていたことであり，私の思考は思いがけなく出てきたものではなく，むしろ実際には，われわれの協力の歴史から引き出されてきたものであった。そしてそのことが口に出されることで，この機会に安堵がもたらされたのは，しごく当然のことであった。それに続けて彼が述べたことは，彼がブッシュ・ハウスを通り過ぎた後のおおよそ十分間のことを今まさに思い出したということであり，ちょうど車に乗って角を曲がっていたそのときに，「時の翁（Father Time）」としての私のイメージが浮かんできて，そのイメージを彼はとても楽しんだのだが，しかしまたこれをどうやって私に語ったらよいのかがわからなくて心配になり，それからさらに思ったことは，私は何歳なのか，私が望ましい身体的な健康状態にあるのかと気になって，困惑も感じたということであった。

私は解釈によって，先に述べたような大変重要な二者関係に関係する思考が誘発されたのだと確信している。しかしながら，彼が沈黙のなかで考えていたことや，私自身の連想活動のなかで頭に浮かんだことを，われわれは知りえないというその理由だけで，一者領域で生起するものがあまり重要ではないと想定してはならない。たとえば「ブッシュ」という言葉は，それに引き続くセッションで，患者にとってもまた私自身にとっても，幅広くまた様々に広がる意味をもつことが確認されたのであるが，それは私の逆転移からくる偏狭な使用法を切り抜けて生き延びたばかりか，さらに最終的には，転移や逆転移からも独立していることが実証されたのである。

どの１つのセッションをとっても，その時々で，患者は揺れ動いている。あるときには患者は，内的対象としての分析家に語りかけていて，それと親しく語り合っているが，それは分析家に向かって語りかけているのではなく，精神生活それ自体に対する生きたスクリーンとして働いている他者の存在のもとに，語っているのである。またあるときには，患者は分析家に働きかけると同時に語りかけていて，そのとき分析家は自分の他者性が，対人関係の関わり合いに呼び込まれるように感じ取っているのである。セッションはこのようにして，人生そのものを映し出してはいないだろうか。われわれは，しばしば他者の存在のもとで自分自身の考えに耽っていたり，あるいは他者との対話に夢中になって没頭していたりするのだが，そのようなわれわれ自身の違いを，われわれは認識しているのではないだろうか。

一者心理学と言うことで，そのときわれわれは，基本的には自己の夢作業に由来するようなこういった思考や感情についてのすべてを指し示そうとしているのだと私は思う。また二者心理学と言うことで，われわれは，密接に関わり合った2つの主観性の作業から派生する思考や感情についてのすべてを指し示そうとしているのだと私は思う。臨床的には，「一者」とは，自由連想をとおして解き放たれた無意識的派生物が潜在的には無限にばら撒かれることを意味しており，それはラプランシュ（Laplanche）が精神分析の「反解釈学的（anti-hermeneutic）」要素と命名したような解きほぐす運動である。また，臨床的には，「二者」とは，二者がそれぞれの関与者のうえに働きかける相互的に組織化していく効果を意味しており，それは相互的な影響やそこから生じてくる意味によって結合されていく動きである。

しかしながら，これらの用語は幾分か誤解を招く恐れがある。それは特に，いったいどこに「二者」が存在するのかと問おうとする場合である。それはある相互的に構成された対人関係という心的領域で，それぞれの参与者から等距離のところにあるのだろうか。いや，もちろんそうではない。というのは結局，二者は絶えず一者のなかに記録されることになり，それは自己と他者との関係の歴史に由来するような，そして語る人／想像する人と他者との「内的な対話」の形で生き続けるような，対人関係的なパラダイムにたいていはきちんと当てはまることになるからである。ウィニコットの言う第三の領域は二者によって創造されるが，しかしそれぞれの二者はその領域を別々に解釈して使用する。結局のところ，2人の人間の間の関係のすべては，それぞれの個々の心という移ろいやすい非実体性へとなだれ込んでいくのである。

フロイトが精神分析の対象であると考えたのは，このような世界なのである。

この問題を，どのような集団精神療法においても見られる典型的な瞬間を検討することで説明してみよう。このことは，どのような個人療法においてもまた，それほど明らかでない形ではあるが，しかし同じくらい重要なやり方で生じていることである。あるグループが，いくつかのテーマについて，たとえば，そのメンバーの何人かが性的ペアになろうとして動いているのでないかという恐れ，あるいは攻撃性をよりうまく受け入れられる指導者をもちたいという願望，あるいはグループのメンバーの1人がその日のグループのやりかたにあからさまにイライラすることでスケープゴードにされるのではないかという不安などについて話し合いを重ねていた。グループのいろいろなメンバーが，お互いに本当に何を感じていて何を考えているのかをはっきりさせようとして悪戦苦闘を続けていた。そのうちのいくつかの話し合いはうまくいった。たとえば，あるメンバーはある別のメンバーが彼女を侮蔑して無視したと考えていたが，しかしその別のメンバーは，それは本当ではなく，実は彼女を魅力的だと思ったのだけれども，その日に彼女が自分の隣に座らなかったことで傷ついて，彼女にどう対応してよいのかがわからなくなったのだと述べた。そのようにして，あるメンバーは，自分のために話し合おうとしてそこにいた現実の他者によって，内的対象関係を修正されたのである。しかし，セッションがそろそろ終りを迎えると，グループは明らかに不安な状態になった。この不安には多くの異なる原因があったが，その1つは常に不変であった。個々のグループのメンバーは，異なるメンバー同士が互いを現実の他者のままにしておくことで，彼らが必然的にこうした他者の内界の内的対象になるのであり，そこでは自分の自己を話し合って変えていく余地がないことを，無意識的に知っていたのである。それはたとえこのやがて内的対象関係となるものが，グループのメンバーの自己と他者の現実性に由来していたとしても，それは小規模な**事後性**（Nachträglichkeiten），すなわち事後の思考（after thinking）によって直に歪曲され，引き続く体験や喚起されるものによって無意識のうちに作動されるし，また，ある人物を別の人物に次々と結びつけ，圧縮された内的対象を構成したり，あるいは相互作用の一部をある人物と結びつけたり，それを別の人物の意見と一緒にするような，心的生活というものの性質によっても歪められてしまうからである。そして時がたつと，現実の他者を体験している自己は，一次過程という解決策［溶液］（solution）のなかに溶解していくのである。

しかしわれわれの無意識，われわれの精神内的な認識にとっては奇妙な対象であるもの，そして意識にとって困惑を与えるものである無意識は，実質的にはラプランシュが「謎めいたシニフィエ（enigmatic signifier）」と命名したものから派生している（1992：21）。それはすなわち，われわれを心的生活に誘い込む母親の無意識である。母親は，リヒテンシュタイン（Lichtenstein）が論じているように，「人間の子どもの上に同一性」を「刷り込む」のである（1961：78）。そしてポンタリス（Pontalis）によれば，「分析の対象として」の夢は，「母親の身体を指し示す」のである（1981：29）。したがって，まさに脱構築されたものの領域（それをわれわれは一次過程と呼ぶ）は，まず第1に，1つの関係のなかから由来するのである。

このことは，1の世界と2の世界を分離するために捜し求めている区別に「問題を生じさせる」ことにならないだろうか。2は，その成立においても，そしてその後の心的構造においても，1に内在するある本質的部分であり，内的な対話という錯覚の周辺に組織化されているように思える。しかし，母親という無意識は1つの他者であり，それは理解されることのないものとして作動しているのみならず，関係的世界における慣習的な願望の脱構築者としても作動している。たとえ2人の人間が互いに無意識的に交流しているとしても，彼らは他者の無意識のなかに，相互的なあるいはかみ合ったコミュニケーションといったような概念と矛盾するような，（自分自身についての）誤った知覚の再創造の原理を見出すことになる。

しかしそうであるにせよ，1や2という相対的な世界を議論するためには，これらの用語を，さらなる発見を支えるという目的のために，ぎりぎりの限界まで受け入れる必要があるだろう。

そして錯覚という精神のもとで，エディプス・コンプレックスを第3の空間として指摘し，グループをいまだ命名されてはいないが潜在している第4の対象として示したリックマンに，われわれは立ち戻ろう。エディプス的なものは，その人の家族といったような心的対象を含み込んでいるが，それは1人から生まれたものではなく，また実際2人だけから生まれた対象でもなく，少なくとも3人による作業から生まれる対象である。それは相互作用している多数の人格によって決定される関わり合いについての暗黙のうちの無意識的な法則が，深く染み込んだ文化であると考えることもできるだろう。あるいは，エディプス的なものとは，１つのものの考え方であり，１人の人間がそこに生き，そこから存在と関係性についての一定の基本的想定を導出していると言うこともできるだろう。内的対象としてのエディプス的なものは，これらすべての規則から構成されていて，エディプスによってもたらされるものの考え方は，むしろ意識のなかでこそより明白になるものかもしれない。私がある友人の家族について思いを巡らせば，彼らの生活に加わるならば感じられるだろうある種の感触が，私自身の家族の感触がそうであるように，私の心に浮かんでくる。

しかし子どもが学校に通うようになると，自己や，自己と母親や，自己と家族を超えたものである第５の対象と，より完全な出会いをすることになる。そこにはまた別の関わり合いの法則が存在するであろうから，集団理論において精神病的であると説明されるような，社会的なしきたりの機能が破綻することもまたあるだろう。そしてそのときは，われわれの中には第５の対象が存在しており，それはわれわれの家族を超えた，しかしやはり他者から成る社会のなかで体験されている生活に，心的な場所を与えてそれを登録するような第５の対象なのである。

それに加えて，「普遍的秩序（universal order)」と見なされるものについて考えるために，「６」という数をつけ加えることもできるだろう。そこにはわれわれの文明における前提，原理，法則が含まれており，それによってわれわれは１つのグループの一部分となるが，しかしそれは直接的なものではなく，それは現代文化によって否定されたりあるいは保留されたりすることもあるが，しかし非常に深層においてわれわれが帰属しており，しばしば自分自身を意識的にせよ無意識にせよそこに還元させているものである。したがって，ホロコーストで収容された人々は，ユダヤ－キリスト教世界の価値が否定されてしまった世界に彷徨っているように体験したが，しかしこのような否定は，われわれが帰属する価値の存在やその重要性をただ際立たせたに過ぎなかったのである。

さらに「６」は，たとえ社会の支持がなくともわれわれが参画しているもの，すなわち人間としての文化にも関係している。さらに言うならば，愛や知識や真実や美などといった概念は，このような普遍的秩序の一部であるが，しかしたいていは容易には定義することができず，またいかなる社会でも文化的対象として用いることができにくいものである。

そして「７」という数は，思考の限界を相対的に越えた文化と呼ばれる対象，すなわち宇宙とか無限とか無意識の構造といったような，心的には理解不可能な対象の存在に関係しているだろう。それはまた死や忘却が指し示すもの，いつにおいても知覚を越えたものである対象の「もの性（thingness)」の呼称でもあり，それは想像の限界を意味している。このような人間存在の水準に注目し，現実界という概念でそれを再び強調したのは，他ならぬラカンであった。われわれは，自分たちの死があるという証拠を，一時的な盲目状態から，意識を失うことや，覚醒生活を送っているはずの間の未知の睡眠状態に至るまで，あらゆるところに見出すのでないだろうか。

このように順序づけられたそれぞれの秩序の間を揺れ動く対象もある。心に登録された経験同士の間のそのような移行が生み出されるのは，なによりも「神」という言葉によってである。神はそれぞれの秩序に偏在しているとともに，またそれゆえ超越してもいるのである。

一者心理学と二者心理学は，それゆえ，ミルナーが「重なり合う円(overlapping circles)」(1977：279）と命名した，ある種の現代的な宇宙論のなかに位置づけられており，われわれはそれに他の心的生活の領域を指し示すようなさらなる数を付加することができよう。そのような領域はすべて，それぞれのやり方でわれわれの患者が精神分析のなかで体験し，印象づけられているものであるが，しかしそのいくつかは，依然としてわれわれの概念化しようとする野望をすり抜けてしまうのである。それぞれの数は，異なる心の状態や異なる心的布置に対応しているが，しかしそのいずれもがわれわれの精神生活の一部であるために，それぞれの相異なる秩序の間には，相互に関係の形式が存在しているのである。

個としての自己が，たとえ数多くの様々に異なった他者たちと幾たびもの共同作業をしていたとしても，あるいはまたその人以前の何世代もの人たちの仕事を思い起こしていたとしても，このような秩序をそれぞれに孤独に思考しているのである。これらの秩序はまた，影響の重なり合う円として，個々の自己の深みと厚みが意味するもののメタファーとしての役割をも担っている。自己とは，どのような瞬間においても，これらの階層とその間主観的ネットワークを含み込みながら，心的生活の各要素によって過酷に用いられる，各階層の濃密な層構造を呈しているのである。

この章を書いている最中に，私はマリオン・ミルナーに，あなたはこれまでずっと私とはまた別の方法で思考を深めてきたのではないかと思うという質問を投げかけてみた。

著者：私は，ある意味で，1人（あるいは2人とも）が互いに結びついている二者関係の一部分を表現しようとしていますが，それぞれの内的体験が深く厚みを持つとしても「相互的」ではない場合には，本質的には「間」主観的ではないでしょう。これはどのような関係の形式なのでしょうか。

マリオン・ミルナー：あなたが言いたいのは，画家がカンバスを媒貸として用いるように，そのように自己が媒質として他者を使用するということですか。

著者：そうです，そのことです。

たしかに，もしカンバスに話す能力があれば，**それは**いったい何と言うだろうか。

第6章
精神分析の目標とは

自分が長らく中傷してきた仕事仲間は自分自身のいやな部分の分身だったことが徐々にわかってきたと朝一番の患者が語る。2年間分析を続けている次の患者は黙ったまま体を捩じらせ手足をバタバタさせながら，何について話せばよいのかわからない，双方に彼に関する話題がないのなら黙って横になっていることに何の意味があるのかとこぼす。私は黙ったままでいる。次の患者は統合失調症の女性で分析を受けるのは2度目である。彼女はちょうど子ども時代のことを思い出し始めたところで，一種プルースト的な語りのなかで，部屋から部屋へ，人から人へ，出来事から出来事へ，細々とではあるがしかし何やら慎重に思い出している。彼女に続いてやってくるのはかつては華々しい女性遍歴の持ち主で，抹消した本能を他者とともに排出するためにあらゆる関係を性愛化してきた人であり，3カ月前から抑うつ状態に陥っている。休憩の後は拒食症の若い女性が躁的気分で訪れ，自分の身体には何の価値もなく，超越的な美を妨害するものだという実態のない考えを私に納得させようと意気込んでいる。

その日はまだまだ続きがあり，私は自分の患者たち1人ひとりのことをそれぞれ違った存在として体験する。この患者録の複合体（あるいは逆転移の複合体）は，個々の患者を個別の存在として表している。つまり私は，患者から加えられた「印象」によって心も身体も冒されるのである。何カ月間，あるいは何週間，いや2つのセッションの間，それどころか1つの面接のある瞬間とある瞬間との間においてさえも，私の心の中に何らかの課題が発生し，私はそれらの達成に取りかかる。たとえば統合失調症の患者は自分の早期の人生や回想により生じた自己の大切な部分の埋め合わせに熱中した。そして何日間かの間，彼女の気持ちのなかに生じたこの変化は，私の側のある種の支持的な沈黙によって迎えられた。それから彼女はほこ先を変えたと私には感じられた。過度に詳細な回想というものは，あまりに詳細であり過ぎるがゆえに想起するという情緒的な体験を消し去ってしまうように思えたため，私はそれについてこの時点で触れることにした。

かの拒食症患者が躁的なムードで面接を始めたとき，私はすぐさま彼女の身体との関係を精神的な視点の領域に持ち込むべきだと感じた。そして私の働きかけ方の様式はこの目標によって方向づけられたが，しかしひとたび彼女が身体と精神の結びつきを回復すると私の気持ちは変化して，私はただ彼女の言葉に耳を傾けることにした。

患者との作業の目標の変遷を記録するような種類のノートを，すなわち精神分析の複雑さを反映しているノートの類を作成することなど可能なのだろうか。

しかしながらこういった目標には，分析者の無意識的な熱望の移り変わりもまた含まれていなければならないが，しかしその一部は決して明確なものではないだろう。たとえばあのドンファンについて言えば，彼が最近出会った女性に向けた本当の愛情に気づくことで，彼女を切り捨てたときに少しは真の喪失を体験するだろうと自分が期待していることに，私は気づいていた。そして彼がこの種の喪失を体験したときに，私は自分の予想が当たったことを喜んだのである。また拒食症の患者の体重が増加し，そして再開した学業にそれなりの成果が得られたときにも，この喜びが得られた。

これらの感情は患者に対する私のあらゆる種類の願望を示すものであり，そのうちのあるものは理解可能であり，それ以外の場合は不幸にも理解できないものである。このような逆転移が進展することは避けがたいことであり，その一部は分析可能であり，それはその患者との治療にとって重要な一要素となる。しかし目標というものを1つのグループとして考えた場合には，それらはまず第一に，苦境に陥った人を救うため，他者を介して自分自身の一部に接するため，損傷を受けた対象を修復するためなどといった，なぜ人は分析家になるのかという問いに対する答えと，部分的にではあるがほとんど等しいものとなる。しかしどの分析家も自分の個人的な分析を介してすらも，この問いかけには部分的にしか答ええないのである。

さらに，私たちが逆転移に関して知っていることは，その成り立ちに照らし合わせてみると，きわめて貧弱なものである。つまり患者の病理の構造が，何度でも過剰に恐るべき力でもって，繰り返しわれわれの内的生活を形成するときに，その患者の病理構造を介してのみわれわれは逆転移に関して考えうるのである。そうでなければ，私たちの反応は大変に主観的なものであり，複雑なものとなるであろう。われわれは無意識のうちに，どの患者においてもその個々がわれわれに与える印象の明確なイディオムを識別しているのであるが，しかしこれは内容の問題というより形式の問題であって，それはたとえ患者が，われわれにとってあまり重要でないことを言っているときでさえ，その患者が，われわれを介して存在するありようによってわれわれが深く影響されているという風変わりな体験をとおして，われわれに知り得ることなのである。このような知識は，たとえ知っているとしても永遠に考えられることのないものである。なぜならばそれはひとえに，われわれにはそれについて考えるための手段がないからである。マリオン・ミルナー（私信，1997）は，このレベルにおける分析家の目標は多くの場合，患者にとっての「媒質（medium）」として奉仕することだと述べている。小説が作家によって，絵画が画家によって，楽譜が音楽家によって作られるといったこと以上に，分析家は患者により作り出されるのだと考えることができるだろう。

精神分析作業における分析家の目標とは，いかなる患者とであれ，無数の精神内界における変動に支配されている。つまりわれわれが言うところの転移や逆転移といった無意識のコミュニケーションの部分は避けがたいことではあるが，しかしこういった目標ははたして分析の目標と同じものなのだろうか。

さて個々の精神分析家がそれぞれ個別の患者との作業において課題を達成することから，グループとしての分析家集団に視点を移してみるならば，われわれはそこに他の一群の目標を発見することになるだろう。これらは孵化して，発達し，世に出て，ときには精神分析の学派と呼ばれるものから帝国主義的な支持を受けることになる。ここにわれわれは精神分析家たちの間にある幅広い相違を，その個々が設定した目標という観点から理解することができる。たとえばクライン（1932）は「大人に関しては精神分析の機能ははっきりとしており，それは精神発達が辿った誤った過程を修正することである」

(1961：279) と記している。しかし他の学派に属する分析家たちは精神分析の目標を，分析が成功することにより妄想的で分裂的な状態の患者が抑うつ態勢に進むといった「過程の修正」には求めないだろう。

たしかに様々に異なった学派の分析家たちは，その関心を個々に特定の領域に求めて，それが彼らの時代時代における理論に関する論文や学派内の関係を支配することになる。たとえば，英国の精神分析では，患者の無意識が言い間違いや自由連想やシニフィアンの流れを介して例示されるところの記号論的な観察には，あまり重きを置かない。しかしラカン派の技法にあっては，それは重要な位置を占めるのである。

学派の異なる精神分析家たちにより設定された目標には，驚くほどのバリエーションがある。クライン派の分析家ならば，目的は投影同一化された自己の部分をもとの個体に取り戻すことであり，コフート派ならば病的な自己-対象関係を変え，生成的な自己-対象関係に置き換えることであり，ラカン派ならば患者に自らの欲望の真実を理解するための場に彼を導くことであると言うだろう。これらの目的は個々に複雑な理論体系と，その傍らで待機しているところの臨床作業とに根ざしている。

われわれが分析の目標について考える際，「学派に属する」分析家たち個々の目標の違いについては触れないのだろうか。もしもそれに触れるならば，それによってわれわれはどこに置き去りにされるのだろうか。われわれは，奇妙な位置に置かれるように思える。学派間の相違を慎重に調査すれば，実際のところ分析家たちの間に共通するものはカウチと部屋だけであるということがわかるだろう。さらに言えば，派閥運動を起こすような精神分析学派の心理学について考えてみると，私の信ずるところでは，部分的にはこの種の運動では焦点を一点に集中する必要があるため，また部分的には運動を起こす学派にあっては参与者たちは人格に影響を及ぼすような一種の交戦状態にしばしば巻き込まれるため，きわめて極端な思考傾向が姿を見せるのである。その一方で，よりポジティヴな点を述べるとするならば，この狭められた焦点づけによって，クライン派における精神病的な対象関係の理解や，ラカン派におけるシニフィエを介した主体の表現などに見られるように，より深い洞察が生み出される可能性もある。しかし，すべての異なる学派や運動からなる精神分析運動全体としての流れは滑らかなものではなく，また啓蒙的な知的発展のお手本とはかけ離れたものとなるだろう[原注1)]。仮にこの敵対的な権力欲求や破壊的な対立を脇におくとすれば，私見ではあるが，われわれが観察したこのような思想運動や精神分析的な思想の発展による結果として生じるのは，本能，対象関係，言語，感情，真の自己を生きること，共感，あるいは転移といった名のもとでの極端な位置取りであろう。しかしこれらの関心事のそれぞれは，どの一自己にとっても，またどの一人物の作業においても，その全体像を構成するきわめて重要な一部分なので，その自己の一部分の名のもとに行動するどのグループにも認められる一定の方向に向かおうとする傾向によって，隅に追いやられたこうした領域を少しでも回復しようとするある種の狂気に満ちた争奪戦が繰り返されるのである。

このような運動となった各学派によって設定された目標とはまた別に，精神分析の目標というものについて考えることは可能だろうか。そして，もしも各学派の運動が極端なものとなることが避けがたいのであるならば，われわれは極端な方法で目標を目指さないでおくほうがいいのだろうか。それぞれの分析はそのそれぞれの特徴である全体的な自己のある一部分（すなわち，その自己の内的対象関係，対人関係上の応答，言語記号，情動の応答，適応の統合性など）に従って解明するものであるために，「完全」な分析を求める若者は一生をかけて様々な国を訪れて，異なる分析過程を経験しなければならないのだろうか。

この章はある程度までここで結論づけることができるだろうし，またたぶんそうすべきであろう。というのは，今ここで，（個々の学派による目標以外に）分析の目標あるいは目標群が存在しうるのかとわれわれ自身に問うならば，そこにはいかなる答えもありえないだろうからである。もしも各学派を，その検討の対象となっていること（すなわち対象との関係，シニフィエの出現，転移，存在することの自発性など）を，研究の対象となっている特殊分野における本質的な発展の必然的な凝集であると見なすならば，われわ

原注1）　しかしながら，このようなことは，どのような思想の分野であれ，思想の経過の特徴として起こりがちなことである。それでも，それが激烈な経過であるからには，精神分析としてはそれにいくばくかの関心を抱かざるをえない。というのは，不合理な心的過程を意識下に置き，できるならばそれを変化させることが，精神分析の目標だからである。

れはそこに1つの答えを見出しうるだけだろう。しかしそうした運動は，部分対象理論が全体対象の実現へと進化させられるがゆえに，まさにその凝集の結果得られた成果そのものが，いかなる学派によるものであっても部分的には破壊的なものとなるのである。

現在，そして以前にも，**精神分析**の目標と思えるものが精神分析のなかに存在しただろうか。自我心理学，対象関係論，自己心理学，ラカン派また関係学派以前に，それを捉えそして再定義したものがあっただろうか。そうした修正の名の下に成し遂げられた進展を受け入れるとしても，そこに修正しえないだけでなく，その本質的要素のなかに精神分析の企ての真髄となる何ものかが，かつてあっただろうか。

精神分析の女神ミューズに，あなたの目標は何かと問うことができるだろうか。

クラインが言ったように精神分析の目標は精神発達の過程を修正することだと，このミューズが言うとは私には思えないし，またたとえそれが対象関係，言語，関係する能力，存在していることの本質あるいは感情の成り立ちなど何であれ，ミューズが自己の構成要素の1つを単離し，それに特権を与えるとも思えない。私は彼女がそのどれにも何らかの改善を示唆するとは思わないのである。苦痛の軽減，破壊的な過程の修正，症状の改善を求めることは，個々の分析家の目標かもしれないが，精神分析に固有の目標ではない。つまり精神分析のみが存在に持ち込みうる念願の対象とはならないのである。

いかなる目標が精神分析の目標であるのか。

精神分析のみが成しうることは何なのか。

この問いに答えるには，精神分析が必要とし精神分析のみが成しうる何かがあるのかどうかをたずねることで，その技法を見なければならないと私は思う。

精神分析は初めからそれ自身の1つの要求，1つの目標，1つのゴールしかもっていない。最初から1つの要求しかないのである。フロイトが提示した要求とは，従うことが時に困難ではあるが，しかし参加者個々にとって実行可能なことであった。精神分析の名のもとに彼が患者に求めたことは，心に浮かんだことは何でも話すということであった。目標は自由連想であった。

1923年の「2つの百科辞典記事」(「精神分析」と「リビドー理論」の項)のなかで，フロイトは精神分析の目標について改めて触れて，「『自由連想』に関する……『基本的な技法上の規則』」について論じている。

> 治療は，患者が注意深くて冷静な自己観察者の立場に自分自身をおき[原注2)]，常に自分の意識の表面だけを読み取り，そして一方ではもっとも完璧に正直であることを義務とし，他方でたとえ①自分にとってあまりに同意しがたいことであれ，②無意味であるとか，③あまりに無価値であるとか，④探求するには不適当だと判断しようが，いかなるものであれ，コミュニケーションしようと思いついたことは伏せてはならないと求められることに始まる。まさしく先に述べたような反応を生ぜしめるこれらの着想こそが，忘れられた素材を発見する場合に特別に価値のあることが常に認められるのである。 (1923a：238)

この基本規則を主張することで，フロイトは，自由連想に対する抵抗の諸類型を暗に提示したが，それにはあからさまな不平不満状態を含むだけではなく，一見バカげた何かを言ってしまったり，気を散らしたり，精神分析の高尚な課題にはるかに及ばないようなことを言ってしまって当惑したりといったことも含めた。後にフロイトは，特に転移により惹起されたものや，被分析者に独特の性格から引き出されたものなど，より多くのものをこのリストに付け加えた。

しかしそれ以後のフロイトや他の分析家による抵抗やそれに関連した技法上の課題に対する取組みによって，精神分析の目標によって創り出された革命的な瞬間が曖昧にされてはならない。フロイトが技法上この点に辿りついたときに，彼は単に永遠に精神分析に特有の方法を作りあげたというだけではなかったのである。ここにおいて精神分析は，西欧文明において新しく根本的に自由な心の状態を基礎づける契機となったのである。西欧意識ほどに直線的でかつ目標志向的な知的伝統は他にほとんどない。この西欧意識が，いまだに約束の地たるカナンの地に忠実なる者たちが凱旋する解放の日に向

原注2) 被分析者が自由連想する「立場に自分自身を」置くとき，被分析者は考えること，そして話すことの，新たな一形式に入り込むということが認識されることだろう。これについては，第11章で議論される。

けて，焦点づけられ，方向づけられ，目的とされ続けていることを，あるいは世俗の世界においては客観的な相互検証可能性の約束に則った自然科学に特権が与えられていることを，思い起こしてほしい。真実を求める努力を捨てて，その代わりにその瞬間瞬間に心に浮かぶことを述べるという時間のかかる作業でもって真実を見出すように西欧人に求めることは，西欧認識論の構造全体を密かに揺るがすことなのである。

患者が自由連想を成功裏に試みるには，分析家は特定の位置を受け入れなければならない。もしもフロイトが患者に特有の目標を指定していたとするならば，彼はすぐさま分析家に対してもそれに対応する目標を見出していただろう。

> 分析を行う医師がもっとも有利に受け入れることのできる態度は自分自身を自分の無意識的な精神活動に委ねることであるということが，すぐに経験的に明らかとなった。それは**平等に漂う注意**の状態においてであり，できうる限り熟考したり意識的な期待を構成したりすることを避け，耳にしたこと，特に記憶にあることを定着させようとせず，こういった方法で患者の無意識の流れを自分自身の無意識で捉えることなのである。（1924f：239）

精神分析は患者に対して新しく根本的な位置を受け入れるように求めるだけではなく，いまや治療者に対しても，それに相補的な心のあり方に参画することを求める。一度そこに入ると，パウンドが言うところの「あいまいなもの思い／内側に向けられた眼差しによる」（「ヒュー・セルウィン・モーバリィ」より）焦点の定まらない夢想状態のなかで，分析家は特定のテーマに集中することなく，いわばある特定のテーマを仄めかすように湧き上がる患者の連想を見出すことであろう。しかしある種の東洋の宗教にあるマントラ様の状態とは違って，精神分析により作り出されたこの夢想は，意識の外側に留まり続けてきた自己のなかからテーマを引き出すものである。これは単なる再創造的な発展ではなく，西洋の認識論においては驚くべき前進であった。

自由連想は精神分析にとって唯一の目標であった。自由連想はまた精神分析のもっとも明確な特徴でもあり，それはすぐさま西洋の人間に対して自分自身との関係において急激で根本的な位置づけの変化をもたらした。自由連想とは，患者のなかにあり分析家のなかにある無意識的な思考の連鎖を，意識のもとにもたらす方法なのであった。この発見には後に多くの観察結果がつけ加わった。自由連想が転移のなかで退行を引き起こし，そこでは最早期の自己におけるより典型的な表現形態に回帰することで，より小児的となることをわれわれは知っている。また話し手は自由連想によって，言葉やイメージを断片化されて，より言い間違いを起こしやすい状態にされ，自己はそれ自身の無意識の形態を体験することへと導かれるのである。被分析者の自発的な自由連想のなかで，本当の自己という表現によってウィニコットが意味するものが感知されるようになり，自由連想は偽りの自己を譲り渡すのである。この場合本当の自己は，言語による意思表示としての語りとして，内的可能性が舌の動きによって実現されるのである。これにまた，完全な沈黙の中ばかりではなく，だらだらとした話のなかでも作動する自由な連想の過程，そして転移や逆転移のなかで対象を使用することにより機能する連想も同様につけ加えておこう。象徴的かつ空想的な水準のなかでうごめく連想に，情緒の水準もつけ加えなければならない。それは話すことによる気分の動きであり，直接的に他者に影響を及ぼす身体と声との奇妙な合奏のなかに存在するものである。自由連想について語るときは，非言語，言語，空想，象徴，感情やその他多くの要素に関係する，これらすべての次元を考慮に入れるのである。

ここに付け加えられたもののうちの一部には，基本原則の資格があるように思われる。

たとえば，連想中の患者の中には，心の中にあるものを外に放り出しているように思えるものもいるだろう。また別の患者は，分析家の解釈的な願望に沿うように巧妙なやり方で，自由連想をするだろう。またあまりにも具体的に機能しすぎている別の患者の場合は，彼らの話はまったく自由なものではなく，とても連想的だとは思えない。「精神分析要約」(1924f) でフロイトは次のように記している。

> 忘れられた無意識的素材を探索する手段として，自由連想を選択することは，たいへん奇異なことに思えるので，ここでそれを擁護する言葉を述べることも見当はずれではないだろう。フロイトはいわゆる「自由」連想が実際には自由でないことが立証されることを期待することで自由連想に導かれていった。それは，すべての意識的でかつ知的な意図が抑圧されてしまったときに現れる観念が，無意識的な素材により決定されていると思われるからである。（195）

フロイトが他の論文のなかで強調しているように，抵抗のために連想はまったく自由なものではなくなっていくだろう。実際，後に続く技法論の歴史の多くが，なぜ理想的な自由連想が不可能なのかを把握するという観点から理解しうるのである。しかし，自由連想における制限は，それらの連想のいくつかを結びつける思考の糸により作り出されたものであれ，抵抗により課せられたものであれ，自由にその姿を現すのである。それらはある種の自由さの精神的雰囲気のなかで確立されたものであり，その自由さが公然と制限を裏切るのである。そうなると自由連想は，観察者が旅の列車から見たすべての景色を報告するといったような理想的な会話の提供を意図されるものではなかった。フロイトの鉄道旅行に対する恐怖症的不安を考えてみると，たぶん彼は，この隠喩的な乗物を選択することで，自分の抵抗の所在も明らかにしたのである。理論上は何に妨害されることもなくこの列車に乗ることができるであろう。しかし臨床においては，無意識的な心の葛藤が生じて，それが展開するのである。

このようにもっともシンプルではあるがもっとも重要な意味で，自由連想はすべての話し手において話されている思考がその筋道からそれ始めるときに始まり，**他者の**思考が生じ，顕在的な観念の連続性がとぎれた結果，やがて隠された思考の振り糸が現れ出る。十分に話す時間を与えられたならば誰もが自由に連想するであろうが，それは，音声言語の一貫性が崩れ，葛藤状態ではないかもしれないが，また新しい別の観念が声となって現れるからである。

話している最中にわれわれは心の裏から内的な考えが湧き上がってくるのを感じ取るが，しかしそれは自分が話している内容とは調和しない。われわれは今ここで話していることとは違う何かについて考えているのである。こういった思考は完全な自由連想にある場合であって，そのとき話し手はまったく他の思考の線を進むことを目指してはいるが，しかしこれを妨害する新しい思考が現れるのであり，それらの思考は何であれ注意を散漫にするといった招かれざるものとなるのである。分析家はこういったことを，患者の声の変化をとおして理解する。そのような場合に患者は，自分が話した言葉にほとんど気持ちが入っていなくなる。「その他の考えは浮かびませんか」という言葉かけだけが，患者に1つの思考路線を捨てさせて，感情や意味をもっと直接的に帯びた別の思考の路線に変えさせるのを援助するうえで，やらなければならないことのすべてである。話を別のものに変えても大丈夫だということに本当に患者が気づくまでには時間が必要であり，その結果として，無意識を具体化するために，ときには明らかな混乱を呈することもある。

患者が新たに現れたことについて話すために今話していることの顕在的な意味を壊してもよいと気づくとき，それはたとえば，心の奥をよぎる考えを話すために自分の話を中断したりするときであり，また考えの移行の意味を理解しようと試みて分析家と「関係する」ことをやめるときなどであるが，そのようなときに，患者はウィニコットのいう意味で対象を「使用している」のである。このように対象を使用するものとしての自由連想は，関係することの欠くことのできない破壊として，分析家と患者の双方によって理解されることになる。つまり，関係性の慣習に妨げられることなく，他者の存在のもとで自己を創造する必要が患者にはあるからである。

フロイトは自由連想の基本的な2つの次元に気づいており，実際それらを次のように命名している。1つは「freie Assoziation」[訳注1)] で，面接の中で話される思考という連想の動きであり，もう一方は「Einfall」で，突然出し抜けに思い起こされた観念である。Freie Assoziation という言葉は，観念の流れのなかでただちに顕在化するものではなくて，隠れている思考が最終的に現れる連想だけを介して機能し，思考の自由を構成するところの，前もって熟考されたことのない観念の連鎖として自由に連想されたものの理論とより関係が深いといえるだろう。一方 Einfall は突然意識のなかに出現し，

訳注1） Freie Assoziation は自由連想の原語であるのに対し，Einfall は通常，着想，気まぐれ，思いつきなどと訳される。

多くは前に話された観念とは明らかなつながりはない。多分 freie Assoziation によって作り出された精神状態が突然の観念の到来を可能にするのである。

たしかに「平等に漂う注意」といわれる心の在り方のなかでは，分析家の思考は時に患者の話から離脱して，今ここから「どこか違ったところ」へと遠く離れてしまう。しかし不思議なことに，やがて元の位置に戻った分析家は今や x（つまり，まさに気づきかけている自己であり，自由連想に満ちあふれている自己）で「いっぱいの」状態であり，それは意識化に向けてせき立てられて，言葉として現れようと飛び込み台に並んで順番を待つところの思考により作動している状態である。患者により発せられた言葉と分析家自身の言葉との間には話すことで形成された中間的対象があり，そこでの課題は患者に向けてその x について話すことであり，そこに洞察やあるいは内側に向かう目が現れるが，しかし洞察をする人の作業もまた明らかに重要なのである。もちろん分析家が黙っている間や，時には話している間にも，患者もまた実際の出会いからは離脱して連想に沿った旅に出かけていることもあるが，しかし必ず x に満ちた状態で戻ってくるのである。顕在的なものから潜在的なものへというこういった離脱と復帰が連想なのであり，それは患者の興味だけではなく，欲望によっても引き起こされる分析的なパートナーシップのなかで無意識の働きに貢献するのである。ちょうど大人が歩いたり泳いだり自転車に乗るのを見るごとく，患者は分析作業の領域においてもその技を磨きたいと望んでいる。それは自我の欲望となり，やがて実践をとおして，こういった技はその目標に到達しうるのである。

時に患者の自由連想は，実際に基本的には目的を遂行しようとする行為であり，分析者を動かすことを目指したものであって，関係していたり関係していなかったりすることを行動として表す形態として，その連想に対して解釈が求められることになる。しかし患者が真に自由連想を行っている場合，患者は関係性を見越した存在としての分析家に無頓着であって，あたかも分析家の機能に関して古典理論で言うところのスクリーンにより近い状態である。たしかに分析家は患者が自分に「関係して」いないことに腹を立てることは許されないが，しかしそのことこそまさにポイントなのである。深い自由連想を語ることとは，分析家 - 他者を対象として使用することであり，そのような対象は関係性の視点をひとまず脇に置くことで解き放つ効果をもっている。その際自己はそのような逆説的な親密さのなかに1つの過程への深く相互的なかかわりを見出すのであり，また別の思考の世界のなかに2つの主観性が結びつくことで，その過程は関係的な可能性を脱構築することになるのである。

自由連想は夢の顕在内容を破壊するとフロイトは繰り返し強調している。そして最終章で論じられているように，このような破壊は表象的で視覚的な次元を切り開き，言語による象徴的な世界へと進むための助けとなる。もしも一目見ることが千の言葉で語ることに匹敵するならば，そのような千の言葉が夢についての自由連想的な散種の中に持ち出されてくることだろう。しかしながら，すべての患者はこのような破壊に抵抗するのである。たしかに夢見ることは一種の贈り物であり，受け入れられて，それそのものの価値が認められるべきものなのである。それは，ものそれ自体なのである。見るということは，結局信じることなのである。夢見る人はちょうど信念の対象を見たところであり，後はそれを報告さえすればよい。フロイトが夢の個々の要素について連想を求めることでそれを切り開いたとき，彼は母親の身体から幼児を引き離すかのように，その人をこの対象から引き離した。胎児の状態にまで立ち返った退行状態のなかでは，対象は幻覚で捉えられ，夢見る人の自己は部分的には母親の胎内にまでもどっている。それを今や父親である分析家に話すときに，患者はこの母性的な神託と語り合うという1人だけに与えられた特権を主張したいのであるが，しかし父親はそれを部分に破壊して，言語表現に変形するように主張する。患者は前言語的なイメージの世界を離れて，言葉とその歴史による象徴の世界に入っていくよう強いられる。それゆえフロイト派の方法論における分析の作業とは，母性的対象からの分離の達成なのである。

しかしながら，語ることは妥協することでもあろう。眠るような，夢のような言葉で語るという作業が，父性的な秩序を介して母親の身体を前へと運ぶのである。フロイトの方法論が（それは夢との関係から不可分なものであるが）精神の動きを構成する。それは，もの表象から言葉表象へと，想像の水準から象徴の水準へと，視覚から言葉へと，母親の秩序から父親の秩序へという精神の動きである。患者が（たとえば，前日の出来事についての）話を語り，分析家がそれについての連想を求め，ある言葉を指摘してさらに他の言葉を求めるときには，いつでも必ずこれと同じ動きが生じる。「連想っていったいどんなことですか」，「いいえ，私は真実そのものを申し上げたのです。これ以上何も申し上げることはありません」，あるいは「そんな質問で私の苦痛がどうにかなるのですか」というふうに，黙ったままであるいは口に出して，患者は抗議するのである。

だが話は額面どおりに受け取られるべきである。もしも分析家が対象関係論のなかで機能していて，いかに患者の各部分が他の部分と相互に戦い合っているのか，あるいは患者の各部分が分析家の諸側面と戦い合っているのかを，その話のなかの登場人物や出来事が，それを描写しているということを指摘するならば，それは受け入れることができるであろう。たとえば「見て御覧なさい。あなたの貪欲な部分があちらにも現れているし，こちらにも現れているでしょう……。あなたのおっしゃる，あなたの大切なものを盗んでいる人というのは，実はこの私なのですよ」と分析家が患者の肩越しに夢を解釈し，そしてたとえ患者がその解釈の内容に苦しんだとしても，話はまだ無傷のままであると患者は安心させられているのである。対象関係論とは絵本を繰る作業のようなものであり，物語をひと所から別の所へと，夢テキストの顕在内容から分析関係の顕在内容へと，移し変えるだけである。しかしフロイトの技法はこれよりも過激であった。自由に連想することを患者に求めることで，フロイトは対象関係世界を破壊することを要求し，夢のテキストは，自由連想から湧き上がる思考によって，そのたびごとに破壊されて脱形態化されるのを，患者と分析家の双方が感じ取ったのである。対象関係理論そのままでは，今ここでの転移解釈によって，常に自己を他者の下に返してしまい，唯我論的であるとしても，心地のよい，幼児と母親との世界のなかに自己を囲い込んでしまうであろう。フロイト派の行為はこの絆を破壊して，不確かで不安に満ちた開かれた未来へと自己を送り出すのである。

自由連想は無意識のヴィジョンを促進する。散種された観念は未来を暗示し，それを心に描き出すことが許されれば現実化される。この点で，自由連想の動きは予知的な現在形であり，それが自らの未来を感じ取るとき，過去との連結が呼び起こされる。諸観念の動きのなかでの過去，現在そして未来のこのような統合は，心的現実に対して常に直感的なヴィジョンの内的な感覚を与え，そのとき先立つすべての思考の瞬間から生じる思考のネットワークは，その後に続く無意識的な知覚の材料としても同時に機能するような複雑な記憶の形式へとその人のイディオムを形づくる。治療の手段としての自由連想の発見および使用は，このようなネットワークの動きを促進することの価値を暗黙のうちに認めているからであり，それはまた人間の直感を構成するあらゆる感覚にとって必要不可欠なものなのである。

たとえ被分析者が前回から繋がる一連の出来事を報告する場合でも，用いられる特定の言葉，描き出されるイメージ，あるいは声の中に読み取られる感情が，それらの精神的な重みで分析家の心を打つ。それらはまた他の意味もはらんでおり，分析家がそれらを繰り返すと非常にしばしば新しい局面が開かれて，顕在的な表現のなかでは隠されていた様々な記憶，あるいは感情が生み出される。自由に連想されたものは常に，意識的であることの幸福に満ちた無知から無意識を解放するのであり，自由であるという設定は，無知は至福であるという因習的な命題にとって不可避的に破壊的なのである。「精神分析的方法の秘訣とは」と，バーナビー・バラット（Barnaby Barratt）は次のように述べている。

> 精神分析的方法の秘訣とは，まさにこの対話の取り決めであって，そこでは記号現象とは異なる何か根源的な「他のもの（otherwise)」としての「存在それ自体」のもつ非顕在性，生命にあふれた一時性，あるいはリビドー性の活動に応じる形で，差し出された認識的な布置のもつ不変性や確実性はすべて排除されている。精神分析が主体にもたらすものは，このように**他のもの**としての対話なのである。
>
> (1993：42)

「自由連想の過程は多くの観念の蓄積を生む」(1923a：196）と記したフロイトは，この無意識の作業の１つの帰結を認識していた。ここに蓄積される諸観念とは，患者の抵抗の表現である沈黙，逡巡，中断，そして拒否もまた含んでおり，潜在的な思考のさらなる散種と対立するような観念も含んでいるであろう。しかしこのスタンスを達成すること，すなわち，用意されたものではなくその時点において心に浮かんだ観念を報告することは，常に程度の問題であろう。確かなものは，このスタンス以外なかったのである。実際，自由連想の名のもとに機能するこの立場は，すでに1つの精神的な達成であり，他の方法では達成されたり，されなかったりしたものであるが，しかしかつて想像だにされなかったあり方で自己を開くものである。これはかつて，そして現在においても，もっとも革命的な精神分析の達成なのである。そしてもしもこれが精神分析的な場から消え去ったように見えたとしても(患者は話はするが，自由連想を用いて自分を表現しているとは思えないときでも)，基本的にこれは分析家の心の中に存在しており，分析家は患者から得た「素材」からの連想作業を介して，話されている現実のなかにその自由連想的スタンスを持ち込むのである[原注3)]。

おそらく，精神分析の目標は部分的にはいとも簡単にそしてすぐさま達成されるので，そのすべてがあまりにも低く評価されがちである。さらには，それ単独で患者は治癒するわけではない。被分析者の病は分析家の技能の挑戦を受けるために存続しており，それは非常に根深いものであるので，分析を受けようと決心をした患者の重大な変化を信用したいと思う気持ちが分析家にはほとんどないであろうことは理解しうることである。分析を受けるということはわれわれの文化においてはもっとも重要な達成の一部分であるかもしれないが，しかし患者はいまだ病気の姿勢をとり続け，そして分析家はその課題に取り組むのである。

しかしながら，アントン・クリス（Anton Kris）の『自由連想（Free Association)』とバーナビー・バラットの『精神分析とポストモダンの衝撃(Psychoanalysis and the Postmodern Impulse)』という2つの業績が自由に連想されることの価値について説得力のある議論を展開しているにもかかわらず（「精神分析の核心は自由連想という技法への関わりである」，クリス1982：7)，患者の側の要求とわれわれの側の治療的野心との強い影響の下

原注3） 多くの理由から，多くの患者にとって，この自由連想する能力は欠如しているようにも思われる。しかしこの困難が全面的なものであることはありえそうにない。無構造的な状況で話をする者は誰でも皆，無意識的な観念の力によって自らの語りが解体されるのを最終的には見出すであろう。

に，自由連想という成果をわれわれは主流からはずしてしまったと私は信じている。自由連想の価値の先細りはフロイトの研究においてもすでに認められる。フロイトは自らの治療に対する期待を修正して，その後にいくつもの違った目標を指摘している。『精神分析家は何を求めているのか（What Do Psychoanalysts Want？）』のなかでサンドラー（Sandler）とドレハー（Dreher）が指摘しているように，精神分析の目標は，潜在的な本能的願望を明らかにするという当初の目標から，順次，禁じられた観念の抑圧を取り除くこと，抵抗を組織的に取り除くこと，病理的な愛着からリビドーを解放すること，そして，自我をその障害された同化内容から自由にすることへと変化していった。こういった目標の変遷はフロイトの葛藤モデルにおける重要なシフトを反映しているのだが，彼に続く分析家たちや諸学派においても，これらの目標がすべての分析家から賛同を得たものではなくて，理論と愛情関係にある分析家の欲望を反映していると言ってほぼ間違いはないだろう。しかしこうした目標では本質的な点が見落とされている。私がすでに詳細に提示してきたところの，精神分析がそれ自身いったい何を目標としているかに関する問題について，つまり，それによってのみ現実がもたらされ，それを介してのみそれ自身の目的を達成できるのだという問題に，彼らは触れていないのである。

ある人たちは，自由連想を精神分析の目標というよりは方法であると論じるだろう。そういった場合，目標はたとえば無意識的な葛藤を意識化することだといったふうに述べられるかもしれない。科学の目標の場合もまったく同じことが言えるのかもしれない。科学的方法とは，たとえば物理学的な事実の客観的発見のごとく，種々の目的を達成するための手段であると論じることもできるだろう。事実，精神分析的方法と科学的方法（その他にも文学批評の方法や他の種々の試験法など）は，個々に特徴的でありかつ特異的である。方法の担い手の目標は，それを場に導入することであり，いかなる（方法）実践者であっても方法を超えて目標を指定すれば，彼がその方法との葛藤状態に陥ることはほとんど避けがたいことである。

たしかに，精神分析であれ科学であれあるいは文学であれ，その実践者がその方法の目標にいかに名を付与したとしても，目的はその手段を正当化するよりも，それを侵食するのである。精神分析の歴史を振り返ると，種々の実践者により明確にされた多くの目標がいかにその方法（自由連想）を無視しているか，またそうすることによって，精神分析により推奨されている実践から，精神分析の際立った特徴を知らぬうちに取り去ってしまっているかがわかるのである。

このことは，特に自由連想の目標と，素材を理解しようとする分析家の願望との間に生じる理解可能ではあるが不可避的な緊張を理解する場合には，驚くにはあたらないことである。というのは，自由連想が（ラプランシュLaplancheが精神分析の「反解釈学」と名づけて賞賛しているところにおいて）意味を解き放つのに対して，解釈は意味を創造しそれを結びつけるからである。そういった理解が確立されるやいなや，自由連想をとおして明らかになった無意識の働きによって，解釈は意味の粒子に細分されて，そこから「対象の使用」が始まり，うまくいけば分析家の無意識的な作業によってそれが執り行われるのだが，その際にそのような対象の使用は分析家の解釈によって作り出されたものを分散するとしても，しかしそれらは同じ方向に向かっているのである。

患者の病理の力の下では，分析家の視野は狭められてしまう。転移とそれによって呼び起こされた逆転移は，患者によって提示された病理を核として人格を構築する。日を追って素材は著しくなじみの深いものとなり，同じテーマ，同じ思いつきが，分析家を同じ解釈へと押しやる。自由連想法がこの時点における精神分析の演出にとって必要不可欠な第三の対象となるのは，まさにこのバックグラウンドがあってのことであり，そうでなければ分析家は，ただ患者に教え込むだけの者となってしまうであろう。患者の興味というものは明らかに冗長に思えるために，結果が得られないように感じられるので，自由連想を求めることは時に大変に困難なことになる。しかし少なからぬ場合，こうした頑固な状況の最中にあっても，この方法は驚きを生み出し，患者はびっくりさせるようなことを口にするものである。こういった瞬間に，この方法は病理によってがんじがらめになった関与者の双方を治癒するのである。

無意識的な過去の体験に根ざすところの自由連想を介した共同関係は，ずっと以前から知っていた何かを再発見するといった類のことであり，そこでは何よりも，自己と他者とが連想によるコミュニケーションという栄養を摂取することに没頭することで結びつく，母親の秩序の下で成立した共同関係が構成される。自由連想が辺縁に押しやられる原因の一部は，これによるものなのだろうか。それは，当然のこととして見過ごされてきた母親や女性の仕事の運命を背負っているのであろうか。もしそうだとすれば，それはすべての深く創造的な仮説にありがちな運命を担っていることになる。つまり，それは思考が生まれ出るのを止めるのである。「ああ，もちろん，自由連想ねえ，そう，これがたいへん重要なのは知っています……でもねえ」という言葉を一度ならず耳にする。そして仮説だからと足早に通り過ぎてしまわれるのである。それゆえに，それは多くの良い考えにつきものの運命を被るのである。つまりよい考えとは，ただちに納得のゆく効果的なものであるために，心はその他の考えに移動する。それに対して，皮肉にも，悪い考えというものはそこからより多くの思考を生み出すように思われる。

さらに言えば，各々の分析の学派が治癒に関する唯一の真実を持っていると確信する傲慢さや，それを政治的に価格安定政策として使用しようとする不遜さは，父親の秩序の証明のように思われる。いく度となく脇にやられ，辺縁に押しやられた自由連想という事実と，それがなすところのものは，分析家は記憶も欲望もなしにそれを行わなければならないとビオンの警句に謳われているように，幾度となく発見されまた再発見されねばならないものなのかもしれない。

転移に対する関心は，幾人かの分析家が「今ここでの転移解釈」というかなり無骨な表現で言い表したもののもとに，ある程度までその頂点に到達したのであるが，そこでは面接より以前に，患者はその時点での分析家との体験を語るであろうと想定しているのである。そこでの課題は，患者の連想から分析的な関係へのある種の翻訳である。多くの場合，この展開は皮肉な事態以外の何ものでもない。患者の連想はあらかじめ存在する顕在テキストへの参照によって解明されるので，無意識の深遠な作業は関係性の解釈としてテキパキと片づけられてしまうことになる。自由連想ははたして，このような平均的予言可能性の雰囲気のなかで進行しうるのだろうか。

多分，分析家がこの技法に関する記憶と，それを成し遂げようという欲望を捨てたときにのみ，ことは叶うのであろう。

精神分析には少なくとも3つの「ゴール（目標）の守備範囲」の領域がある。すなわち，個人としての分析家とその患者，個別のイデオロギーとそれを奉じたグループに所属する分析家，そして種々の異なった（個人であれグループであれ）用法でここまで存続してきた精神分析の基本的技法である。これらはいずれも他の2つのパートナーのどちらかが欠けた状態で漂うと意味を失う。これらは最終的には精神分析の実践にとって必要不可欠なファミリーを構成するのであり，精神分析とはその構成メンバー間の葛藤に耐えなくてはならないものだからである。ある特定の患者との課題に取り組んでいる分析家にとって，より自分に馴染みのある臨床方法とずれることは気分の悪いことであろう。彼らは技法を変えるかもしれないが，しかし自分たちの臨床的判断が根拠のあるものなのか，あるいは無謀なものなのかは判然としないであろう。たとえば今ここにおける転移解釈というようなイデオロギーの要請に従うことで，分析家は自らが分析の目標（自由連想）との間で葛藤状態にあることを見出すかもしれない。これは困ったことである。もしもそうであるならば，分析理論は表面上（あるいは実際に）分析の目標と時として葛藤に陥るであろうが，それは必須の根本的な悩みの種なのである。それを解決しうるのは，時のみであろう。

分析の目標が，個別の患者に接して治療目標を変える分析家や，あるいは学派の名のもとに臨床を行うといったイデオロギーに依拠する精神分析家と，葛藤的になることは避けがたいことであろう。このことが，精神分析家の本質的な脆弱さとしてわれわれが考えていることを構成しているのである。精神分析家たちは，自分たちにとって満足のいく上記いずれかの目標に従っていると満足げに告白できる位置に到達することは決してできないであろう。個別の分析家の位置取りが上記3つのポジションのいずれに変遷するとしても，それらは互いに葛藤状態に陥るのである。この葛藤は，個人，グループ，あるいは普遍的理論という意見を異にする主人に仕える本質的な機能に基づいているがために，決して解決しえないものなのである。

しかしながら，精神分析の名のもとに機能する臨床の目標は，精神分析の目標というテーマを枯渇させはしないだろう。精神分析はわれわれの文化の中のある特定の時機に現れて，シュールレアリストの画家から作家，哲学者から歴史家，社会学者や人類学者から神学者や法律家にいたるまで，非臨床的な集団から即座に受け入れられて利用されてきた。しかし未だに，精神分析の出現の無意識的な重要性に関しては判然としていない。たしかに，それはポストモダニズムとして現在われわれが考えているものを動き出させたような，ある種の問いかけを意味していたことはわかっている。もしもこれを選択したならば，誰であれ語る主体は，会話が物語の一貫性を分断し，われわれすべての確信を揺るがしたり，またより興味深いことを発見したりするであろう。

精神分析を実践する者にとっては厄介なことであるかもしれないが，精神分析という活動は（今日ではＩＰＡによる精神分析運動とは異なり），簡単には同定することも規制することも，また予想することもできないものとなった。もしもこの対象にその目標は何かと問うならば，いったい何がイメージできるだろうか。精神分析がわれわれの時代の文化の一部として作動するとしたならば，いったい何がその目標となるのだろうか。

1960年代には精神分析の出現の文化的な重要性に関して，著名な２人の解釈者がいたことを思い起こすことができるだろう。ヘルベルト・マルクーゼ（Herbert Marcuse）[訳注2]とノーマン・O・ブラウン（Norman O. Brown）[訳注3]はともに，これを不必要に抑圧された性愛の解放と見た。文化的な領域で作用する精神分析というこの特殊な対象に関して提言する努力を行ってきた文化史家は比較的少ない。しかし，いることはいる。たとえ北米や英国で今日，精神分析が科学以前の時代の遺物であるとか，思考の萎縮を表すものであるとかいったようにメディアに出たとしても，その同じ新聞が，抑圧された記憶の回復という名目で作動している中傷の風潮の原因であるというふうに，また別の精神分析を取り上げることだろう。文章メディアによる境界例的な世界では，たった１ページで精神分析を無意味な残り滓であると宣

訳注２）　Marcuse, H.（1898—1979）：社会学者。当初，フランクフルト学派に所属したがナチに追われて米国に渡り，活躍した。『エロス的文明』などが知られる。

訳注３）　Brown, Norman O.（1913—2002）：メキシコ生まれのアメリカの社会学者。『ラヴズ・ボディ』などで有名。

告しもするし，またそこかしこに氾濫している社会病理の直接の原因であるとも報じうるのである。

しかし面白いことに，虐待の問題が精神分析を再び性愛性のところにまで引き戻したのである。このように，精神分析は抑圧されたものを介して100年前の課題であったところに帰り着き，症候的な機能不全がどのようにして性的な葛藤によって引き起こされるかを今一度われわれは考えているのである。これは驚くべきことだろうか。性的葛藤が取りざたされている領域としての重要な文化的課題の1つから，精神分析が切り離されていることなどありうるだろうか。そうとは思えない。たしかに，文化的な対象としての精神分析は，性愛という問題に関してまったく不適切であるとか，あるいは倒錯的な性行為の風潮に対して完全に責任を負うべきであるなどの理由で精神分析に向けられた怒りに，そのエネルギーの多くを負っているようにも思える。

文化的な運動として，精神分析は様々に異なった目標を付与されるだろう。文化の対象として，精神分析は投影によって飽和状態となるが，それにもかかわらず無意識的にはよりよく理解されるだろう。もしも何者かが精神分析に悪意を向けるならば，それにはそれなりの理由がある。精神分析は耐え難い問題に取り組むのである。無意識的な現象の研究プロジェクトとしての精神分析は，明らかに最初からすぐさま問題のある水域へと向かっていったのである。

フロイトは直接的な精神分析的**世界観**（Weltanschauung）という観念を拒絶したが，精神分析的な世界の見方を科学的世界観に組み入れた際に，それは裏口の方から紛れ込んだ。「私の考えるところでは，精神分析はそれ自身の**世界観**を作り上げることはできない」と，フロイトは「続精神分析入門」(1933a) のなかで記している。「精神分析では独自の世界観を必要としない。すなわち，精神分析は科学の一部であり，科学的**世界観**に合致しうるのである」(181)。しかし精神分析と科学とを関連づける際に，彼はしばしば，精神分析が文化を補佐しうるような方向を示唆した。「未来に向けて知性（科学的精神，理性）が人間の精神生活における独裁権を確立する途上にあることを，われわれはもっとも期待するのである」(171)。科学の一部門である精神分析が人類の繁栄に貢献しうるのは，人格をより非理性的な世界に向けるところの無意識に動機づけられた無知から精神を救済することを介してであるとフロイトは論じるが，これはたいへん啓発的であるように思える。

しかし精神分析は心的構造の発展を観察してきた。「ある幻想の未来」(1927c）のなかでフロイトは「心的向上」について取り上げている。

> 外部の圧力が徐々に内在化することは人間の発達と調和している。特別の心的機関である超自我として，それを譲り受け，その神命の下にそれを包含する……。このような超自我の強化は心理学の分野においてもっとも貴重な文化的資産である。
> (11)

無意識的な葛藤のなかへ洞察を求めていくことは超自我の発達の一部であるがゆえに，フロイトの考えによると，精神分析とは彼が「文化の発展」と名づけた機能を遂行することと見なしうる。文明は主として「本能的な目標の漸進的な置き換えと本能衝動の抑制」からなる「精神的な修正」であると彼は論じる。このことは「知性の強化，これは本能生活の統制に始まり，そのすべての結果は利益をもたらしもすればリスクともなるが，攻撃的な衝動を内在化することである」と，後にアインシュタイン（Einstein）に書き送ったもの（1933b）へと繋がっていく。ひとたび彼の記した知的な技術と超自我による抑制効果を獲得した文明の発展から引き出された「精神的態度」を発展させたならば，人は「**体質的な**戦争非耐性」をもつことになる（215)。

フロイトはこの漸進的な進路を賞賛した。しかし彼の作り出した方法に目を向けるならば，事態はより複雑となる。「われわれが文明と呼ぶところのものは，われわれの不幸の主たる原因である」と彼は「文化のなかの不安」(1930a：86）において言明している。文明の代償とはそのすべての悪影響を含んだうえでの本能的な生活の抑制である。失われたものの１つは身体過程とのより調和の取れた関係，特に肛門性との関係である。フロイトによると，直立できる前の人間は便との関係にあって，それは嗅覚による喜びの対象なのである。文明の発達に従って人は自分自身の身体と疎遠になるのである。

フロイトの方法が，人間を水平な位置（四足というよりも仰向けではあるが）に戻して，文明ならばそれを汚れとして洗い流したいであろうところの，まさにそういった自己の部分から生じた素材を，心に充満させている本能的な状態（それにそれらの状態から生じる抵抗）を呼び起こす思考や表現の様式を引き出すということは，表面的な興味以上のものがある。マルクーゼとブラウンにとってこれが出発点であり，解放された人間の持つ根本的で新しい観点であった。そしてたしかにフロイトは，精神分析の反文明的な価値安定の効果を軽く見た。彼は自我によるその本能支配とこの過程における洞察の役割を賞賛しがちであり，精神分析のもつ想起させる機能に関しては徐々に触れなくなっていった。つまり，もしも彼の議論に追随するならば，精神分析はある種の「**後で考えたこと**（nachträglich）」あるいは遅延行為，つまり喪失ということが単に想像し得るだけではなくて，心的外傷として引き起こされている文明によって成し遂げられた，断念という外傷が生じた後の時間のある瞬間ということになる。精神分析は一種の症候的な瞬間となり，そこにおいて自己は知っている（思考されない知識）と仮定されている人，そして自己を適切な位置に導き，患者に心的外傷の本質を漸次解釈する人の存在下で，自己の病気に気づくのである。徐々に寄りかかった自己は何とか自分自身の足で立つようになる。彼らが面接室に歩いて入ってきたときが最後なのであるが，彼あるいは彼女を病気にするであろうところの断念するという行為でもって，文化的抑制のもとでの愚かな参与者としてではなく，賢い共犯者として彼らはそうするのである。

もしも精神は発達すると言うフロイトに同意するならば，精神分析は文明の目標となりえたであろう。もしそうであるならば，精神分析は，精神をその拘束から解き放つことで人間を深め，連想を介して自由にし，どうにも推し量ることのできないミステリーを精神の前に提起する，反抗的な目標の奉仕人である。そうであるならば，この方法はそのような目標の敵である。もしも自我の調停作業を介する超自我の非病理学的な強化が得られるならば，それは妥協の形成によって成し遂げられるのであって，そこでは自己や社会の組織化した目標にとっては手に入らない精神生活の自由のなかで，日々新たに創造される自己の本能的な要求が，自由連想によってもたらされるからである。

第7章
自己に背く心

人は，心（mind）と自己（self）との関係について考えを巡らすことはほとんどないので，その区別はわかりにくいことだろう。しかし，精神分析では，自由連想によってわかりにくい観念を誘い出してくるので，それによって心と自己という観念の結びつきに光が当てられて，自己が心をまた違ったふうに見ることができるようになるのである。それは，被分析者が心に浮かんだことを見つけ出そうとして語るときに，ある程度，意識と無意識との間のある特別な関係として浮かび上がるのである。

分析のなかでは，人は心が生み出すものについて何か疑いをもって見るようになってくる。そして自分自身の思考の心地よさ（そこでは意識と精神が産み出したものの間に分裂（split）を感じていない）と，自由連想によって生み出される不快な驚きを伴うことが多い軋みとの間の，断絶を揺れ動くことを理解するようになる。

ラカンはこの臨床的事実を利用して，想像する自己と語る自己との間の疎外という彼の理論を打ち立てた。どんなことをわれわれが考えていると想像するにせよ，しかしわれわれがそれを口に出すときには，たいていは想像したのとは違ったことを言っている。この断絶が意味しているのは，想像された自己と話している主体との間にある隔たりであり，話している主体の貢献を（それは話し手を驚かせ，そして疑いもなく話すことで思考やイメージを確証しようとする強い思いを打ち砕くことになるので）ラカンは無意識の真の声として理解したのであり，この「他者」はもうそれ以上還元できない主体なのである。

ラカンの考え方に感化されていない人々は，ただ単に，心に浮かぶことについて話そうとするときに，人は自分自身の心をもっているということに気づくだけなのかもしれない。その自分自身の心とは，意志にはほとんど反応することがなく，話すことは何か他のものの指示に従うのである。その結果として，心による何かを損なうような効果をある種の楽しみとして理解するようになり，それがおそらくうっかり漏れる言い間違いの源ともなっているのであろう。

しかしながら，自己と心の間の分裂がとても深刻なため，その人がもはやその分裂に耐えることができなくなって，治療を求めることになるほどの精神生活の形態もある。

ある朝，レオーニはいつもどおりシャワーに入った。ルームメイトが15分後にはお茶を作れるようにと，レオーニはシャワーに入る前にやかんをかけておいた。レオーニがシャワーに入ったとたん，彼女はその日にオフィスで仕上げなければならないあるレポートのことを思い出した。こうした物思いは，お湯をもっと熱くするように蛇口をひねりなさいという自分自身への命令により遮られた。しかしシャワーの蛇口をひねりすぎたので，お湯はとてつもなく熱くなった。それで蛇口をゆるめたかったが，しかしレオーニの心は新しい命令にとらわれていた。その命令は，もっと蛇口をひねりなさいと言った。お湯はさらに熱くなってしまい，レオーニはかなりの痛みに襲われた。「蛇口を右側にまで一杯にひねって，そこでじっとシャワーを浴びて留まっていなさい」と，それは命じた。

レオーニがどのくらいの間シャワーの中にいたのかは思い出せないが，やがてルームメイトが，ドアと床の間から漏れ出てくる湯気に気がついて，あわてて助けに来た。救急車が呼ばれた。そしてレオーニは病院に連れて行かれて，そこでやけどの手当を受け，治療のために精神科に紹介された。

シャワーのなかで何かをしなさいと告げられたのは，これが初めてだったが，レオーニに命令を告げる内なる声はとてもなじみ深いものだった。レオーニはそれに服従しなければならないと感じていたし，ルームメイトが自分を救い出しに来てくれたときのような，外からの介入だけを受け入れることができた。スーパーマーケットへ行くことも苦しい体験だった。１週間前買い物をしているときにレオーニの心が命じたことは，棚にあるアスパラガスの缶を全部取り出してきれいに並べて積み上げるということだった。店員が何をしているのかと尋ねると，レオーニはかなり狼狽した様子で，学校の奉仕活動の一環ですと答えた。彼女の下手な言い訳はばかげていた。なぜならレオーニは30代前半の年齢で（学校に行っている年齢とは考えられないし），おまけにまったく説得力がなかった。しかし，店員が解放してくれたので，レオーニは急いで違う通路に逃れ去ることができた。このような命令の特徴は，レオーニが公の場でばかげたことを繰り返し行わなければならないことであったし，それを自分でもどう説明してよいのかわからないことであった。

フロイトは，時々，この葛藤を3つの心的審級（心的装置），すなわちイド，自我，超自我の間の闘争として理解した。つまり，レオーニのイド衝動の何がしかが自我にとってとても有害で，それが超自我に過酷な道徳を創り出して処理させるのである。それゆえ，レオーニは懲罰的な命令を与えられるのだが，この三者間構造の妥協の世界のなかで，イドの要求は部分的には（たとえ奇妙なやり方であるとしても）充足されており，自体愛的な衝動の単独行動は恥と懲罰をもたらすのである。

フロイトの理論では，超自我は両親，とりわけ父親の機能を内在化した審級である。超自我は対象関係に由来しているので，親と子どもの間で起こっていたことのある一面が多少ともそこに受け継がれると考えられる。精神療法においては，レオーニの症状を，強力な母親あるいは父親が育んだ「ひどい愛情」の一形と考えることが有益であった。しかしそれにしても，レオーニは命令する心に対して皮肉なほどに無意識的に賞賛する関係を発達させていた。再三にわたって私が目にしたのは，ばかげた振る舞いを彼女に強いるその命令の能力を得意げに話している彼女の姿であった。

レオーニは見るからに硬くぎこちない女性だった。彼女は首を左や右に動かすことはなく，動くときには身体全体をその方向に動かすのであった。彼女が部屋の中を歩くときは，まるで行進中の士官学校生のようであったし，いすに腰掛けるときには彫像のようであった。彼女は自分でも，自然に振る舞うことがめったにないことを知っていた。しかし私が，レオーニの心が命令することで彼女を罰している一方で，しかしおかしなことを彼女がするのを許してもいるという事実に彼女の注意を向けたとき，レオーニは微笑んだ。おそらく彼女は自分でもそのことを理解していたのだろう。

彼女がどれほどに孤独であるかということ，この命令する声は共謀者のようなもので，その声と彼女はまるで強い秘密の関係の中にいるかのようであることを，レオーニが理解することもまた意味のあることであった。やがてわれわれにわかってきたのは，スーパーマーケットやモールの中で，彼女は何かいたずらをしたいという衝動にかられるということだった。少しずつ，自己と心はそれぞれの相違を折り合わせていったのである。

レオーニが子どものころ孤独だったということ，そして親の存在がもっと必要だったということを私が考えていると彼女に伝えることは，意味のあることだった。子どもがそのように感じるときに，心の一部分が優勢になってそれを引き受けて，その子育てをするようになる場合があると私は言った。しかし大人としての生活を過ごしていくようになるにつれて，彼女が見つけたのは，ますます疎外されて，彼女の心の一部が命令することを怖れている自分自身の姿なのであった。

別の患者であるペニーは，幻覚と妄想を起こしていた。彼女には，ポップスターのマイケル・ジャクソンや子ども時代の憧れの人であるジョン・ラットの，存在の匂いがするのであった。彼女は，ある特定のラジオ番組のＤＪが特別なメッセージを空中から送っていると信じ込んでいた。時折，彼女は突然に部屋のどこかをにらみつけては，目をＲＥＭ睡眠時のように動かして，最後には自分には何かが見えていると言うのであった。

ペニー自身は，この幻覚と妄想的思考についてとても心配していた。ペニーの心は，恐ろしい，恐怖におののく対象となり，ペニーはそれから隠れようとした。たとえばそれから実際に逃れるために，テレビを何時間も見続けたり，トイレにも行かず，パンツに失禁してしまうことも時折あった。妄想的思考が思い浮かんではいけないと思った末の行動だった。

心的な文脈を精神内的な人格化存在（personification）から切り離せば，彼女の考えの意味するところを考えやすくなることが私にはわかってきた。だからペニーが，「Ｘが私を強姦したんです！」と言ったとき，「なんておぞましい考えだ！」と私は言い返した。「マイケル・ジャクソンの匂いがする！」と言ってペニーが彼の影響下にあるとき，私は「それであなたの想像では，マイケルは何をしているんですか？」と言い返した。

精神病の患者が住むのは，心が危険に陥らせるような存在として知覚される世界である。このような病に苦しむ人々は，どんなことをしてでも自らの心と接触することを避けようとする。その詳細を尋ねることで，私はペニーの心的内容の呪縛を壊そうと試みたのである。

考えることに対する防衛は，自己と心の間の断絶を増大させる。その人の自己の感覚というものは，肥大化した意識を伴った非常に拘束された不安な存在となる。それはあたかも考えても安全な考えだけを認知するようであり，しかしどのようなものであれ，特定の考えは本来的に破壊的なので（ラカンの象徴界を参照），感情を和らげるような考えが重宝され，多義的な言葉は避けられるようになる。自己は，こころをかき乱す内容でいっぱいになった心を洗い流そうとする。それゆえ，精神病の患者はテレビを見て，そのテレビに「心を配って（minding)」もらいながら，隔絶した状態のなかで生きることを好むのである。

このように箱詰めされたような心というものは，いっそう有害になるしかない。つまり精神病者にとっての痛ましい結末とは，自分自身が病を養っていると知ることであり，その人独自の心的内容を無理矢理そこに盛り込もうとするとき，それはついにはとても強烈な幻覚や妄想の炸裂になり，本人の恐慌を増大してしまうことになる。妄想の形成とは，思考のない状態と幻覚している考えとの間での妥協の産物であり，それならば調節することができる。ペニーはある特定のラジオ番組のトークショーの司会者が自分に話しかけていると信じていた。しかしその司会者は１週間のうちのある時間にしか現れないので，ペニーは自分の狂気を予約制にして週末はお休みにした。その他のラジオやテレビの人物は妄想の一部ではなかったので，ペニーは精神病のこの側面を１人の人物に限ることができたのである。

人が心の産物と同一化しようとする（つまり，妄想のなかで時を過ごす）ような場合もあるが，しかし妄想は，心を対象として区別する諸々の思考を調整するシステムともなる。だから，妄想は比較的安全な精神病に思われるし，人は妄想のなかで心と同調している感じをもつこともできる。しかし一方で，幻覚は普通は自己に不意打ちを食らわせることが多い。

また別の患者であるヘクターは，初めてのコンサルテーションの時に，うずくまるように座り，眉間にしわを寄せ，唇をすぼめ，時折目を出し抜けにつり上げて天井をにらみつけ，それからまたしかめ面の中にもぐりこんだ。彼はいったい何を考えていたのだろう。それ自身が問題であり，問題そのもののようだった。ヘクターがようやく自分の考えを語る気になったとき，その話しぶりは，あたかもマイクロチップの中身をすべて解読するかのようだった。彼は考えのすべてを事細かに説明し，それをどう理解しているかについて纏綿と解説し，そして1つの重大な考えのなかに埋まっている連想のすべてを描写しようとするのだった。

たとえば彼は，3つのセッションの大部分を使って，姉が誰なのかを私に語った。これは，姉がヘクターより4つ年上で，彼が6つのときに家族の元を去って寄宿舎に入った，ということを説明するというだけのことではなかった。あるいは，私のために，以前の姉とその後の人生を詳細に語って聞かせるというだけのことでもなかった。ヘクターは，姉の好みや考え方について長々と説明し，その中身は多岐にわたった。姉の文学的興味からファッションセンスまで，部屋の飾りつけ方から好きだった男性のタイプまで，磁器の小さなコレクションの一部として購入した物品から姉が好む映画まで，母親と父親に彼女がよく似ている部分から，家族皆で論争するときに姉にとって問題となるイデオロギーの立場まで。ヘクターは，このような事細かな話によって安心を得るというよりも，むしろ自分が考えていることを私にわからせることがうまくいかないのでより困惑する様子だった。ヘクターは1時間の大部分を費やして，姉をもつということがどういうことなのか（彼の言葉で言えばその「哲学的な」意味）について尋ねた。姉にとって彼女が彼の姉であるということは，どういうことであるのだろうか。弟であるということは，どういうことであるのだろうか。

ヘクターは，自分の心が抱え持っていた真実がなくなってしまったような感じを語った。彼が話をすればするほど，話したいことを伝えることができないと感じていた。ヘクターがしばしば語ったことだが，彼がいったん私に何かを語るときだと決心したならば，彼は自分の内側で感じていることになるべく近い形でそれを話そうとしなければならなかったのである。しかし，そのため彼は話すことをあきらめてしまうよりも，何とか努力して姉の本質を言葉にしようとした。たとえそれで失錯行為をしてしまったとしても，ヘクターはそれをいわば姉という素材を織りなすまた別の撚り糸の存在を示す潜在的な証拠であると捉えて，なんとかそれに値するものをそこから搾り出そうとしたのである。

そして何週にも何カ月にもわたって彼の心の対象について説明をした後，ようやくその過程を客観視して，関係についての分析をし始めることが可能になった。その関係とは，姉とのことでもなく，父親とのことでもなく，また彼が以前見たオペラとの関係でもなく，自分の心との関係，すなわちこういった対象を抱え込んでいる自分自身の心との関係についてであった。大切なものになるはずのものすべてを収納している神聖な寺院。ヘクターは自分自身をその従僕になぞらえた。自分はその管理人であり，心の記録を収納し，心が抱えている真実を散布することに最善をつくすという自身の義務を遂行するのである。

心の精神（mind psyche）という概念のなかでウィニコットが強調したように，子ども時代にヘクターは話し相手（それは称揚された部分であり，ヘクター自身はただ単にそれに奉仕していた）としての心に頼っていた。ヘクターの転移の特徴は，その心の産物に対する尊敬を私が分かち合うべきであると信じ込んでいることであり，彼はすっかりその気になって私の通常の分析的沈黙をこの効果のために利用していたため，長い間，私がヘクターの描写を崇拝していると彼は感じていたのであった。そのような密度の濃い話しぶりに恩義を負っているとヘクターが感じている時間を，私はヘクターに与えていたのである。

心の産物と自己との間の関係が障害されることによって，心と自己の通常の関係について何かわかるところがあるだろうか。

われわれがここまで議論してきたことは，心は通常自己と仲良くしているのだが，しかし心の産物によって自己がその内容物を内省させられ始めると，それによって自己は心に注意を向けるようになっていくということである。この種の外傷が繰り返されると，徐々に自己を掻き乱す可能性をもつ対象としての心を意識しすぎるようになるのである。あるいは，ヘクターの事例のように，心の内容があまりにも深遠なものに思えて，それをわざわざ他人に話すべきかどうかが常に重大な問題となるのである。なぜならば，それを話すということはあまりにも憐れな表象の行為だからである。

この最初の例では，自己が対象としての心に気づくのは，何かが掻き乱していると自己が考えるときであった。次に2番目の例では，その人が心を語ろうとするときまで，心はほとんど気づかれないままでいて，何重にも包囲されていたのであり，その場合は心はまるで，打ち捨てられて見失われたデルフォイの神託のようであった。

このような見方では，一見心がないかのように（mindless）見える体験する自己と，心との区別を認めている。しかし，心のない自己というのは，いったいどういうものだろうか。

もちろん，われわれは，われわれの思考過程が止まらないことは知っている。たとえば，いったん車を運転することを学べば，人はもはやそのことについて考える必要がない。つまり，緊急の場合には，身についた知識というものがあれば人は直感的に反応することができ，最初に何をすべきかなどと考えなくてもよい。これと同じことが，通常の自己の体験にも当てはまる。考えない状態から抜け出すときには，何かについて考えるようになるのであり，その考える人が考えていること（すなわち対象としての心）について考えるわけではない。われわれはただ考えているというだけのことである。

そうであるならば，心のない状態というものは，無意識的に知識を得ている存在の状態のことを言っているのかもしれない。われわれは，とても数多くの様々に交差する観念化の水準で活動しているので，そのなかの単一の思考の連鎖を深く押し進めることはできない。われわれが心のない状態であるのは，その内で何も起こっていないからではなくて，あまりに多くのことが起こりすぎていてそれを表現できないためである。

自己の体験とは，たくさんの要素からなる重ね書きである。それはたとえば，意識的な思考，意識の辺縁に形づくられるはっきりしない考え，無意識的に散らばる指向性，不完全な形で通り過ぎていくイメージ，含蓄のある多義的な言葉，身体的な欲動，体の記憶，身体の態度，そして間主観的な関わりなどである。

このようなことはいくぶんか，心を2つに分けて考えると考えやすいように思える。すなわち，素朴な自己を聞き手としてそれに語りかけている考える部分と，その思考を感情的にまた直感的に調べている聞いて体験している自己の部分の２つにである。だから，もしも私が私自身に「超自我の理論に注目してみよう」とつぶやいて，その考えがある確かな感情とともに伝わるならば，私は最初に「私はそれについてはすでに知っている」と反応するかもしれない。主観内での葛藤が少しばかりは持ちあがるかもしれないが，やがて私は自己の統一へと戻ることだろう。そのような自己の分裂が起こった後で，私は「対象としての自己と超自我 - 自我関係の間には関連があると思う」と考えているかもしれず，こんなことを考えているその時にはもう精神の分割はないのである。

精神の葛藤によって，自己が思考のない状態（東洋の宗教でいう自我の解脱）から揺さぶり出される。そして心的構造である分割をよりいっそう際立たせる。子ども時代の深刻で早すぎる葛藤は，精神の分割について早熟すぎる知識を産むことになる。心の構造は，あたかも車の運転手がどうしてエンジンが動くのかについて考えていなければならないような，あまりにも多くの注意を強いるようになるのである。

この閾値にまで達する以前に，すなわち感情や観念のぶつかりあいの背後にある無意識的な活動をその個人が客観視するようになるその前は，自己は精神的葛藤によって活気づく。それどころか，そのような葛藤は，心がないような状態の期間と意識的葛藤の時期との間でちょうどよい二極対立を保ちながら，優勢な無意識的観念や内的体験との意識的な接触を強めるかのようである。このように通常に行ったり来たりしている間は，心は相容れない対象のようには感じられないが，しかし心が生み出すもの（すなわちその中身）は，自己に強い印象を与えている。すべてがうまくいっているように思える。

やがて深刻な葛藤が繰り返されて，自己が警戒を感じながら心を眺めるようになったとき，心は，コリガン（Corrigan）とゴードン（Gordon）が「心という対象（mind - object)」と呼んだものとなる。意識的な主体とその無意識的な生活との間の二極対立は，多くの心の病，たとえば強迫神経症や統合失調症やうつ病などの源となる。次章では，実際に心の攻撃によってとても抑うつ的になっている人物について描写しながら，臨床的により徹底して考察することにしよう。

精神分析の仕事は，容器（コンテイナー）からその中身を解放することであり，それは通常の内的精神生活が，寓話的な力によって麻痺させられているという仮定のもとでのことである。分析家のいる前で思考をするとき，分析家はその思考を壊すのだが，それによってその思考はまとまりをもった明白な真実を失って，いくつもの多様な観念としてまき散らされることになる。だから多くの点で，精神分析が精神病患者に対して最大限にその臨床的効果を発揮するのは，分析家が患者の心によって妨げられず，その中身を壊すことによって心のもつ力を破壊するときである。

そして心の中身が壊されたときに，心の中身はその決まりきった性質を失うのであり，心の中身が理解されたときに，心は異質な対象としてのその地位を失うのである。ペニーがマイケル・ジャクソンの匂いを感じたときに，「あなたは女の子のような男の子のようにご自分をお感じになるのですね」と私は言い，それが多くの連想を生み出すもとになった。そしてマイケル・ジャクソンの姿は徐々にその心的文脈関係のなかに解消していった。

反対に，もしも「アスパラガス（asparagus）」（スーパーマーケットでのアスパラガスの缶のエピソードを参照のこと）という言葉が「ばかが，われわれをけなす（ass-dis（parage）-us）」ということになってメタ真実が明らかにされたとしても，それは大したことではない。おそらくこうした連想は間違っていないだろうが，本当に重要なことは，レオーニをがんじがらめにしている考えを自由連想がどのように解体するかを彼女が学ぶことである。もしも心が対象として客観視されるならば，自由に遊んでいるその心は，ラカンの言うように，他者（the other）（神秘的な，手の届かない，究極的には破壊的なもの）となるのかもしれないし，あるいはそれはまた本質的な享楽となるのかもしれない。

私が，ヘクターが自分の心をしまい込んでいることを，つまり心を自分自身の家の神に仕立て上げているやり方を分析していくと，彼はいやいやながらも，それを神聖で強力なものにし続けるために，心と会話から言語的な混乱を取り除かなければならなかったことをしぶしぶ認めたが，実はそうした混乱が示唆していたことは，彼の精神の内容は，良く維持された，完全に静かな精神的場にあったのではなく，彼が不可侵の場所と見なしていたものを壊したものが語っていたということである。それは，彼が自分の心を，自分がそうしたいと望んだように適切に話すことができなかったということではなく，むしろ話すことによって，意識的な精神内容は単にその人の欲望や信念の一部でしかないということが明らかになっただけだったのである。

心理療法家や精神分析家のなかには，自我支持的な方法で精神病の患者を治療するのが最良だと信じている者もいる。そしてその人たちは，精神病的な自我はこの水準では作業を遂行できないので，漂っている無意識の考えを話題にすべきでないと考えている。たしかに，本人を苦しめる考えが入ってくるという恐怖を，患者が追い払うことを助けることが大切なときもあるが，しかしこのことを，当然のことのように行うのは私には理解できない。精神病の患者は奇怪にそしてまた具体的に考えるかもしれないが，しかし精神が作り出すものを語るように患者を勇気づけることで，精神分析的傾聴によってのみ把握することができる無意識の意味を明らかにしながら，（異質のそして危険を及ぼすものとしての）備給を解毒することができるのである。

精神病の患者は自我支持と薬物によってのみ治療されるべきであるという見解が，知らず知らずに無意識的に，投影同一化を産み出すかもしれないことを考えておかなければならない。臨床家は，自分の患者の心を，障害を被ったものとしてではなく，危険な対象として捉えるようになるので，そのような力に対する防衛は支えられることになる。皮肉にもこの方法が，いかに病理の中核を支えることになるかを理解することは難しくない。そして，少なくとも今や2人の人物（患者と治療者）がその体験を分かち合うことになるので，もしも仮にそれがある程度和らげられたとしても，患者と治療者の両者ともに，心が危険すぎて接近することができないという確信をもつにいたるのである。

精神病の人は，心が危険をもたらすものと見るようになると，その構造を詳しく調べ出す。言葉は，意味をもっているかどうかを繰り返し吟味されながら，壊されていく。たとえば，「いす」という記号が何百回と繰り返し使われることによって，それが意味することは消えてしまうのである。意味はどこへ行ってしまったのか。世の中の通常の往来を注意深く見て，統合失調症者はそれが全部どのようにして成り立っているのかを知りたいと思う。歩道を歩いている人々の群の中に，人はどうして自然に入っていけるのか。人はどのように見るべきなのか。どのような調子で入っていくのか。思考の対象になるすべての事柄が消えていくようである。じっくり見ることは破壊的である。これがずっと続くとき，自己に何が起こるかについては明らかである。精神病者は自己が消滅することを仮説としていて，常にこのことが実現することを生々しく怖れて生きている。

スキゾイドの患者は，精神分析の適切な候補者と長い間見なされてきたが，しかし分析家たちは，この種の患者が自由連想を奇妙なふうに使って，報告している自己と内的世界からの考えとの間の分裂をそれで補っていることにいつも気づいていた。航海者とか映画製作者とか天文学者とか，われわれがこの種の人物の心に対する姿勢を描写するのにどんな隠喩を使おうとも，精神分析家たちは，報告されたその内容とともに分析されるべきはその人の対象関係なのであると気づいている。そうでなければ，そのような患者たちは，分析過程を使って自らの分裂ポジションを磨き上げるだけになるだろう。

ビオンは，他のどの精神分析家よりも，心が自己に対してどのようなものであるかについて焦点をあてた人だった。そもそも，そこに焦点を当てることは当たり前のことではなかったのである。心は，それを必要とする思考が起こるときにのみ成長する。乳幼児や子どもが考えれば考えるほど，考えることがより求められるようになる。ビオンは「精神現象の二原則に関する定式」で概要が述べられているフロイトの精神機能の理論を借りて，そしてそれをむしろ独創的に変化させた。純粋な快感原則は欲動を満足させるような対象しか呼び起こさないのであるが，しかし乳房の幻覚が飽満をもたらさなかったときには，乳児は否が応でも少しずつ現実に引き戻されて，母親を見つけ出して願望や欲求をコミュニケートするようになるのである。その結果として精神機能は複雑で優れたものになり，そしてビオンがフロイトの理論を発展させたなかで言えば，その結果として心が成長するのであった。

しかしながら，自己の媒介としての心に対するその人の関係とはどのようなものであるのか。子ども時代をとおして，青年期に入り，そしてそのライフサイクルをとおして，その人の心との関係はどのように進化していくものなのだろうか。クライン派の人たちは，早期の心の喪失や，望まない思考を産み出す対象としての心を憎む気持ちについて重要な論文を書いている。それ以前の分析的な思考は，ある精神内容の否認や抑圧について力を注いできた。しかし，ビオンやローゼンフェルドなどは，心そのものに対する攻撃について議論してきた。明らかに，子どもの心が有害な内容を作り続けているとき，子どもは精神内の外傷に対する何らかの保護を手に入れようとして，考えること自体を破棄しようとするだろう。それだから，これらの方向に沿って安全を探し求める子どもは，可能な限り心の無い状態になることを選び取り，そしてそれはある程度成功するだろう。

心がそのような子どもに襲いかかるとき，それは情け容赦ない恐怖を伴うことがしばしばである。たとえば悪夢を取り上げてみよう。夜中に目を覚ます子どもは，そのとき部屋がモンスターでいっぱいだと確信しているので，自分の両親と話をして慰めてもらう必要があるだろう。そして両親の心が，子どもを安堵させる。子どもは，とても現実的に思えるこの恐怖が「実は自分の心の中にだけ」あるものだと知ることで，徐々に落ち着くようになる。自分の心の中に**だけ**ある？　それが安心させることになるのだろうか。いやむしろそれが慰めになるのは，そのような恐怖を生み出すまさにその心の作用が，また他の過程（たとえば，内省，話すこと，知覚的な現実吟味など）にも利用可能であり，そのような心の作用が平和をかき乱す心の産物を解毒することができることを見出すからでもある。だからこの観点から見ると，子どもと一緒に座り，不安な夢について話してくれる両親の存在は，心の外傷に対するきわめて重要な生成的な対抗物なのである。というのは，それはつまり，２人かそれ以上の人々が「自分たちの頭をつきあわせて」，「１つの心よりも２つの心のほうがよりよい」ということを見つけることであるからである。人が自分自身の心に圧倒されているときに，そのような毒々しい内容に取り憑かれていない他者の心が存在するということが，その人が後に自分の心を使用するときに非常に貴重となる場合がある。少なくとも子どもは，次回にも自分たちに何が起こったかを「一緒に頭を寄せ合って」話すために両親の部屋に駆け込むことができるということを発見するし，そして彼らが大人の生活を営む頃には，心が生み出すものによって瞬間的に圧倒されるときに，その動揺の「外側」に立って，心にとらわれた自己と話をしてくれる親切な援助者を創り出すことによって，「２つの頭を付き合わせる」ことができるようになる。

われわれは，強迫性障害の個人が，精神生活を営んでいる通常の領域の外部にある精神部分から，どのように不合理な命令を受けているかを見てきた。その命令は統合失調症の人のように外の空間から来るのではなく（彼らは声がどこからやってくるのかと実際に部屋を見渡すことだろう），通常の意識の周辺からやってくる。これには超自我が自我の肩の上に載っかっているというフロイトのイメージがぴったり合うが，しかしレオーニの場合には，自分の視野の外側にこの招かれざる客を置いておきたいという目的がいつもあった。われわれが知っているように強迫性障害の人は，ある種のリビドーの目的やその対象と接触することを望まない。それゆえ，重要な精神内容は意識から消え去ってしまい，ある意味で激しい追放を被り，やがてそれが戻ってくるときには偽装されているものである。強迫性障害の人の硬直性は，その本人の一部が，計画を覆すもの，見苦しくて乱雑で屈辱的なもの，自己を汚してしまうかもしれないものに対して，永遠に疑い深くなっているときの精神内界の硬直性と少しも変わりない。そのような患者は分析家からの興味に対して嫌悪を示すので，逆転移のなかに分析家を陥れて，分析家は特定の話題を取り上げるのに気が進まなくなり，そうすると自分自身と患者を当惑させることになるのではないかと感じるようになるかもしれない。そして両者ともに，お互いを動転させるようなある特定の話題から背を向けるようにさせられていると感じるだろう。対象としての心に焦点を当てることによって，われわれは，ここでの心がいかにある種ぶち壊し屋で嘘つきで，人々を当惑させる状況に陥れるものであるかを見ることができるようになる。それは，ある種の心‐身体同盟，あるいはもっと正確には，身体としての心同盟である。ある特定の事柄を考えるということは，身体的に行うということであり，望まれていない身体に気づくということである。

もちろん発達しつつある子どもが，非常に独特なやり方で自らの身体について気づいていくという過程もあって，このことについては第12章でかなり詳しく議論することになる。子どもは自らが身体を持っていることに気づき始める。子どもは自分の腕や脚，足やお腹を見ることができる。子どもは鏡で自分の顔を見ることができる。子どもは服を着るようになり，自分の外見をこの方法でどのように変えることができるかに徐々に慣れていく。フロイトはこのような身体に加えて，子どもがもう１つの身体をもつということを心に留めておくべきだと主張した。その身体とは，子どもの本能生活の舞台としての心の中で姿を現すのであった。それゆえ人々は，その欲望や衝動の高まりを感じるし，自らの興奮やその発現，性的喚起や身体への興味の高まりを感じるのである。心のうえで演じられるこの身体を，強迫性障害者は，興奮の証拠を儀式的に洗浄して，消毒したものと置き換える。強迫性障害の人は，この２つの身体をそれぞれに戦わせる。精神的な身体と肉体的な身体，外に現われる安全な身体と不安にさせる幻想のなかの身体。強迫的な子どもは，肉体的な身体を実際的な場のなかに置き換えて，対象のなかに置き換えて，それからそれを避けようとするか，あるいは，自己とその他者の安全を保つことを意味するような儀式によって，その身体を消し去ってしまうのである。

しかしながら，潜伏期に至ると，子どもは，夢の作者であったり，思索的でありながら情熱的でもある状況のなかに肉体的な身体を現前させたりする自分たちの心が，母親や父親から見られたり，鏡のなかの自分によって目撃されたりする自己とは異なる，もう１つの自己の棲家であることをますます意識するようになる。このもう１つの自己は，永遠に見られることがなく，仮にそれについて語られることがあっても常に本質的には内密で，矛盾に満ちているが，対立や差異を孕み込む能力によってさらに高められているようにも見える。エディプス期に入ると子どもは，それまではおそらく母親の秩序と父親の秩序の世界のなかに取り入れられて，母親や父親の不安や情愛を通じて行動してきたのが，やがて親の規範やあるいは特定の身体的不安によってではなく，何かもっと別のものに捉われて踏み止まるようになる。それは，人の心がますます複雑になり，はっきりとした先入観によって秩序づけられるようなものではないのだが，しかしそれでも意味のあるものであると実感するようになるということである。こうして，母親の愛に満ちた牧歌的な世界とすばらしいがしかし畏れ多い母親の神々しさや，あるいは部族の村から発した父親の探索と征服は，永遠に記憶のなかへと消え去って，存在の神話として書き換えられる。しかしながら，実際のところは，それがどんなに恐怖に満ちたものであろうと，人の内的生活がこのような保障するような伝説を知ることは決してない。子どもがいつしか発見するのは，自分がたくさんの母親たちや父親たちについて考えなければならないということであり，同じ対象に対して数多くのヴァージョンを持っているということであり，そしてそれらはすべて母の名や父の名の下に分類されるが，しかしそれらは統合されたりあるいは不変の存在としては纏め上げられないということである。日々の生の体験の移り変わりのなかで，必然的に，いつの日も日常の強度で感じとられる多くの異なった他者や，そしてそれに対応する自己が心に呼び起こされることになるのである。

今や，対象として子どものなかに姿を現す心はもう１つの国となり，そこでは子どもたちだけが孤独に生きている。もちろん子どもたちは誰かにこの国について語ることができる。また子どもたちは他の国々についての話を聞き，そしてその両方に似たような対象を見つけることもあるかもしれない。しかし，自分自身以外には誰も他の子どもの国に住むことはできない。もちろんそれぞれの人がこの認識でもって何をするかは自由であって，ありとあらゆる選択肢がある。統合失調症者は，すでに心の中身に怯えていて，その体験に対してずっと前から武装しているし，もしも過激な反精神医学の徒が統合失調症者の革命的意識と彼らが認識したものをロマンチックに思い描いたとしても，彼らは統合失調症者の情熱が決まり切った平凡なものであるという知識をわざと捨て去ってしまうことでそうしているのである。統合失調症の患者のほとんどは，文学がわれわれに信じさせているほどに興味深いものではない。

そして最終的に子どもたちは，自分が数学とか文学とか生物学とか音楽のような，ある特定の精神活動の領域に生まれつきの才能があり，優れていることを発見していくかもしれない。そのような心はＩＱ検査で調べることができるが，しかしこれは自己の検査ではないし，その意味での心は自己から独立したものと考えられる。子どもはまた，フットボールやダンスや陸上競技やバスケットボールに秀でているかもしれないし，そのような身体とその協調運動も検査することができる。自己についていえば，われわれはＴＡＴ

やＯＲＴやロールシャッハのような他の検査を用いることもできる。このようなまったく慣習上の意味でいえば，心もまたそれ自体が対象であり，われわれの運命と絡み合うものである。もしも幸運にも，可能性を授かり，そして環境にも恵まれているならば，われわれはわれわれの，心と言ったほうが良いのか自己と言ったほうが良いのか，そのようなものに応じて行動することが，私たちの運命になるのかもしれない。おそらく，私たちは認知（すなわち，精神的な）能力や自己の素質も含めて，自分たちの能力といったものについて語りたくなるだろう。

しかしながら，子ども時代のある時期までには，そして明らかに思春期に至るまでには，その個人はすでに自らの心が複雑な対象であることを知っていて，そのような複雑さが混乱した考えのなかでこそはっきりと正体を現すということに気づくようになる。これは良くもあり悪くもある事態である。混乱した思考は，日々呼び覚まされる日常生活の強度よりももっとなじみ深いものになってしまって，それゆえ私たちはそれらについて思い起こしたり，学習したりすることすら可能になる。精神の病が心の中に起こるものであり，心の機能を制限するものであると仮定するならば，そのような病は本来そうあるべきよりももっと精神的時間を消費することになり，個人は心配や考慮の対象としての心について思い悩むことになる。子どもが自らの最初の洞察を体験するかもしれないのは，まさにこの時点である。子どもが自分の内的世界にある精神的内容について見つめて，自らの自己の姿をそこに捉えるときである。たとえば，ある患者が思い出したのは，患者がおよそ６歳のとき，自分をまさに飲み込もうとしているかのように口を開けている女性の方に向かって動いているコンベヤーベルトの上に，自分が横たわっていると空想することで性的に興奮したことだった。この空想は勃起する機会となったし，それが再度起こったときには，それ自体が思考の対象となっていた。この患者は，この空想の意味を理解していなかった（なるほどフロイト派の考え方だと，この空想の謎めいた特徴は，患者の意識をからかうつもりのものだと言えるかもしれない）。しかしその思考の風変わりさと強烈さのために，この患者は自分の心を，奇妙な考えをもたらすもの，将来注意しなければならないものと見なすようになっていた。

ガブリエル・マルセル（Gabriel Marcel）[訳注1]は，8歳のある日，哲学者になった。「そのとき私はパリのモンソウ公園にいた」と彼は書いている。

> そして，私の質問に対する反応から，人間は死んでも生き延びるのかあるいは完全になくなってしまうように運命づけられているのか確実にはわからないことを学び，私は心の中で叫んだ。「いずれ私はそれをはっきりと知るように努力をすべきだ」と。私はそれを単に子どものばかげた真面目さにすぎないと考えるのは重大な誤りだと思う［と彼は続けている］。(1973：20)

これらの普遍的な質問（生命の起源について，宇宙の大きさについて，無限の大きさについて，そして死の本質について）は，いつも子どもの心にふと浮かび，そしてマルセルのように，人はそれらの質問に対して，それを先送りすることを受け入れなければならないだろうが，しかしある日自分の回答を持つように定められていると私は思う。しかし私はまた，われわれそれぞれが，私の患者の空想のような，われわれの内的世界の意識的な派生物によって，とらえられているという普遍的な体験を共有しており，そのような内的世界の体験によってわれわれは自らの自己に興味を見出すのであろうとも思っている。このような心的興味について理解することもまた先送りしなければならないだろうが，しかしそれぞれの子どもは，それによって自らの中に大切な洞察を蓄えることになるのである。

実際には，そのような瞬間を先送りできなかった場合には，われわれはそれをそれ自体憂慮すべきことと見なすのであるが，それはたとえば，子どもが6歳か7歳の頃に，長い期間をかけて自己分析することによって，自分のイディオムの謎の1つを解決しようと決心したときなどである。そのときそれは，子どもが自己を犠牲にして心を過剰に特別扱いすることになり，そしてそれが心のスキゾイド状態を導き，心は異常な備給と興味の対象となるかもしれない。それにもかかわらず，われわれがそこで目の当たりにするのは，注意深さ（mindfulness），無関心さ（mindlessness），そして思考の対象として客体化された心（mind objectified as an object）が，次々と生起す

訳注1）　Marcel Gabriel（1889―1973）：フランスのキリスト教実存主義者。自己と身体の問題をテーマに研究した。『存在と所有』は代表作の1つ。

るリズムであり，そのとき子どもは次々と，時にはたくさんの観念で充満するがその充満について思考することがなく，また時には何かにとても没頭するあまりに自分が心をもっていることにすら気づかず，そしてまたある時には，心に浮かぶことについて何かとても一心に考えていたり，究極の場合には，自分の心について考えていたり，心が思考の興味を満たす方法について考えていたりする。

精神分析は，人生の生き生きとした無形のものについて扱い，そしてわれわれの言語が示すように，見えないものを目に見えるように（つまり言語それ自体に）するという，骨の折れる仕事を取り扱う。たしかに，いったいどのようにして心と自己を区別することができるのかと不思議に思う人もいるだろう。しかし，それについては患者が分析家を導いてくれる。つまり，患者ははっきり考えることはできるが，しかし自己の感覚はないなどと言うかもしれない。それゆえ，分析家は患者とともに自己について一緒に考えることになる。あるいは，患者は「自分の心を失いそうだ」と言うが，しかし時にはそういった喪失が患者には自己を喪失しているとは感じられない場合もある。このような点からみると，心と自己を区別することは，内的体験に忠実なことのように思えるのである。

しかし，そもそも考えることに至る思考と，想定される思考の対象とを，いったいどのように区別することができるのだろうか。そのどちらもが精神的なものであり，また心に由来するものではないのだろうか。

今自己と心を考えるとき，すなわち現象論的には協力している二者について考えるとき，われわれはそのそれぞれをどのように思い描くのだろうか。自己とは，人生の複雑さに遭遇するときの，無垢であり，体験に対して開かれた本質的に純真な瞬間である。生きている体験は，終りのない思考を喚起し，心的内容が心をよぎるだけではなく，心は思考の結果を示すためにわれわれが使う領域ともなる。しかし，考えることは，自己の純潔さを消し去りはしない。夢体験のなかの自己は常に無垢であり，自分が何処にいるかを知らず，次に何が起こるかも予見しない。そして大人としての生活を送るようになるまでに，われわれは何千もの夢を見るが，夢のなかの自己は無垢のままに残る。自己は夢見る途中で立ち止まり，「ああ，そうだよ，これは夢です。私はこの体験を知っている。これが中断によって終ることも知っている」とは言わないし，そのつどに無垢のままなのである。

自己は，本質的に盲目であり，受け止めてそして驚くという連続的な状態をその機能として受け入れているのかもしれない。

それに対して，心は，存在の特別な在り方と考えられ，人生において遭遇する数多くの他者の現実（すなわち自己でないもの）の加工の工程として，またはその貯蔵場所として，無垢なるものによって客体化される。それが内的に客体化されるのは，湧き上がってくる思考を内省するという内なる視点，そのような観点を許すような永久の純真さ（あるいは開放性）をその個人の一部が維持しているという，まさにその理由からなのである。だから，精神の出来事は二重となるのである。つまり，無意識的な関心やそこから広がるもの（散種）から派生した「意識の流れ」のなかでは，観念は当然のことのようにしばしば見過ごされ，再考されることはない。そして二つ目の出来事として，「思考というもの」が起こってきて，そして再び思考するのである。そしてそのとき，さて今度は，いったい誰が考えていることになるのであろうか。

機能という議会からの代表者，無垢という選挙区からの代表者は，矢継ぎ早に質問する。「あれはいったい何だったのか？」「あれは繰り返されるのか？」「いったいどういう意味なのか？」そして他の代表者たちも，集まって話し出す。

もちろん，今言ったことはすべて心の中で起こることであり，また心の機能のひとつである。そしてそうであるがゆえに，自己は心の一部であり，開かれた広く受け入れる部分であり，それは考えを抱くことの喜びを確信するためには，深く欠かすことができないものである。それは驚きのようでもあり，成就のようでもある。

人間の体験を徐々に明らかにされてくる発見の連続としてみるとしても，それはわれわれの中にある素朴な自己あるいは無垢なるもののための，小さいがしかし重要な場所を決して失うことはない。これは，言うなれば，われわれの中に存在する子どもである。その**純情娘**は，出来事が目前に現れるかそれが起こるまでは，それについては何も知らない。いくつかの点では，われわれはいつでもわれわれの心の前では子どもであり，深く神秘的で人を動かさずにはおれないような心的内容に，絶えず永遠に見舞われるのである。そして，それは昼夜を問わず，毎日やってくるのである。

第8章
心の干渉

我思う，ゆえに我あり。

（デカルト）

何かが私を思っている。私はどこにあるのだろう。

（ヘルムート）

ヘルムートはベッドに横になっている。朝の8時30分のことである。夜の間，少しずつは眠っていたけれど，彼の心は一晩中休みなく駆けめぐっていた。何について考え続けていたのか，はっきりと思い出すのは難しかったが，しかし兄と交わした会話について考え込んでいたことだけは，思い起こすことができた。兄は彼に，アイスクリーム売りの商売を始めたらどうかと，熱心に勧めてくれたのだった。彼は兄との会話を何回も思い起こしていた。彼は想像してみた。ライセンスを申請して，バンを捜して，アイスクリームの製造について研究して，それは簡単なものだろう，でもまあ……，実際のところ彼は何も知らないのだった。兄の愛情といらだちについてはよくわかっていた。その兄の顔つきが彼につきまとって離れなかった。しかしいったいどこでバンを見つけてくればいいのだろう。どこでアイスクリームは製造されているのだろう。自分がアイスクリーム売りのバンに座っているのを見たら，友達はどう思うだろうか。多分，バンに座るという商売のその部分は，人を雇うべきだろう。商売の準備を全部して，それから誰かを雇えばいいのだ。しかしそうしたとしたら，どうやってこの商売の本当の側面を知ることができるだろう。もしも新しい商売を始めるとしても，上から物を言っていたのでは成功はおぼつかないだろうということは，彼にはわかっていた。たたき上げの経験が必要なのだ。それから気がつくと，彼はバンの色について考え始めていた。白地にそれを取り巻くように青のラインはどうだろう。それとも青地に白のラインか。それでお客さんはうまくアイスクリームを連想してくれるだろうか。たぶん，赤地に白の文字がいいのかもしれない。何と書けばいいのだろう。アイスクリーム会社の名前は何にすればいいのだろう。ヘルムート・アイスか。フレーバー・バンか。それともアイスクリーム・バンか。

お客さんはどう思うだろう。彼は，ありとあらゆる種類の人間が皆，その名前に違った反応をするのを想像した。そんなことを考えているうちに彼はだんだんとくたびれ果ててきて，たぶんアイスクリーム・ビジネスは自分向きの商売ではないだろうと思い始めていた。その商売について彼は何を知っているのか。何も。まったく何も。それにこの業界はマフィアが仕切っていて，金を合法的なものに見せかけるために使っているというのをどこかで読んだことがある。もしも彼がマフィアの縄張りに踏み込んだとしたら，彼らはいったい自分をどうするだろう。彼のアイスクリーム・バンがマフィアに襲撃されるシーンが，次から次へと彼の頭に浮かんできた。マフィアは彼の家まで追いかけてくるだろう。彼を殺そうとするだろう。家族にも脅しをかけたり，襲ったりするだろう。

夜はふけていった。

ほかの仕事はどうだろうかと彼は考えはじめた。ウインタースポーツに限定して，スポーツ用品店を開くのはどうだろう。フランス，スイス，イタリアの山に住んでいる友達がいるし，それにずっと以前には，彼はスキーが好きだった。ロンドンに店を開いて，フランスとスイスとイタリアのそれぞれの国に店を持つこともできるだろう。友達もその商売を手伝ってくれるかもしれない。この商売を始めるにはどれくらいの資金が要るのだろうか。おそらく7万5千ポンドくらいか。それから彼は友達がそれぞれどれくらい投資してくれるか，してくれそうかを考えはじめた。それぞれの友達と過ごした体験を思い起こして，最近一緒に過ごしたときのことを思い起こした。ちょっと問題があった。ちょっとしたもめごとになったのだ。気がかりな出来事だ。

彼はある友達の元のガールフレンドとデートしたのだったが，彼は大丈夫だろうと言ってくれたのだけれど，もちろんそうはならなかった。その元ガールフレンドは，元のボーイフレンドのところに戻ってしまって，今では結婚相手として考えている。それから彼の考えはさまよい出し，最近の交友のことを考えて，あれやこれやの出来事に思いをめぐらせた。苦痛な考えがあれこれと心に浮かぶ度に，彼はベッドのなかでのたうち回った。商売のことがまた心に舞い戻ってきて，スポーツ店について彼は考えだした。でも，と彼は考えた。そんな商売をするにはスポーツマンタイプでなければならないだろう。でも彼はまったくそうではなかった。本当のところ彼は人が好きではなかった。というか，人が好きではないと思っていた。店にたまたま立ち寄った見ず知らずの人に，どうやって話しかければいいのだろう。いずれにしても，スポーツ用品のことについていったい何を知っているのだろう。それを仕入れるのにどこへ行けばいいのだろう。アルプスで数週間過ごして，いろいろと店を見てまわったらどうだろうと，彼は想像した。いい考えだ。その店においてあるものや，その店にないものがわかるかもしれない。でも何がおいてないかが，どうやってわかるのか。それに，もし後で彼が店を開いて商売敵になったとき，彼が何も買わないで店をうろつきまわっていたことを思い出したら，店の人たちはどう思うだろうか。そうとすれば，それぞれの店で何がしか買っておいたほうがいいだろう。ということは，大きな車，四輪駆動のバンみたいなものを借りておかなければいけないだろう。でも，買ったものをそれからどうすればいいのだろう。

時計は真夜中過ぎを刻み，彼は考え疲れてますます消耗していった。1つの仕事からまた次の仕事へと，彼の考えは次々と移っていった。旅行会社から地域のレクリエーション施設の商売へと。ただ絵を描いたり陶器を焼いたりする落ちこぼれの人生から，商売をしようとする人たちを集めて働かせる仲介業へと。この夜もいつもの夜と変りはなかった。彼はむなしく眠りにつくのが怖くて，1時か2時まで起きていた。たとえ10分か20分ほど眠りに落ちたとしても，またすぐに目が覚めて，この終りのない思案の旅が始まることが彼にはわかっていた。そうなんだ，と彼は思った。いつもだいたい朝方の6時ごろには眠りに落ちて，2，3時間は眠るけれど，でもそれから目が覚めて，何とかして眠りに戻る方法を探し出そうとして，別の戦いが続くのである。彼は，あれやこれやの方策を試してみる。女のことを考えてみたり，休暇の旅行先のことを考えてみたり，最近あった楽しい出来事を思い返してみたり，目をぎゅっと閉じてみて，それで眠りにつこうと試してみたり。しかし，どれも効果はなかった。

9時から正午までの間，彼はベッドに横になり考え続けている。それはいつも同じで，こんなふうな具合である。

なんてこった，すっかり目が覚めてしまった。もう眠れやしない。

じゃあ，そろそろ起きようか。

でもどうして。

仕事に行かなきゃならんだろう。

仕事に行きたくないなあ。

それは良くない態度だぞ。

でも起きたって無駄だ。仕事なんてしてないんだから。

それはおまえがしようとしないからだ。

わかった。しようとしないからだよ。たぶん起きて何かするべきだろう……。

そう。いい調子だ。さあ，その調子で。起きて，取りかかるんだ。

でもなあ。

どうした。やれるはずだ。

やれるとは思うんだけど。

さあ行くんだ。元気を出して。

でも。

でも，なんだ。さあ行くんだ。くよくよしてないで。

でも行ってどうなるというんだ。事務所に行くだけのことさ。自動車のセールスは鼻持ちならない。兄貴も借金を背負うだけさ。

商売はそんなに簡単じゃない。でも誰かがやって車を売らなきゃならない。おまえがやったっていいだろう。

俺は働けない。ただ座って窓の外を眺めているだけさ。電話にも出ない。人を避けているんだ。胃のあたりが気持ち悪いんだ。

哀れな奴だ。まったくもって哀れな奴だよ。こうやってベッドに寝たままで，自分のことを気の毒がっているだけで，まったく無駄にすごしていて，外に出て働こうともしない。

俺は哀れな奴さ。そのとおりさ。でも生きていて何のためになる。

おい，おい。自殺でもしようっていうのかい。

いけないか。

ベッドから出れなくて，働く気がしなくって，それで自殺でもしようっていうのかい。

皆，喜ぶことだろうよ。

そのとおりさ。親父も，兄たちも，友達も。皆大喜びするだろうよ。

いいや。でもじきに忘れてしまうだろう。

察しがいいことだ。

自殺したほうがいい。

まったく。まあそれにしても，自殺する勇気もないくせに。で，いったいどうやって自殺しようってんだい。

さあ，橋の上から飛び降りるか。でも，やってみたとしても……，ああ，水の中に落ちたときには，多分まだ生きているだろうし，半分死にかけながら冷たい水の中を流されていくなんて情けないことは嫌だし。ああ……。

死ぬ気はないんだな。

それとも薬を飲むか。たくさん薬を飲んで，やってみて……。でも，自分のアパートではだめだ。兄貴にショックを与えたくないし。ホテルへ行くか。でも掃除婦に見つかってしまったら……。車の中のほうがいいか。

（こんな台本が延々と続く）

よしわかった。自殺するつもりはないさ。やれやれ，仕事に行ったほうがいいだろう。

おい，午前中をほとんど無駄に過ごしてしまったぞ。くそっ，仕事に行くんだ。起きて，シャワーを浴びるんだ。

もちろん，そうするとも。

さっさとやるんだ。

10数えて，それから始めよう。1，2，3，4，5，6，7，8，9，10。

さて。

やっぱりできない。

できないって，何が。

ベッドから**自分を起き上がらせる**ことができないんだ。たぶん兄貴が電話をよこすだろう。それからベッドを抜け出せばいいんだ。そうだ，兄貴が電話をかけてくれるのを待とう。

なんて情けない奴なんだ，おまえは。それで商売を始めようっていうのかい。ベッドから抜け出すことさえできないんだぜ。心配してやる値打ちもない奴だ。勝手にそうして，糞にまみれて寝ていろ。

でも，何をすればいいっていうんだい。

起きろ！

すごく落ち込んでいるんだ！

何もしないから落ち込むんだ！

いいや。落ち込んでいるから何もできないんだ。

ついに彼は起き出すが，どうしてその動作ができたのか，彼にもはっきりとはわからない。彼は疲れ果てている。起き出してまず最初にしたことは，鏡に映った自分の姿をまじまじと眺めることだった。そして数分の間，自分がどんなにひどい姿であるか，また自問が続くのだった。昨日よりひどい？　まだまし？　ますます悪くなっているサインはないだろうか？　ひどい状態だから家にいるほうがいいのではないか？　人を不快にさせないだろうか？　それがまだまだ続く。シャワーを浴びている途中で，いつものように，彼は泣く。彼は呼びかける。「父なる神よ，我を救い給え。」そうしているうちに，彼は訳がわからなくなってしまう。しかし，そうこうして汚れを洗い流した後，彼はタオルで体を拭き，コーヒーを入れ，そして食べ物をひとかじりする。

それからまた，どうしたものだろうと，15分から2時間ばかり，心の戦いが続く。父親と兄に電話をして（2人は中古車販売会社を経営していて，彼はそこで働いている），気分が悪いので仕事に行けないと伝えるべきだろうか。それとも思い切って仕事に立ち向かっていくべきだろうか。この仕事をやる値打ちが自分にはあるのだろうかと，それからまた新たな自問が長く続く。彼が仕事場に顔を出しても，それはたいがい昼頃だが，自分の事務所に引きこもり，自分の値打ちや，いったい車を売ることができるかどうかといったことに思い悩んで，1日を過ごすのである。

彼のことをまだ説明していなかった。

彼は35歳である。背が高くて，金髪で，嫉妬深く怠惰な目をしており，かなりハンサムである。カトリックだが，信仰に熱心ではない。思春期の中頃から以降，3回の入院治療を受けている。16歳のときに，彼はショッピングモールで歌い出して，逮捕された。彼がドラッグでハイになっていただけなのか（彼は10代のときから20代にかけて薬をやっていた），それとももうすでに狂っていたのかは定かではない。彼は3カ月で退院を許された。20代の初めの頃に，彼はまた具合が悪くなったが，そのときは高揚した気分は伴っておらず，明らかにある種のうつ状態であった。彼の最後の入院は，私が出会う2年ほど前のことで，もっと予防的な意味での入院であった。彼の家庭医や父親や2人の兄や司祭らはみな，彼がまた限界の状態にきていると考えて，彼を保護しようという気持ちから，1週間，私立病院に入院させたのである。その後，彼はいくぶん良くなったかと思われた。

彼の家族は，私が彼に出会う数週間前にもう一度集まった。父親は彼に関して第六感のようなものをもっていた。父親はヘルムートがおかしくなりそうなのが，かなり確実にわかるようだった。それで父親はヘルムートを連れて家庭医に会いに行ったのである。彼らは，今回ヘルムートをどのように扱うかを，穏やかに，うちとけた雰囲気で話し合った。入院治療がおそらくよさそうに思われた。しかし，経験に富み思慮深い家庭医はこの意見にあまり満足がいかず，父親とかなりのやりとりを交わした後，精神療法をやってみることで同意が得られた。家庭医はこの患者に決して薬物療法を行おうとはしなかった。それは家庭医が薬物療法をすることを嫌っていたからではない。むしろなんとなく，ヘルムートが一度薬物療法を始めると生涯薬物に頼る種類の人間のように思われたからであり，いずれにしても薬物療法がヘルムートの役に立つという確信がなかったからである。病院に入院していたときにも，薬物療法からはそれほどの効果が得られていなかった。こうして家庭医が患者を紹介してきたのだが，その際ヘルムートが分析不可能であることはまず間違いないと述べて，彼を精神分析の適応としては紹介してこなかった。家庭医は，ヘルムートが精神療法で最小限の自己洞察を得て，その結果再入院しなくてすむようになり，できれば自分の人生の生き方を見つけて，何らかの再出発か人生のてこ入れができないものかと期待したのであった。

ヘルムートが最初のセッションに現れたときに私が目にしたのは，大人というよりもむしろ傷つきやすい子どものように見える人物であった。ヘルムートはセッションの間じゅう作り笑いのような笑みを絶えず浮かべていて，できるだけいい表情を作ろうと努めていた。しかしまた同時に，明らかに彼は不安そうであり，ほとんど意識朦朧とするほどに抑うつ的であった。そして私が彼にそう伝えたとき，私が彼の感情状態を正確に言い当てたことによって（彼はそれを認めたのだが），彼はより混乱したようにも見えた。私が彼にセッションに来ることについてどう感じるかときくと，彼はこれまですべてに失敗してきたので，なんでもやってみようと思っていると言った。しかし私が沈黙していると，彼は私に何か質問してもらえないだろうかと尋ねるのである。彼にはその方がやりやすいのであった。彼は精神分析はどんなつづりなのかと聞き，それからそれは何なのかと聞いた。私は私がどのような仕事をするのかを説明して，また沈黙した。それからヘルムートは，彼もまたそうやって私に自分のことを話してみると言った。

彼は自分の問題である睡眠のことや，1日中彼が考えていることについて説明した。それを私がうまく表現しようと試みたのが，前述した描写である。彼は時たま中古車売り場に姿を見せたが，たいがいは家にこもっていた。彼はここ数年の間にやってみたいくつかの片手間の仕事のことも述べた。小型船舶の販売，女性用の防犯ベル，クレジットカードの安全保護システム。しかしそのどれもが熱の入らないやり方であり，彼に残されたものは結局6万ポンドの損失だけであった。

私は週に2回の精神療法で7カ月の間彼を診た。どの回のセッションもまったく似たようなものだった。彼は長々と仕事上での，あるいは家での，麻痺したような状態について報告した。仕事ができない状態であることを説明するときに，彼は批判的で中傷的な言い方で自分のことを語った。私は，そんな批判的な声があると何をやり遂げることも困難だろうから，仕事をするのが彼にとって，なぜそんなにたいへんなのかがわかるように思うと彼に言った。彼はそんな私を諭して，仕事ができないのは心の中の声とは関係ないだろう，仮にそんなものがいくらか助けになるとしても，むしろ仕事ができないのは，自分の性格に何か欠陥があるからだろうと言った。つまり彼は，自分の内部から出てくる完璧に道理にかなった促しに応えることができないのであった。彼は精神療法には失望したと言った。というのは，彼が何をすればいいのかを私が教えてくれて，彼の側に立って同じことをしてくれるものと期待していたからである。しかし私はそうしなかったので，彼はそれに困っていた。私は時間のほとんどを沈黙していたのだが，彼にとってそれは時間の浪費であった。彼が必要としていたのは，難しい質問であり，私の専門家としての専門知識であった。「なぜX先生が私をあなたに紹介したのかわからないけれど，あなたが専門家だからということだと思う。それで私は来ているのだけれど，ここでやっていることがちっとも理解できないのです。」

私が彼の気持ちを肯定したので，彼はとまどった。彼は少なくとも1つのことにだけは確信を持っているようであると，私は言った。その1つのこととは，彼が私と一緒にいて居心地がよくないと感じていて，精神療法は役に立たないだろうと思っているということだった。このことが，彼が唯一まぎれもなく自分で感じることのできているものであろうと，私は指摘した。彼は私の言葉にユーモアを感じ取って，それならば，自分が何かに確信を持てるようになるという点で，精神療法が役に立っていることがわかったと言った。それから数週間の間，彼は精神療法の構造の枠の**外側で**，私に話しかけ始めた。彼は自分の人生について私と話そうとし，いまや精神療法は失敗に終ったという仮定のもとで，次に自分に何ができるかを話し合うべきだと決めてかかっていた。6カ月の間は精神療法に専念すると家庭医に約束したのでと，彼は私に会い続けた。そして彼は，私の言い方で言えば，その「刑の宣告」を全うしたのである。

初めてのセッションで彼は，母親は彼がまだ赤ん坊のときに亡くなったと語った。いくつの時だったかわからないけれど，2歳よりは前だと思うと言った。彼はまた，母親の死はたいしたことではないと思うし，もちろん母親のことは覚えていないし，それどころか子ども時代のこともあまり覚えていないと言った。記憶は思春期になって始まっているようだった。

しかし，数カ月が過ぎて試しの期間が終ったとき，ヘルムートはもうしばらくの間精神療法に留まる決心をした。それにはいくつかの理由があった。彼の内的な精神生活の長くて死ぬほど退屈な描写を聞きながら，私は，いつもそんなふうに命令する心がいるのだから，彼が敗北したように感じるのはよくわかると，繰り返し告げていた。あるセッションで，もしも絶えず心の声に是認されていなければ，自分は何もしないだろうと彼が私に告げたとき，私は言った。「本当にそうかな。もしも君が自分に何かするように命令しなければ，本当に何もしないでいるかな。ただそこにずっと座っているかな。」そうですと彼は言った。きっとそうなるだろうと彼は信じていた。ずっと長い間。ずっとずっと長い間。でもどれくらい長くそうしていられるだろうかと，私は思った。２時間，10時間，１日，２日，１週間，それとも１カ月。彼はこの質問にとまどった。彼が自分自身を絶えず突っつかない限り，動力源の切れたでくのぼうみたいに動けないでいるだろうという強い信念をもって生きているようだけれど，個人的には，そんなことは不可能だと思うと私は言った。もしも彼が自分をそのままにしていたなら，そのうち何かしているのに気づいて驚くよ。賭けてもいいと私は請け合った。でも何をしているのかと，彼は知りたがった。わかるはずはないよと，私は言った。そんなことあらかじめ考えられないだろ。ただ自然にそうしているだけさ。でもそれで彼と賭けをするならば，私のほうにも２つだけ条件があった。私の側から言えば，もしも私にも平等なチャンスが与えられるならば，私も彼から２つのとても単純な約束をしてもらう必要があると，私は言った（彼は山ほどの要求を自分に課していたので，この２つの単純な約束というのは，驚くほど理にかなった要求と受け止められたようであった）。まず，好むと好まざるに関わらず，精神療法にはきちんと毎回来て欲しい。それから，気が進もうと進まなかろうと，仕事場には顔を出して欲しいと，私は告げた。それで全部だった。

でも何時に仕事場に行けばいいのかと，彼は知りたがった。それはどうでも良いことだと，私は言った。いつでもいい。でも，１週間のあいだ毎日顔は出さなければいけない（彼は働きもせずじっと家にいて，たぶん週に一度くらい姿を現し，時には2，3週間も姿を見せないこともあった)。でも何もしないのにどうして仕事場に行かなければならないのか。もちろん，これは賭けだからだと，私は言った。彼がしたくてもしたくなくても，何かをし始めるだろうと私は勝手に思っている。でもそれをするためには，彼は仕事場にいなければならない。同じことが精神療法についてもいえる。彼はセッションを時々休み始めていて，1週間まるまる休んだりするので，私は彼にセッションには来なければならないと告げた。もしうまくいかないとしたら，何がよくないんだろうと彼は質問した。もし彼がそこにいなければ，何事も始まらないということだと私は言った。そしてとにもかくにも，彼はこの賭けに乗ってきた。

そして何週間かが過ぎた。彼自身もたいへん驚いたことに，実際，私が賭けに勝ちそうだということが判明した。彼がなんとなく仕事場に出て，机の前に座って，しかし何もしないで，電話が鳴っても出ず，手紙が来ても封を開けず，ただ窓の外を眺めるだけで1日が過ぎても，でもそんな日は2日と続かず，いつのまにか彼は何かをしているのだった。彼は中古車置き場までふらりと出ていって，突然お客さんに近づいていき，車の話をしていた。あるいはオークションに出ていって，競売を見ていたりしていた。競売は不安が高まるので，彼は競売に参加してはいなかったが，しかし見に行くたびに彼は少しずつ勉強し，どうやって皆が値踏みをするのかを学んでいった。

数週間が過ぎ数カ月になるころ，私がしつこく繰り返すある特定の解釈が有効であることに，彼は気がついてきた。彼が自分で自分に課す非難に入り込もうとするたびに，私は彼に次のように言うのだった。そんな脅し（その脅しを私は，「鬼曹長」自己と常々呼んでいた）を聞かされたら，何もできないでくのぼうの役立たずみたいになってしまうのに何の不思議もないよ。「まあ聞いてくれ。」私は一度こう言ったこともある。「もしも私が君みたいな心の状態だったら，私だって何もできないよ！」彼は即座に，しかし最終的にはそういうことはだんだん少なくなってきたのだが，「でも何をすればいいの」と言い返すのであったが，それに対して私は，「何も」と答えるのだった。何もというのはつまり，そんな内的な干渉に対する反応としては何もしないということであり，そのような内的な干渉によって彼は麻痺させられているのであり，そして逆説的に（というのはその心の声は彼に行動をとらせようとする目的のものであるからだが），かえって彼は行動がとれなくなるからであった。だから，ただ自分が何をするのか見てみたらいいと，私は勧めた。そして数カ月の間に，彼がしたことはかなりのものであった。そして折々に，彼はセッションのなかで彼のしたことを報告し，時には，それが何かの結果を生み，車が売れたり，車の新たな仕入先が見つかったりするのだった。

この点に関して，私たちにわかってきたことは，ヘルムートの心は軍隊式の号令で充満していて，その心が彼の自己といかに調和していないかということであった。転移と逆転移という概念を精神内界の領域に当てはめるならば，非共感的で，思慮のない，押しつけがましい他者のように彼に働きかける心が，彼の心の残りの部分を，不活発で，脆弱で，悲嘆に暮れがちで，そして完全に誤解された状態にしてしまうのであった。そのような心の分裂した活動に対する彼の反応は，その声の前で虚脱状態となることであった。しかし，だんだんとわかってきたことは，彼の心が彼に命令するものを実行するのを拒絶することで，実は彼はその命令と闘っているのだということであった。しかしそのような受身的な抵抗はまったく無意識のものであったので，彼は時間をかけて徐々に，自分の心の一部分がこっそりと，「ばかやろう」と鬼曹長に言い返していることに気づいていったのであった。私は一度こう言った。「いいかい。君がなぜベッドに寝たままでいるのかがわかったよ。それは言ってみれば反抗的な植物が，命令をする君の心に『ばかやろう。こんなまったくの役立たずに命令したって何になる』と言っているようなものだね。」

この領域での作業は，私が思うには，彼と私との意見の違いに私がよく注意を払うことでさらに促進された。解釈したりコメントしたりした後で，彼がそれに疑いを抱いている様子が見えたら，彼の意見は違うように思えると私は彼に言うことにしていた。もっと有り体に言えば，私はしばしば「ああそう，君は私の意見をまた分析的な御託を並べてると思っているんだな，ええっ」と言い，彼はそれに同意し，最後には私のこのもっと生産的で批判的な発言を引き継ぐのであった。実際，彼の意見の相違はしばしば鋭く正確で，驚くほど有益であり，批判的な要素とその批判の対象との間でのより建設的な対話へと導かれるのであった。私たちはこのような瞬間を何とか楽しむことができて，そして意見の相違を楽しむことがゆっくりと，本当にゆっくりと，彼の精神内的生活に内在化されていき，その結果，彼の自己と心との間に起こる戦闘は対等な戦いとなり，時には愉快に感じることのできるものにさえなっていったのである。

最終的には，私は彼がどの程度洞察的になれるのかを疑いながらも，彼は精神分析を利用できるのではないかと思い始めていた。その根拠はかなり単純である。治療が始まって最初の1年が終るころ，彼のうつ病のたいへん重要な別の次元が私にわかってきた。彼の無力な状態とは，欲求の持続した状況であり，私の見解では，彼は無意識的に母親的な人物が彼を助けに来て，面倒を見てくれることを求めているのであった。そのような人物は今まで父親であり，実際父親は，彼を助けに来て，お金をくれたり，したくなければ働かなくてもいいと言ってくれたり，いろいろと彼のことを心配してくれたりした。私がヘルムートに言ったのは，私の見解では，彼の崩壊した自己は乳児か小さい子どものように母親の助けを求めていて，それを彼は一部分父親から得ているのだということであった。彼はそれゆえ彼の心に対して武装しなければならない。というのは，この心は，彼が求めているものが世話や思いやりであるときに，彼の側に独立心ややる気を出すことを要求するからであった。

ヘルムートは私のコメントを黙って礼儀正しく聞いていたが，しかし私が彼に，この「精神分析的な見解」にどう応じたらいいかわからないようだねと言ったときに，明らかにほっとした様子であった。私が彼に，もっと精神分析的にやってみないかと勧めたときに，驚いて信じられないといったふうであったのが彼の最初の受け止め方であったが，しかしわれわれのこれまでの作業から得られたある種の手応えが，私の精神分析の勧めの根拠となっていたのである。

何カ月もの間，私は彼の母親の死について疑問に感じてきた。それについて彼は明らかに，それは何も関係のないことであり，精神分析的に意味のないことだと考えていた。しかし家族の誰もが，母親がどのようにして亡くなったのか知らなかったし，誰もそれについて語ろうともしなかった。私に知性があるものといやいやながらも認めてくれたのか，彼は叔母の1人に彼の母親の死について尋ねてみたが，叔母の答えは，誰か他の家族に聞いてみてくれというものであった。彼はこの出来事を2通りの意味に受け止めた。このことは母親の死が重要ではなく，話すに足りるような出来事ではないという彼の意見を裏づける出来事であったが，しかし同時に彼は，母の死について叔母が言いたくないことがあって，彼に話したくないと言うならば，それはちょっと奇妙な事だという私の意見に同意してもいた。ヘルムートが洞察的な人間ではなく，さらには彼が日々の出来事をそれがどういう意味があるのかを気にも留めることなく淡々と語る人物であるということを鑑みて，私としては何か少しでも彼の興味を引くことであれば，たとえそれが実にまったくくだらないこじつけであると彼が考えるにしても，時折ちょっとした面白い考えをひねり出すのを私の機能として引受けていたのである。当初，何かにちょっとでも興味をもつこと，物事を調べる権利を人は持つものだと信じることは，それ自体，彼にとって目新しいことであった。

とりわけたいへんであった夏休みの休暇の後，彼はついに精神分析を始めることに同意した。その休暇の間，彼は家族とアイルランドの西海岸で過ごし，そこで流感のようなものに罹って寝込んでしまったのであった。ところが父親と兄たちは彼の世話をしなかったどころか，2週間もの間山登りに出かけてしまって，その間に彼は高熱を出し，入院しなければならなかったのである。その入院の間に，彼は「真実を見た」ように感じ，これまで誰も自分のことを気にかけてくれなかった，自分はいつも心底一人ぼっちだったという「事実」としてそれを受け止めたのである。この啓示は，かなりの気分の高揚のなかで起こった。この深い洞察は彼に衝撃を与え，病院を出てから，彼はとてつもなく高価な車を借りて，ヨーロッパ中を旅してまわり，モンテカルロでカジノをし，2万5千ポンドをすってしまった。10月の半ばまでには，彼はこの躁状態を非特異的な疾患に身体化し，それは4カ月続いた。彼はやがてある種のうつ状態の中に落ち着いたが，しかしその夏の発見はいまだ彼に付きまとっていた。

夏休みに入る前から，彼は精神分析を受ける必要があると私は口にしていたのだが，当初は彼はそれに同意しなかった。しかし，この夏の出来事と，秋に入っての抑うつのため，彼はたぶんもっと集中的な治療を受ける必要があるのだろうと思ったようである。一見偶然の一致のように，たまたまその頃から彼は母親とその死のことを探り出し始めていた。父親は，母親は喘息の発作で死んだのだと言って，彼の気を何とか逸らそうとしたが，しかし私が精神分析を勧めてヘルムートがそれを父親に告げたときに，これは今こそ真実を告げるときかもしれぬと父親は心を決めたかのようであった。精神分析を受ける手はずを整えるべく相談するという表向きの理由で父親のところを訪れたとき，ヘルムートの父親は息子を迎えて，精神分析を受けることを支援しようと言ったが，しかしまだ何か彼に話したいことがあるようだった。父親は書斎のほうに姿を消し，1通の封筒を持って戻ってきた。父親はその手紙をヘルムートに読むように言い，そして父親は涙を流し始め，ヘルムートはそのあとの20分間を母親の遺書を読み，さらに繰り返し読むことに費やした。父親はヘルムートに次のように語った。母親はたいへん傷つきやすい女性で，何度か精神的な不調を起こしており，それに対して父親はどうしたらよいのかわからなかった。振り返ってみると，母親を一人ぼっちにしすぎていたことや，母親に何らかの手だてを講ずるべきだったのだろうということはわかっていたが，母親が自殺をしたその週は母親が病院から退院して戻ってきたばかりで，父親は他の方法を捜そうと心に決めて，母親を置いて仕事に出かけたときのことだったのである。母親が自殺したのはヘルムートが生後19カ月のことであった。ヘルムートの長兄は9歳であった。この兄も次の兄（その時5歳であった）も母親の死についてはこれまで話し合ったことがなく，そのことに話が及ぶと，母親は急性の喘息発作で亡くなったのだと解釈していた。

この出来事の数カ月前に，私はヘルムートに，家族が誰も母親について話そうとしたがらないのは，母親の死が自然死ではないからなのかもしれないと私には思えると告げていた。あるときには実際，母親は自殺したのかもしれない（もちろん，私にはわからないことだが）と言っていた。それで母親の死が自殺であったことをヘルムートが父親から聞かされたときに，そのことで彼は私の奇妙な思いつきにも，いくらかの真実が含まれているということを信じ始めたようであった。彼が自分で思考して自分自身に与えるアドバイスが役に立たないことを考えてみれば，彼が私の心も含めて，人の心の思考にとりわけ敏感ではないことは十分に理解できると，私は彼に告げた。どうやってあなたはその考えに辿り着いたのかと，彼は訝しがって聞いてきた。それはいわば**感じ**だねと，私は言った。その感じがどこから来たかというと，家族の誰もがそのことについて語らなかったという事実があるし，彼が母親のことはまったく重要ではないと否定することでそれを伝えていたということもあると，私は言った。そのような感じは生活の中のある種の事実から導かれるが，しかしそのような確証できない状況から得られる感じというものは，たとえば彼自身の探求から得られた感じがそうであるように，もしかすると誤りに導く可能性もあると，私はていねいに説明した。この時から彼は私の心にだんだんと敬意を払うようになってきた。というのは，私の心の考えはこれまでいくつかの場面で役に立つことがあったし，私が感じに頼っているとしても，その考えを確かめるうえで単なる勘以上のものを私が必要としていることを，彼はわかり始めていたからである。そのような働き方をする心に頼ることは，安全であるように彼には感じられてきたのである。

しかし精神分析を開始するのは，容易なことではなかった。精神療法では，彼は私を見ることで，私が興味を持ったり興味を持たなかったりする様を感じ取ることができるように感じていたが，しかしいまや，カウチに横になって，私が何を思っているのか，私が何を感じているのかを，彼はもはや知ることができなかった。精神分析は，綱が解けて波間に揺れる船のように感じられていた。最初の1週間，彼はほとんどパニックに近い様子となり，それを私に伝えてきた。しかし，だからといって，私は彼がそれを補正することができない崖っぷちにいると考えていたわけではなく，むしろ視野に入る対象を失ったことで，彼を手助けする人物の助けが得られないような状態に置かれたように思えていた。私が視野に入らなくなったことに対する彼の反応は母親の喪失を思い起こさせるし，その時，彼には一見誰もいないような状態になっているのだろうと，私は言った。自分には誰もいないような気持ちになっていることを彼は認めはしたが，しかしそれのいったいどこが母親と関係あるのかわからないと付け加えて言った。母親はもう死んでいるし，そのことはそのことだ。それは単純に，私が視野から消えて彼がそれを居心地悪く感じているという事実があるだけのことだと。2週目に入るころには，彼の心はめまぐるしく駆け回った。彼は私に言いたいことが山ほどあって，時間いっぱいしゃべりまくった。私がいなくなることによって生じた隙間を埋めるために，彼が自分の心を使うありさまは興味深く思えると私は言った。彼は同意した。私はそれに答えて，「もちろん，これもまた私のいつものやり方だと君が思うだろうとわかってはいるけれど，でもやっぱり私の連想は，母親が消えたときに君が自分の心を相手役にしたということだ。私たちはそれをまさに今ここで見ているのだと思うよ。」この解釈はいくぶん彼に伝わったようだった。彼は依然として母親の死はずっと前のことで，それが今の彼に影響を与えているはずがないと主張したけれど，彼には私の言っていることの意味がわかっているようだった。これは以前とはずいぶん違う。彼はこのような解釈に，たとえ自分が同意しなかったとしても，そこに意味を見出すやり方を見つけ出したのであり，以前の彼はこのような解釈を分析家の風変わりなやり口としか思わなかったのである。

精神分析作業のこの時期に，私たちは私たちのユーモアのセンスに大いに助けられた。前述したようなつながりを解釈でつけようとすると，彼は私がまた精神分析的になっていると文句を言い，私はそれに答えて，「もちろん」と言ったり，「君を失望させたくはないからだよ」と言ったりした。時には彼が私の解釈を予測することもあり，そんなときには彼におめでとうと言い，そのとおり，私もそう思うと言った。洞察は今やある種の娯楽となっていたが，しかしそれは余計なものではなかった。解釈のコメントをそのつど叩き潰すことで彼はたしかに自分を同等の立場におこうとしていたけれども，その解釈はたしかに彼が私に期待していたものであり，彼が私に求めていたものであった。彼は明らかな期待感をもって材料を提供し，「それで？」と言い，私がどう考えるのかを喜んで聞いていた。彼は，今から思えば，心の喜びを見出していた。

時には，しかしながら，彼は父親のことで不平も言った。彼は父親をとても愛していたのだが，父親は通常，彼のことには通り一遍の関心を示すだけなのであった。彼は父親の愛を疑わなかった。父親の愛はたしかに感じ取れていた。しかし父親はまるで熱を測るようなやり方でしか彼の安否を尋ねることがなかった。明らかに彼の精神状態を伺うように，「大丈夫か？」と父親は尋ねるのであった。ヘルムートが大丈夫そうに答えると，父親はすぐさま聞くのをやめるのだった。父親はそれ以上彼のことを知りたがらなかった。このことで私は，特別役に立つ転移解釈をすることができた。というのは，彼により深い理解をもたらす目的で私がコメントすると，ヘルムートは彼独特のやり方でぶっきらぼうにさえぎるのが常であったからである。たとえば，あるとき私が彼にその夜に夢を見たかどうかを尋ねたとき，彼はそっけない早口で「いや，何も覚えてないよ」と答えたのだった。後でしばらくしてから，父親の彼を切り捨てるようなやり方を描写しながら，「それがどんなに気を挫かせるものかあなたにはわからないでしょう」と彼は言ったので，それに対して私は，父親の声で彼が私にして見せたことを語った。彼はこの解釈に，まったく唖然とした。彼はこの一致を難なく理解して，このやり方を内面の感情や考えを知りたがらない家族の主義へと拡大して結びつけるのには少しも熱心ではなかったが，それが実際事実であることは認めたのである。

何カ月もの間，ヘルムートは彼の苦境がますます深まっているように感じていた。彼は母親のことを考えなかったし，自分の生い立ちのことも考えなかったが，発見されたことは，彼を揺り動かした。彼の兄たちも，父親と同様に，なんであれ洞察というものから自らを切り離していることに，彼はだんだんと気づいてきた。実際，彼がちょっとでも落ち込んだ様子を見せると，パターン化した父親の警戒警報が引き起こされ，そして即座に元気づけが行われることは，私の側にある憶測を呼び起こした。父親は無意識のうちに彼を自殺した母親と結びつけているように，私には思えたのである。私はこう言った。「ねえ，君のお父さんはあまりにも君のことを心配しすぎるように思えるんだけど，たぶん無意識のうちに君とお母さんを関連づけているのだと思うよ。」このコメントからさらに理解が進んだのは，父親や家庭医や家族のほかの人たちが，ヘルムートの安全について抱いている並々ならぬ懸念のことであった。つまり，誰もが彼を母親の死と結びつけていたのである。それとともに分析が可能になったのは，彼が思春期以来抱き続けていた考え，自分が自殺するのではないかという解離された考えについてであった。それを彼は父親や家庭医や受け持ちの精神科医にことあるごとに告げていたが，しかしその考えには何の確信もなかったのである。実際に自殺したいとは思わない，と彼は私に言った。それに，本当の意味で自殺を考えたこともないけれど，でも，そうならないとも限らないだろうと，彼は無邪気な素朴さでそう言った。このことを徹底操作するには時間がかかったけれども，やがて彼は自分が，妻の自殺についての父親の記憶を生きていることを理解するようになっていった。父親は妻の自殺を赤ん坊と結びつけており，ヘルムートは成長するにつれてその記憶に同一化していたのである。

上述したような解釈はうまく働き，ヘルムートにとって，考えること，つまり心の働きによって助けが与えられることの，最初の兆候となった。長年の間，彼自身の心は軍隊式の命令や情け容赦のない裁決でいっぱいになっていて，そして彼は無意識のうちにそれに逆らっていたのであった。彼は際限のない叱責の波の無気力な受け止め手となっていて，しかし徐々に植物状態のような存在となることで，それに反抗していたのである。それに代わって今度は，彼はだんだんと私や分析に依存的になっていった。しかし最初の一年の間は，彼はしばしばセッションに来る道のりの遠さに文句を言ったし，そして週に4回の分析を始めてからは，それが耐えられないし，助けにもならないと感じていた。

たとえば，彼は沈黙についてひっきりなしに不平をこぼしていた。週に4時間も黙って横になっていて，どんないいことがあるのかと彼はしょっちゅう尋ねた。僕らは何をやり遂げようとしているのだろう。時々私は次のように答えるのだった。沈黙していてそれからどうなるのかは私にもわからない。たぶん，何も起こらないかもしれない。何もだって，と彼はがなりたてた。何にもならないのにどうして黙っていることが正しいことになるんだい。そんなことは気に留めていないと，私は彼に言うのだった。というのは，そのうちに何かがやがて自然と彼のなかに浮かんできて，それを私に言うのがわかっているからだ。怒ってというよりもむしろ心配になって，これは実際のところある種の終りの始まりではないかと，本当に心配して彼は私に抗議するのであった。しかしやがて私は，セッションのたびに，彼が右手の指の間に消しゴムを挟んで，押しつぶしたりひねったりしてもてあそんでいるのに気がついた。私はそれについて何も切り出さなかったが，彼のほうが，いつもそうしているんだ（といっても分析に来るとそうするんだけれど），子どものときからそうしているんだと言い出した。私は，そうしていると気が休まるみたいだねと言い，彼もそれに同意した。彼はかなり長い間黙って横になり，消しゴムをもてあそび，そして時折，黙っていても何の役にも立たない，時間を浪費しているだけだと不平を漏らすのであった。私はそれに対して，彼の心配は興味深いことだし，たいへんすまなく思っていると言わねばならなかった。折に触れて，私は彼の考えていることを尋ね，彼は，頭のなかに去来することを報告した。しかし時間が経って，私は初めて窓の外の小鳥のさえずりに耳を傾けていて，ゆったりとした姿勢で，落ち着いて，思いをめぐらせながらいすに座っていることに気づいたときのことを思い出す。私は，彼もまた，前よりはずっといらいらすることなく過ごしているようであることに気がついた。そして彼は，自分に起こった出来事について，自発的に，話し始めていた。その夜に出席する予定の食事会，それについて彼の思うこと，先週パーティで出会った女性，仕事のときの父親の彼の取り扱い方についての感想。彼が遠慮なく話すようになったので，私は時たまもっと詳しい説明を求めたり，連想を求めたりした。時には，私自身の連想をつけ加え，そしてまた折に触れ，解釈も行った。つまるところ，ヘルムートと作業を始めて2年目の終りの頃には，ヘルムートは沈黙を使用することができ――彼の分裂 - 排除した心の侵害的な重さの感じられない強迫観念とは違って――彼にとって重みのある考えが思い浮かんだならばそれを自然と話し始め，そして解釈を聞き入れ，それを使用し始めたのである。

それは次のようにも言えるかもしれない。転移のなかでの退行の微妙な形態をとおして，彼は，感情を整理し，生きている体験を有効に内省するのを手助けするために心を使用する他者に，自分の内的な自己状態をいくぶんか譲り渡したのであった。私の考え方では，これは被分析者による，彼が生まれてから最初の数カ月の間に彼のためにそこにいることのできなかった母親への，象徴的な[原注1)]回帰なのであった。

この時期の精神分析は，その次の段階の困難な作業について理解するために必要な関係性をわれわれにもたらした。彼が私に依存する度合いが増えていくにつれて，突然に辛辣な心の干渉が突発することがしばしば起こってきたが，そのようなときに彼はパニックになり，数限りない行動指針を強要することで自分自身を責め立てるのであった。そうなると彼はますます無力となり，あるセッションでは，もうきっと自分は何もできないし，永遠に失敗のままでいるように思えると言った。それに対して私は，彼のなかには小さな子どもがいて，その子どもは見方によれば，考えたり作業したりしたくなくて，ちょうど今私との間で経験しているように誰かに面倒を見られたがっているという見方が成り立つのだが，そうなってくると，われわれが知ってのとおり，子どもである彼の世話をしなければならなかった彼の心に警告が発せられるように思える，と告げた（分析の作業の早期には，何とか自力で苦境を乗り越えて，子ども状態から脱しようとする心の努力の，肯定的な側面を私は強調していた）。しかし実際には彼のなかには，何もしたくない心の部分があって，この怠惰な植物状態の自己は，お母さんが帰ってきて面倒を見てくれることを要求している子どもの部分のように思えると，私はさらに示唆した。彼は最初はこの解釈に猛烈に抗議したが，しかし今となっては私は母親に結びつくものすべてを彼が否認しなければならないことを知っていた。それで私は彼にとことん底を突くまで抗議させて，それから優しくこう言った。「お母さんについての記憶はあってはならないし，お母さんとの結びつきもあってはならないんだね。」そしてまさにこの種類のコメントこそが，私の解釈について再び考え直す機会を彼に与えることができるのであった。実際のところ，分析的な解釈を彼が使用できるようになるには，その度ごとにある種の抵抗が徹底操作されなくてはならず，そしておそらくそのようなコメント，つまり知性の働きは，彼の攻撃性や欲求や欲望を考慮に入れて，彼の自己の状態に合わせて行われるときに始めて，彼にとって安全なものに感じ取られるのであった。そのようなときに始めて，彼は私の心を，そ

原注1） 自我は，ある対象をあたかも別の対象であるかのように使用することで，欲求を象徴化することができる。この症例の場合には，私はある意味で母親であるかのように使用された。このような自我の象徴化は，誰の人生においてもしばしば起こることであり，象徴的なものは対象の代理としてではなく，対象として使用されることをとおして表現される。事物は別の事物の代用物となるのではなく，事物の使用がその事物の意味を変えるのである。

して彼の心を使用できるのであった。

私が報告しようとしているわれわれの作業の最終章は，彼の人生の「失敗」――そしてその結果，彼は長い間機能することができずにいたわけであるけれど――が，実は彼が母親機能を求めていることの現れであったと，だんだんと認識していく過程であった。そのような母親機能を求める欲求として，彼の失敗は理解できるものであるし，心理学的に目的に適ったものでもあった。そしてそのような機制はもはや，ただ単なる攻撃の目標となるべきものではなくなっていた。振り返ってみれば十分に理解できることであるが，彼の子どもっぽい心は自分の子どもっぽいことを責め立てて非難し，自分を幼児的な自己から追い立てるある種の軍隊式の他者としての心を用いていたのである。しかし彼が思春期に入るとともに，彼はこの「心という対象」（Corrigan and Gordon）に反乱を開始し，それが付きまとうことを拒もうとし，そして自分がどのような状態にあるのかを理解させようとする鋭敏な他者を伴わないままに，幼児的な状態に，絶えず戻ろうとするようになったのである。そのような存在は精神分析を始めると再び現れたが，しかし今度は，自分の幼児的な状態を考慮に入れて，それを咎め立てることなく，むしろ彼の手助けをするような，彼に受け入れることのできる心の部分を理解することで，彼はそれを内在化することができたのである。その後は，特徴的なことには，彼は無力に感じたりあるいは元気をなくしたりしたときに，それを私に告げるようになり，そして次のようなことを言うようになった。「まあこれが永遠に続くわけではないし，最後にはきっとそこから抜け出すことができるはずだと，自分に言い聞かせたんだ。」あるいは「また自分に文句を言い始める瀬戸際だったんだけれど，でもそんな自分の心の一部に出て行けと言ったんだ。そしたら確かにしばらくしたら，自分がどうすれば良いかがわかったんだよ。」 そして最終的には，そのような過程が無意識のうちに成し遂げられるようになり，これまでほど精神分析を積極的に活用する必要がなくなるに従って，彼の内心での言い争いの報告はだんだんと少なくなり，完全に消えていったのである。

自分の無力な状態が実際のところ破壊的でもある抗議なのだとヘルムートが気づくようになったときに，今度は私は長年にわたる昼夜逆転に彼の注意を向けさせた。彼はいつも早朝まで起きていたが，それは彼の生活に母親的な構造が欠如していることへの彼流のやり方での抗議であり，実際には，彼の存在に構造を与えることは何であれ拒否しているのであった。そしてもっと秩序だったスケジュールで生活することに彼が同意したのは，このような洞察を彼が手に入れてからのことであった。それ以前には，彼は週のうちに何回もパーティで浮かれ騒いだり，時には夜を明かしたり，衝動的に休暇を取ったりしていた。その結果，彼の自我はますます弱まり，私が常々彼に構造化された日常の欠如は自己破滅的だと指摘していたにもかかわらず，彼はそれを取り上げようとしなかった。しかし，われわれの作業がこの時点に至って，彼はようやく私の指摘に意味を見出し，徐々に日常生活の枠組みを作り出し，最終的には，それがたいへん有益であり心地よいものであることを発見することになったのである。

うつ病をわずらう患者は心を，分裂－排除された他者として体験しており，それがどのようにして情け容赦なく攻撃をしかけてくるかを，ヘルムートはわれわれにわからせてくれる。うつ病患者は，幼児的な状態に陥ったときに，人格のうちの大人の部分をすべて投影的に自分の心に同一化するが，しかしその虚脱状態があまりにも重篤であるため，このうまくすれば自分を助けることのできるかもしれない自己の部分は分裂 - 排除される。その結果分裂 - 排除された他者としての心は，幼児的な自己をほとんどしかりつけるようにして，壊滅的な構造的分裂の起こらないようにその心に同調するよう急がしたてるのである。通常の抑うつでは，そこまでの破局は起こらない。その個人はしばらくの間，数時間かおそらくせいぜいのところ１日か２日，無力で動きのとれない状態に落ち込むかもしれないが，人格のより成熟した部分は投影的に心に同一化されてそれが自己を叱咤激励し，あるいは今や羨望の対象となっている他者に投影的に同一化されるが，しかし最終的には，その人はスランプを脱して，生きている体験を有効に加工する手助けとしてその心を取り込み，すべてはうまく事が運ぶことになる。しかし重篤な抑うつ患者の場合は，破局的な心の喪失を体験しており，そのために心が人格の健康な部分に投影的に同一化するにつれて，ますます自己への敵意は膨れ上がるのである。ヘルムートの場合がそうであるように，もしも心が大人の部分に同一化して，それが人間の存在の基本的な真実からかけ離れていくことで，人格の子どもの部分がその心を憎むようになるならば，その時その人は，自己と心の間での塹壕戦を展開することになるだろう。

精神分析の言語は不正確であり，非常に比喩的である。もしも自己と心の間の区別を臨床例を挙げて描き出さなければ，文献を読む読者は自己と心の間の分裂がいったい何を意味するのかが，正確にはわからなくて当然であろう。というのは，そのような用語はそもそも初めから明解なものではないからである。しかし常にそうであるのだが，精神分析家はそのような用語を用いることで，初めて患者が適切にイメージされて考察されるということを示すことでしか，そのような言語を正当化する方法がないのである。そして抑うつ患者の場合，彼らが，自己が心と戦争状態にあるということをいかに理論的に陳述しているかには驚かされる。それは分析家の作り事ではなく，抑うつ患者がもっとも一般的に述べることの1つであり，それゆえそのようなものとして，よりいっそうの注目に値するものである。それは事態のきわめて正確な陳述である。患者の自己の主観のなかでは，そして自身の中核的なあり方のなかでは，患者は自己を袋小路へとどんどんと追いやるような心の攻撃を感じているのである。患者は心を何か有害なもの，何か恐ろしいものとして見ている。患者は心からの打撃を避けるためには，覚醒しているよりはむしろ眠っていることを選ぶ。心が自己を攻撃するのを止めさせるためには，自殺すら考えるかもしれない。患者は自己と心との間の，長く続く，消耗させられる，不毛な会話に引き込まれて，この二極化のなかで，存在の主観的で私的な状態と，その状態に対立する心とを体験するのである。

もちろん，患者はそのような心が自分の一部であることを知っている。患者は時折，その心に同一化しようとさえするし，叱責する心の超自我の高みの場所から，動きのとれなくなった自己に向けて嬉々として非難中傷を投げかけて，それがもはや過去のことだと宣言しさえする。しかしそれが何カ月か続く躁的な展開の基礎となるのは当然のこととしても，そのような期間はそう長くは続かない。最終的には，しかしながら患者は振り出しに戻り，心はまた新たな激しさで嫌悪に駆られて自己を攻撃し始めるのである。しかしその心もまた自己の一部であり，実際自己のもっとも重要で本質的な部分の何がしかを所有していることはわかっているので，その心はまた羨望の対象[原注2)]ともなり，奇妙なことにその人は実際自分自身のものであるものを憎み始めるようになる。このようにして抑うつ患者は心の攻撃をある種の形の快楽へと転換することを楽しむようになり，被虐的な歓喜を引き起こすようになり，無力感と知性との間の，悲観主義と誇大妄想との間の，精神内的戦争状態にのめり込むのである。そしてそれほど明白ではないがしかし同様に重要であることは，抑うつ患者は常に，この生産的な力をもった心とともにあることとの接触の喪失を悼んでいるということである。健康な心は有益で必要不可欠な自己の友である。自己のイディオムから生じてくるこのような特別な形での破壊的な見方は，しばしば生きている状況を正確に反映して起こってきたり，そのときの気持ちに応じて起こってきたりするのだが，それは心によって処理されるのである。つまり心は一方ではそのような破壊的な内容に投影的に同一化しつつも，しかしまた一方ではそれを考え直す過程の一部分とも最終的にはなるのである。1つの自己として，個人は心の思慮深い能力によって助けられていると感じるだろう。心は，対象とのより良い時の記憶を蓄積したり，罪悪感を客体化して償いの方法を考慮する能力を持っていたり，自己のより直接的な興味を緩和してくれるであろう人生の治癒的な要因を考えに入れることで自己を宥めてくれる時間感覚など持っていたりする。

このような考え方で，うつ病患者の混乱状態に光を当てて考え直してみることは，興味深いことである。われわれもよく承知しているように，そのような人はまったく当惑しきっており，気も漫ろで，注意散漫で，じきに取り乱しがちで，考えもまとまりがなく，常に混乱しているように見える。もしも心が憎悪されているとするならば，そのとき，そのような自己状態は心の存在を攻撃する手段となる。たとえ，われわれがすでに見てきたように，それがさらに心の攻撃を招くとしてもである。しかしそれ以上に，混乱状態はしばしば，心の知的な洞察力への反抗の試みである。混乱状態は心の攻撃をかわす目的での防壁となり，抑うつ患者は心の叱責の正確さを減じるために

原注2） クリフォード・スコット（Clifford Scott）の「自己羨望と夢の羨望と夢見ること」，The International Review of Psycho-Analysis 2 (3) ：333-337, 1975参照。

混乱状態を甘受しているのかもしれない。もちろん自己は心のお決まりの指図の被害者である（たとえば,「おまえはいつもまったくぐちゃぐちゃの役立たずだ」とか)。しかし自己はそのような無作法な非難には慣れてしまい,混乱状態を維持することで，もっと正確で壊滅的な攻撃から自己の精神内容を隠そうとしているのである。精神分析家はたしかに，混乱した抑うつ患者が自由連想に入っていくことが困難であることを観察してきた。これはしばしば患者の奥深い怖れに起因しており，その怖れとは，心が猛烈な攻撃を仕掛ける対象として捜し求めている材料を，今や心に与える瀬戸際に自分がいるというものである。抑うつ患者としてみれば，自己を攻撃にさらされやすくするだけのものである精神的な内容をはっきりと伝えるよりは，廃人のように沈黙しているほうがまだましなのであろう。しかし分析家が自由連想を偏りなく熟考し，患者の道徳的な干渉も分析することで，患者に自由な思考が生じてきて，やがて患者は心の非難がしばしば的外れであることを知るようになると，自由連想は意識の冷徹な眼差しを越えた感情や観念を指し示すものとなる。無意識はそのとき，ある種の新たに見出された自由な存在となり，患者は感覚として，それは結局のところ倫理的な叱責に普通に歯向かっているだけなのかもしれないと思うようになる。というのは無意識の生活とは，単純な判断や倫理的な指図では計り知れないほどに複雑なものだからである。ここに創造的な混乱が生まれてくる。無意識過程の混乱／共に融合すること（con-fusion）から，新たな見通しや創造的な内省が生じてくるのである（Milner，1969参照)。

躁的な状態においては，このような人たちは，ありとあらゆる自己を万能的にまた尊大に纏め上げるものとしての心に同一化しており，そこではまたこの同一化の線に沿って，つまり対象としての心という側面から，また別のエッセイを書くことができるだろう。というのは，躁的な状態では，心は人間の悲哀に対する勝利の軌跡のための貴重な取っておきの手段となるからである。しかし私の主眼点は抑うつ状態やうつ病にあり，その場合心は自己を攻撃する異物のように体験されており，その人を深い悪性の生け贄状態へと追い込むのである。精神分析はうつ病患者に類のない特別な治療法を提供するが，そのとき分析家は，患者による心的過程それ自体への挑戦的な憎悪に出会わなければならず，分析家の心は攻撃にさらされ無化されることになる。しかし最終的には，分析家は心を繊細で興味深い同伴者として，つまり主体の側の怒りや欲求に耐えることができ，しかもそれを誘い出すこともできる同伴者として，差し出すことが可能となるのである。このようなことが起こってきたとき，患者は分析家の心に，自分の心の内容をだんだんと提示し始めて，それを処理して，安堵を得て，やがて最後には心が，つまり分析家の心と患者自身の心が，自己にとっての欠くべからざる同伴者となることができるという，確信を得ることになるのである。

第9章
境界例の欲望

数年前のこと，ある境界例の患者の分析に嵌り込んでいると，彼女が頻繁に起こす感情の嵐（深刻な断片化の起こったとき）が，不思議な欲望の対象に思えたことがあった。人生のなかから想起した何事か，私が言ったか言わなかったかした何事か，あるいはやったかやらなかった何事かによって，感情が動転すると，彼女の怒りの感情は，境界例の人に典型的な強度で自動誘導式に一挙に噴出するのであったが，しかしその他のときには彼女は洞察力があったために，いったんその体験がやってくると，それが熱狂的に受け入れられるということを私に知らせてくれるのであった。このことは何を意味しているのだろうか。また，このことから境界例の患者の，すべてではないにしても，なにがしかが理解されるのだろうか。

習慣的にわれわれは，内的世界の対象に形象的な（人物像的な）性格を与えている。良い対象，悪い対象，奇怪な対象など，あれやこれやの様々な形態で，反射鏡のような他者が心に呼び起こされる。しかし，一次対象がそのようにして描かれないときには，いったいどうなるのだろうか（もちろん，どんな人でも内的対象を形成するから，まったく何の対象もないということではない)。人生の最初の1年以内に形成される，このすべての対象の規範となる対象が，ただ単なる混乱を起こすものとしてでなく，むしろ混乱そのものとして，感情的な大混乱状態として表されたならば，いったいどうなるのだろうか。

境界例の人にとって，感情は，そうでなければ通常の対象の基盤，すなわち表象の「素材」が存在しているところに，住みついているということになるのだろう。感情が対象となるので，境界例の人の崩壊はひどく皮肉なものとなる。つまり感情は，欲望のおぞましい対象を呼び覚ますのである。

ある日，私の患者は，私が無神経なコメントをしたと感じて，ひどく取り乱して不安に落ち込んだ。私をもはや理想化することなく，彼女は私のことを役立たずで，信頼に足りないものと見なした。彼女の激しい痛みは恐怖と混ざり合ったので，彼女は私を切り刻み，私が復讐を求めていると信じ込んだ。しかし，こうした脈絡の糸やその他にも多くの糸が彼女の情緒状態に織り込まれたにもかかわらず，彼女の大荒れ状態はこのうえなく幸せそうにも見えた。ある対象のなかへと向いたこの力強い動きは，彼女自身が侵入する恐怖に身を任せたことによって得られたものであったが，彼女はあたかも，しばらくの間見失っていたが，しかし彼女が良く知っており，彼女の排泄する糞やら吐瀉物を受け止めてくれる他者を見出したかのようであった。

「あなたは私のコメントにたいそう喜んで食いつきましたが，これはまるで私がもう一度ひと騒ぎ起こす機会をあなたにあげたようなものですね」と私は言った。彼女は自分の対象（これは今では断片化してすさまじい大荒れ状態になっていたのだが）を追い求めていたが，私がそのような苦痛の原因となったことで，私にこれまで以上に親近感を覚えていた。後ほど，セッションのなかで私は，「こうやってかき乱されているあなたは，もっともお馴染みの場所にいるようですね。あなたはまるで，自分では持ちきれないものを抱えているのだが，しかしそれを失うことにも耐えられないようですね」とコメントした。別の日に私は，「これはあなたが手放したくないと思っているある種のおっぱいのように思えますね。そのおっぱいの感覚は，あなたがその中に自分をすっかり空けてしまうことを認めてくれるし，それがあなたの中にすっかり空けることも認めてくれている」と伝えた。その後何度も，私は，「今私はあなたの心をかき乱す人になったので，私のことを怒っていますね。でも，ようやくのことでそういう私になったので，あなたは私から去り難いのですね」と述べた。別のときには，私は，「いつものようにあなたを混乱させているので，あなたは，私が便器のようなおっぱいを差し出していると感じていると思います。あなたが困っているのは，そのおっぱいを，あなたは欲しいのと同時にひどく嫌っているからですね」とも伝えた。

境界例の患者たちと作業することによって，以下の仮説を提案することができるだろう。幼児として先天的な障害を受けている場合でも，環境によって混乱させられている場合でも，いずれの場合でも，一次対象は，正常な発達の一部分として取り入れられる鏡のような現象としてよりは，むしろ自己のなかに繰り返し蘇るものとしてのみ体験される。木々の間を風が通り抜けるように，これは自己のなかを通り抜ける動きである。どんな感情であれ，この対象の存在を示唆するものがあると，境界例の人は，通常の感情を混乱させる体験へとエスカレートさせることで，この対象を探し出そうとする。

この母親的な影響は，自分のイディオムで他者の無意識に個別的な影響を及ぼすことにより無意識的にコミュニケートするような，栄養を与えるようなやり方で，自己に伝えられることはないだろう。幼児の欲求を将来性のある細やかな感情へと成形する母親の欲望に関する本質的で累積的な設計図がまったくないとしたら，そこにあるのは純粋なカオスである。

境界例の人々は，バスに乗り遅れたことでイライラしたり，友達が遅れてきたので不安を抱いたりするといったどんな日常的な情緒をも，自己をその習慣的な「感情主義」へと呼び戻すような，母親の覚醒させる動きとして体験する。すべての人生は，いかにして自己を感じさせるかという観点から判断されなければならず，感覚はすべての意味を決定するために運命づけられた神託的な場所にまで高められるのである。

しかし，この心の大波乱は，「感情」という言葉では言いつくせない。というのは，この心性は激しく観念的な強度で塞がれている――xについて何遍も何遍も考え，さらに考え，もっと考えるというように――からであり，しばしばそれに，過剰で圧倒する心的内容で心を溢れさせる不毛な会話が続くのである。この感情や心持ちに結びついているのは，視覚的聴覚的イメージの断片によって構成された忘れ難い情景であり，心的生活を支配的な，恐ろしいものの衝撃へと引きずり込む，記憶に残るような標識である（ラカンにとっては，これが表象の根源的な層であり，凝視や声の断片によって構成されているのである）。

境界例の人にとっては，この対象について考えたり語ったりすることは，そこから期待されるような安心をもたらさない。その代わりに，苦痛を伴う思考の「回転運動の拡大」があり，中心がそれを保持することを拒むようになる。

ある患者は，「しばらくして，私はこの狂気のなかで自分を見失いました。

そこには何の一貫性もなく，境界もないのですが，それでもおしゃぶりのように慰められます」と語っている。

耳慣れた慣用句で言うならば，こうした人々は「一人よがりになっている（心の中でセックスしている）」のである。つまり，圧倒的に困らせるような思考で自分たちの精神生活を悩ませたり，真の親密さを確立するために，原初的な心の状態を他者に強いて，終りのない苦痛に満ちた会話で他者の心の中に干渉したりするのである。侵入されたと感じると，他者は回避的な行動を取るかもしれない。その一方で，境界例の人は，その関係がいかに困らせるものだとしても，それが深い美と真実の源泉であると感じている。もしこれがファルスであるならば，それは母性的なファルスであり，（感情として）その力を他者へ伝達し，その性交は，この情熱からは何ものも出現しないことから，他者を二者関係的な忘却へと引き渡すものである。

しかし，最終的には，境界例の人でさえ，あまりにも多く苦しみすぎて，あるいはあまりにも過剰でありすぎる結果，欲望の対象へとやむをえず戻る前に，回復のための自己の孤立状態へと引きこもることもある[原注1)]。

１つの非常に強烈な情緒的な瞬間から発生したこのような大嵐は，感情や思考や会話を形象化することを通して，この対象を体現化することを唯一の目標とするある種のコミュニケーションとなるにつれて，その複雑さを増すのである。

この混乱状態は一次対象の場所に存在するが，境界例の人はこの原初的状態の支配的領域の外側に第3の対象を構成する。こうした対象は，偽りの自己の機能の性格を有していて，脆弱であるとともに，思慮深い方法で（すなわち，本質的な真実を避けるというやり方で）構築されているのである。それらは，自由にさせておくにはあまりにも危険だという理由で圧制されていた心的状態から，自己を遮蔽するのである。人はここで，ベアトリーチェが部屋を横切るのを目撃しながら，他者が自分の愛の対象を見たのではないかとふと怖れにとらわれて，立ちつくして苦しんでいるダンテ（Dante）[訳注1)]を思い浮かべるかもしれない。「ただちに，私はこの素晴らしい女性を真実からの遮蔽物にしようと考えた」（1962：7）と彼は書いているが，このよう

原注1）シュタイナー（Steiner）（1993）の『こころの退避（Psychic Retreats）』を参照。

なことは境界例の人々が遮蔽対象を創造する方法を思い起こさせるものである。この遮蔽対象は，欲望の隠された対象の代役となるのであるが，しかし境界例患者は，子ども時代にそうしたものをたくさん獲得するに十分であったのである。

このような一次的な他者がそれ自体で障害となるとき，ダンテが指摘しているように，感情はものそのものとなる。

> 私が愛を語るときに，まるでそれがものそのものであるかのように，まるでそれが知性的な物質であるばかりか身体的な物質でもあるかのように語るので，戸惑ったことだろう。本当は，これは偽りである。なぜならば，愛はそれ自体物質として存在しないからであり，むしろ実質的には付随的要件だからである。
>
> (1962：53)

境界例の人々は，断片化に陥る。彼らは身体的に事故に遭遇しやすく，他者の見かけ上の鈍感さによって苦悩へと投げ込まれる。しかし，このような人物の一次対象が非本質的なものであったとしたら，どうなるのだろうか。もしも幼児や赤ん坊が，母親のことを破壊的な混乱を起こす活動として経験していて，それをやがて自己の否定的な変形として知るようになるとしたら，どうなるのだろうか。本質的に非本質的？　もしもそうであるならば，愛着の対象は，深く混乱させる，他者による情緒的な轍であるということになり，それには境界例的な自己のうちに引き起こされる恐怖や怒りや破壊的な憎悪が含まれるのであるが，それは否定的な力同士の精神的に区別不能な戦闘のなかで，自己とその愛着の対象をよりいっそう結びつける迫害的な苦悩となるのである。

自分を苦しめているモービー・ディック（白鯨）の航跡を追い続けるエイハブ船長のように，この人物も，自己を煽動する対象を追い続ける。「エイ

訳注1）Dante, Alighieri（1265—1321）：イタリアの詩人。青年期の詩集『新生』，および『神曲』（1307—21）で有名。ダンテはイタリア語を確立した人物とも目されている。『神曲』は叙事詩であるばかりでなく，歴史でもあれば，フィレンツェの国家論でもある。『神曲』には，ベアトリーチェに対する無上の愛が語られているが，ダンテは1274年に９歳でベアトリーチェに出会っている。しかし，彼女は1290年24歳で病死してしまう。『神曲』のなかで，ダンテはウェルギリウスの導きで地獄，煉獄をめぐり，最後はベアトリーチェに伴われて昇天していく。

ハブは考える人ではない。エイハブは感ずる人なのだ。感ずる，感ずるだけだ。生身の人間は，もう感ずるだけで，ひりひり痛みが走るのだ」と，彼は死の数時間前に乗組員たちに語る。同じ一節で，彼は次に風について考える。「監獄の廊下や独房に吹き，病院の病室に吹いて」いた「卑しい目」であったものが，どのようにして，「ここで羊毛のように汚れなき顔をつくり顔に作って吹きつのる」ことができるのだろうか（Melville 1967：460）。海を渡って吹きつける風には「何か不変に吹き渡る何かがあり」，強靭なものがあると，エイハブは語る。「今やこの風は，あたかも肉体を持ったかのようである。しかし，生身の人間を憤怒に焦がし，苛立ちに焼くのは，こうしたものすべてが肉体をもたないことであり，しかもそれは行為者（agent）として肉体をもたないわけではなく，ただ対象（物質）としてのみ肉体を持たないことである」(1967：461)。行為者としての対象は（ダンテが書いているように，また別の種類のものそれ自体であるような）ある特異な身体を持っており，それはわれわれがその効果をとおして知りうる一次対象なのである。

エイハブが語ったようなあの「ひりひり痛みが走り」，あるいは恋愛についての苦悩を書き記したダンテやその他の詩人たちの愛に破滅するような状態は，欲望の特異な対象の，精神感覚的な痕跡なのかもしれない。他者によって目覚めさせられ，それを一次的な感覚性のなかで知覚し，自己はそれを転移のなかに持ち込み，分析者の逆転移のなかに感覚的に引き起こされた感情の嵐を吹き込んで，自己と他者とを結びつけて共に融合する混乱状態（confusion）へと投げ入れるのである。それは思考の混乱というだけではなく，苦悩のなかでの融合であり，参与者の双方は胸を高鳴らせて，アドレナリンの高分泌状態で結びつく。このような欲望は自己の本能の中核に由来するのではなく，本来の願望として働くのである。つまりそれは，混乱させられる衝撃によって引き起こされた感情なのである。それがひとたび引き起こされると，自己の迫害的な力による憤怒の猛威はそれ自体の生命を持つようになり，憤怒により形づくられ，そして維持されるような１つの身体の形をとるのである。

境界例の人たちはしばしば，絶えず自分たちを刺激する人物と結婚することで，この対象を維持する。彼らはまた，被害者の権利とか環境保護といったような論点を取り上げることで，境界例的な対象を育て上げるのだが，そこではたった1つの違反行為（嫌がらせの行為や有毒物の流出など）によって，自己を苦しめる心の動揺は，精神的な大惨事をもたらすほどの恐ろしく拡大した回転運動へとエスカレートするのである。境界例の対象は，情緒的な衝撃を与える刺激として機能して，それに誘発されて感覚が引き起こされるのである。（境界例の）対象がもっとも頻繁に見られるのは外的なものと内的なものの境界線上であるという事実（外界の出来事と結びついているのだが，ただちに内的なものを呼び起こすということ）が，境界例の一次対象の無意識の場所を証明するものである。その自己は，物価安定策の同時性の境界線上に位置する。すなわち，自我に衝撃を与えて警告を発する対象と，主体のその瞬間の内的生活の明確な性格によって形成される対象との，境界線上である[訳注2)]。

境界性人格障害者たちはしばしば，他者と境界例的な対象を分かち合おうと試みる。その試みは，大混乱をともにする晩餐会を開こうとする試みである。彼らには，他者に最大限の情緒的な衝撃を引き起こすように謀られた話題を持ち出すという不思議な技があり，それはしばしば無意識的に，他者が置かれた立場上の弱点を突くものである。自己と他者は苦悩を共有することで短時間融合するのであるが，境界性人格障害者でない人は，通常，個人的な悩みを苦悩の祭典へと変化させることを阻もうとするものなのである。

自分の欲望について認識することで，患者は自分が心的変化に抵抗していると考えることが可能になるであろうが，このことを徹底操作すると非常に特殊なタイプの苦悩を引き起こすことになるだろう。爆発は，一次対象への愛着への，すなわち物としての愛情への，反抗的な復活としてしばしば観察される[原注2)]。災厄であるような類の真実，日常生活を狂気に委ねるようなそういった類の真実は，境界例にとってはなるほど魅力的であり，そしてこの破局は生気がないと感じられるわけではない。これは，破局がないというこ

訳注2）刺激を与えつつ，安定を図るというように，相反することを同時に行おうとしていることを物価安定策に結びつけて述べている。

原注2）クリスティヴァ（Kristeva）(1987）は，抑うつ病者の感情は対象を呼び起こすものではなく，むしろ**もの**（the thing）を呼び起こすもの，現実界（the real）を呼び出すものであると論じている。

とが自己破壊的に感じられるという気味の悪い情緒的な事実により構成されたものであり，実際，とても奇妙な皮肉である。エイハブが空っぽの海に白鯨（彼を苦しめる者）を探すときの，彼の根本的な孤独感は，他者が消滅したのちに現れる空っぽな空間を見事に描き出している。

大混乱があるということは，対象があることを表している。

無活動は対象によって遺棄されたということであり，それは空虚さを与える痛みとなる。

ということは，精神的な空虚とは一次対象が部分的に自己のなかに居住しているということであり，そしてそれが移動した結果の，避け難い帰結であると言えるだろう。掻き立てられること，そしてそれから捨てられることで，自己は怒り狂った苦悩で満たされた後，空っぽになる。充満と空虚とはただ単にこの対象を記憶するのではなく，それを構成してもいるのである。

新たに生まれた情緒的な騒乱は，奇妙なことに養育的であり，得てして空虚よりも好まれる。他者より提供された情緒的な大嵐から栄養を貰うこと，救助を求める破局を捜し求めることは，決してこれまで知られなかったことではない。ちょうど境界例が，外傷的な関係を何かしら養育的なものへと変形するために，行為者としての対象を養育の機会へと変化させるように，文学や芸術の中には，怒りや，嫉妬や，喪失を糧としている自己の実例は多数ある。であるから，分析家のほどよい技術がしばしば，奇妙なことに剝奪的なものとして，一見そうした養育を妨げるものとして経験されて，その結果自己に不安な心の状態を詰め込もうとして誤った理解が捜し求められることがあるというのは，驚くにあたらないことである。

常に破局の辺縁には，眩暈がするような自己がいるのであるが，境界例の患者は彼らに「ミルクを与える」ために，破局的な瞬間が来るのを待っているのである。混乱に抵抗することはほとんど不可能である。ある患者は，私に，「俺は自分が**崖っぷち**で暮らすのが好きだってことがわかっている」と言い，激しい葛藤の大渦巻きの中に墜落してしまうかそれとも安全へと自分を引き戻せるかがまったくわからないような，ある種のレベルが低いスリルについて語った。崖っぷちとか境界とか。その境界線のことを境界例のパーソナリティは熟知しつくしており，そこで感じられる境界を彼は横切り，バランスを保ち，いつも墜落寸前になりながら，しかししばしば自分の体制を立て直すことができるのである。

すでに述べたように，境界性人格障害は，しばしば，災害救助計画や被害者支援サービスで仕事を求める。彼らは，こうした被害者たちが，行為者としての対象によって，すなわち非人間的であるけれども親しみがある何ものか，自己の中核に触れるものでありながら有害な場所に居住している何ものかによって，不安になっていることに気づく不思議議な勘を持っている。彼らは，衝撃的な出来事によって自分の人生が非可逆的に規定されてしまうと確信したらいったいどのように感じられるかを知っているが，しかしまた，彼らが無意識的にその衝撃に耽溺することによって，そしてその出来事から興奮を得るために（真実を究極的に知ることとして信じられているものに接近することで）それを再現しようと努力することによって，真の犠牲者たちが生命の破局から離脱することを困難にするのである。われわれは，無意識的に破滅へと追いやられる犠牲者のことを，知りすぎるほど知っている。それは，自動車事故から決して回復することのない男性だったり，レイプから決して回復することがない女性だったり，自分が巻き込まれた地震に関すること以外は話すことができない男性だったりする。そのような対象に備給がなされていることはほとんど隠蔽されているのであるが，しかしその人の記憶は感覚を刺激し，その人をその人の真実のなかへと引き寄せるのである。

自我が断片化する一方で，境界例の煽情主義は自己を結びつける。それはあたかも見かけの対象に裏切られた自己が，心の中でそれを荒々しく攻撃し，その過程で断片化したようなものである。しかし逆説的なことであるが，自己はかんしゃく（shit fit）の一発で，凝集するのである。精神的苦痛とは，自己を混乱させる他者であるとともに，自己による現実性の把握でもある。（通常，入院中によく見られる）怒りに狂った極限状態で，境界例患者たちは文字どおり唾を吐き，大便をたれ，放尿するのだが，それは部分的にはリビドーを介しての（そのリビドーとは身体に向けられたものであり，身体自我を支持する精神 - 感覚的な煽情主義に貢献するものである）回復の試みである。われわれは，こうした瞬間に，精神病者の排泄物による領土主義を思い出すだろうが，そのような精神病者は自分の生活空間を印づけ，自分にとって価値のある対象を保持するために，大便を用いているのである。しかしながら，より特徴的なこととして，境界例の人間は精神的な痛みや怒りに満たされているために，彼らが感情を用いるのは，交流のためであるよりは，自閉的 - 身体的な方法で，煽情的な効果を狙ってのことであるといえるであろう。

実例をあげると，このことに焦点を当てやすいだろう。

クライドは，残業を決してせず職場を嫌っていたが，自分で選んだ家庭での生活では，境界例の妻との苦悩にとらわれた生活を送っていた。彼はガードマンとして働いていたが，このことは彼が人々とほとんど会話がないということであり，彼は論争好きのためにこれまでにあまりにも多くのデスクワークを失ってきたので，今ではガードマンが彼の運命であると思えた。

彼は朝起きると玄関まで飛んでいって新聞を取り，乱暴にスポーツ欄を開くと，いつものように自分がひいきしているバスケットボール，アメリカンフットボール，野球，アイスホッケー，サッカーの５チームの結果に目をやるのだった。隣近所の多くの人だって，間違いなく，彼と同じようにするだろう。なぜかといえば，１つのチームが不調であっても，別のチームがましな結果を出していることを知って，元気になれるからである。しかし，クライドは，ただちにチームの悪い結果にのみ焦点を当てていた。「何てこった。このばか者どもが，昨日何をしでかしたかを聞いてくれ」と彼は妻に怒鳴ると，聞こえる範囲内にいる人には誰であれ，スポーツ記者たちが書いたセンセーショナルな記事を読んで聞かせるのだった。このスポーツの報告が終ると，彼は株式市況の報告に移るのだったが，彼はいくつかの株を持っており，それらはおそらくまずい投資として慎重に選ばれていたので，彼は，彼らの失敗に対して，爆発することができた。続いて彼は天気予報を読み，政治欄を読むのだったが（彼は二大政党のどちらも嫌悪していた），結果的に，仕事に出かけるまでの90分かそこら，彼は，目がまったく見えなくなるくらいの怒りに自分を駆り立てるのであり，十分にその日１日持つだけの思考に対するネガティブな材料を生み出すのであった。たまたま偶然通りかかった人が，調子はどうかと尋ねると，彼は，「畜生。メッツの奴ら。死んでしまえ」と答えて，短いが強烈なネガティブな言葉を投げかけて，あわれな犠牲者を探し出そうとするのであった。

現在分析を受けている彼の息子の1人は，ある典型的な瞬間を思い出してこう言った。

彼はいつも声を振絞って，コーチとか，社長とか，議員とかに話しかけていました。彼は，「おまえは俺があのバカどもに何て言いたいかわかるか」と話し始めるのだけれど，真正面から顔を見つめるので，まるで自分がばか者と言われているようでした。嫌だと言うことはまずできなかったので，彼が「奴ら／おまえ」に自分の考えていることをぶちかますときには，まるで何か恐ろしい悪夢に釘付けされたようになりました。彼は，自分がどういう影響を及ぼすかはまったく眼中にないので，ごく希だけれどたまたま外出していて地元のレストランなどに居るときに，どこか負けたチームや人物のことを思い出して彼が爆発する避け難い瞬間のことを，皆が恐れていました。というのは，彼は怒りに我を忘れ，頭は赤くなり，腕は中空を舞い，じっと真正面から顔を見つめるので，レストランにいるほかの人は，彼がわれわれのことで怒り狂っていると，もちろん想像するだろうからです。それで，われわれは皆，彼を映し返すという技術を編み出しました。われわれは肩をすくめて，「本当だ。あいつはとんでもない奴だ」と繰り返し言い，その場にいない誰かについて話しているということを示唆することなら何だってしました。しかし，彼にとって大事だったことは，誰がたまたま貧乏くじを引いたにせよ，誰かが彼の真向かいに座っているということだったのです。

他に何がなくても，クライドは，万難を排して，いつも自分の一次対象をもっていた。彼の息子は，知らず知らずのうちに，父親が一次的なものの純粋な力によって他者を骨抜きにするのを目撃しており，彼の息子は境界性人格障害ではなかったけれども，父親の心を占拠している対象を感じていた。「父は嵐でした」と彼は語った。

父はいつも嵐でした。玄関の扉がいつも5時45分に開くのを聞くと，彼を見ない前から，彼の影響が感じられました。それはとても恐ろしいことでした。気分が良いのは彼が出かけているときだけで，後になって家を出るようになったことは，私の人生で持続した最大の安堵でした。

多くの善意からの治療的な試みが，境界例患者に，境界について理解することと境界を使用すること，社会的に妥当な表現を見出すこと，自分たちの周囲に合わせることを目指して目論まれたために，しばしば偽りの自己を支持することになったのは，たいへん不幸なことであった。ここでいう偽りの自己とは，感情をなしで済まそうとし，自己をかき乱すような関係を避けようとする動きである。患者本人はたまたま異常に「契約的」であるかもしれず，合意を改めて定めたり，保証を得たりすることで，葛藤を抑えようと試みるかもしれない。私は，ある患者のセッションに2分間遅刻したために，そのセッションとそれに続く2セッションを，彼はそうした状況で適切と思われるわれわれの間の合意を数え上げるのに費やしたが，彼が私に求めたのは契約にサインすることであり，それによると，もし私がそのことをもう一度繰り返したならば，私は，彼から当然の報いを受けなければならないというものであった。しかし，この偽りの自己は，すべての感情に抗するために構築されたものである。感情が無意識的に興奮してきて，飢餓感が起こってくると，境界例患者は，自分が混乱によって規定される関係へと滑り落ちつつあることを感じる。それゆえ，分析家が間違いを犯したならば，患者は何をすればよいのかわからないのである。分析家は，彼に（たとえば，「あなたは何かに飢えていますか。あなたはこれを食べたいですか」と問うことで）一次対象からの救助を提供しようとするのだろうか。そして，境界例の患者は，そのことに誘惑されるのだろうか。

しばしば境界例のセッションは，患者が否定的な対象を持ち出す前に，決まって習慣的な良い感じで始まる。もっと言うように，もっと感じるようにと励まされることで，治療者の無意識の援助によって否定的なもので肥大した患者は，ひどく興奮するようになるだろう。あるいは，そうするように求められてもいないのに，自己のその位置取りを保証するトーテム対象の基盤部のような場所に触れてしまったかのように，治療者は大混乱を引き起こす領域に触れてしまうかもしれない。あるいは，もっとよくあることだが，患者は，低いレベルの苛立ちから激怒の高みまで，セッションに来る途中で出会った些細なイライラさせるものから始まって，他者による虐待の苦しい記憶を経て，分析家と分析に対する否定的な観念にいたるまで，上昇するための語りのエスカレーターを求め始める。しかしながら，この否定的な転移は通常は避けられる。いったんそこから解放されると，患者は不幸にも，生涯にわたって治療者にしがみつくようになる。たとえそれが求められたものだとしても，われわれがすでに論じたように，それはまた違ったふうに宿命づけられた不毛の関係である。その基盤をなす構造の解釈をとおしてのみ，患者は，自己の正気を破壊するあの対象からやがて離れることができるのである。

様々な学派の精神分析論文の執筆者たちが，境界例の患者たちの発達欠損の性質を強調したことは，至極当然のことと言えよう。境界例の欲望に焦点を当てることで，私はある特別な臨床的問題に集中したいと思う。われわれが大騒動への欲望を，ただ単に内的対象が構造上の場所から墜落することによって引き起こされたり，現実の一撃によって刺激されたりすることからの代償不全として見るのではなく，一次対象（自己はその不安と憎悪によって養われる）を想起させるものであると見るならば，われわれはきっと，この人がこの騒乱をなぜ我を忘れてまで追い求めるのかを理解できることだろう。患者が，自分たちがこの対象と交流することである種の快感を得ていることを理解するようになると，一見意味のないカオスと思われた境界例の属性の大部分に，力動的な意味が見出されてくる。「あんたの言いたいことはわかるぜ」とある患者は言った。「俺はいつもそれ（大混乱）でハイになるが，それは何かセックスみたいなものだぜ」。

境界例患者にとって，精神分析的な解釈によって，自分たちの高圧的な情緒性やしがみつくような悲嘆が，欲望の対象である心の状態への願望を現実化したものであることを発見することがいかに苦痛をもたらすものであろうとも，それによって結局は，彼らの性格をとおして維持された無意識の満足を**理解する**ことができるようになるのであり，そうした満足が減ったときには，異なった路線に，喜びを再配分することが可能になるのである。

そうなるまでは，境界例の欲望は，患者たちが自分たちのもっとも深い真実として体験するものを捜し求めるのである。表向き攻撃的な他者（それが分析家であれ他の人であれ）の背後には，自己に住みつき，それから区別することのできなくなる，心の底から親しい他者の，実体のない幽霊がいる。この欲望は，対象を求めなければならないわけではない。この欲望は，こうした実体のない力が自己に，人生の出来事や夢のなかで，たしかに定期的に訪れることを知っており，そしてこの交流に呼ばれたと感じたときには，自己の形成のもっとも肝心な部分にある，あの恐るべき真実に向けて動きつつあると確信するからである。境界例の欲望は，この真実に出会い，それによって動かされるのである。

第10章
パラノイア概観

20歳台半ばの女性で，仮にマージと呼ぶことにしよう。彼女は自分が人から孤立していることで，精神療法を受けたいと治療者（女性）に告げた。特に彼女はもうすぐ結婚というのに，ボーイフレンドとよく口喧嘩をし，彼から自分自身の言っていることがわかっていないと言われることに悩んでいた。彼女はまたとりわけ，彼女の母親がこれみよがしに彼と手を結んで，「彼女のことは気にしないで，ただ芝居がかっているだけなのだから」と繰り返し言うことにも悩んでいた。議論のさなかにあって，状況は両親の数限りない口論を，彼女と弟が両親のどちらかに味方をしてきた子どものころのような様相を呈してきた。

まず治療者の気づいたことは，マージが驚くほどおしゃべりなことと，人格のしつこさである。彼女は治療者の顔を食い入るように観察し，その言葉に注意深く耳を傾けた。最初から彼女は自分を不安にするイメージに捉われていた。彼女は今まさに母親とボーイフレンドが話し合っていて，自分の娘がいかにろくでなしであるかを母親がボーイフレンドに話しているのだと想像していたのである。彼女はこの情景を想起するうちにたいへん悩み，そして治療者はマージのもつパラノイア的な心の在り方の強烈さに印象づけられた。

予定された初回の面接に彼女は訪れず，仕事で町を離れるというメッセージが治療者の留守録に残されていた。

最初の3回のセッションでは，彼女はずっと声を押し殺して，自分の人生には数え切れないほどの嫌な出来事があったと語った。彼女は夢や，心をかき乱すような他者，たとえば父親などの言葉に著しくショックを受けたことを思い出した。たしかに彼女の父親は彼女を著しく刺激する異常なほど辛辣な意見で彼女を攻撃した。「おまえは棘だ，私の苦労の種だ」という特に手ひどい一言を彼女は思い出した。その言葉はいろいろなイメージを繰り返し喚起して，そして誰かと親密になれば，自分は棘で覆われていて，それが自分の肌を突き抜けて出てくるように彼女には思えたのである。

治療者は彼女の話に説得力があることに気づいたが，しかし初回面接のキャンセルに戸惑わされて，たび重なる遅刻によってますます混乱させられた。最初の2セッションに15分，3回目には30分，彼女は遅刻した。3回目のセッションの終りには，今のままでは治療を続ける余裕がなくなるのではと心配なので，回数を2回から1回に減らしたほうがいいかもしれないと彼女は言った。

母親がボーイフレンドに自分の悪口を言うという考えが彼女にあって，それが治療者との会話を妨げるという点について，再考することは興味深いことである。彼女が最初の面接をキャンセルしたとき，治療者はコンサルテーションのときのことを想像して，自分は何かを見落としていたのだろうかと心の中で再検討した。治療者はマージが両価性をもっているのではないかという問題に収束していく素材から，それを顕著に示すものを詳細に拾い集めた。マージが遅刻をすることで治療者に内的な問いかけを引き起こしたという事実は，治療者が最初に内省した主題であった。われわれが観察したことの1つは，彼女に悪意を抱いている2人組みの人間（母親とボーイフレンド）によって攻撃されていると感じたことを彼女が治療者に告げていたのであろうということと，それと同時に彼女が治療者の中にも彼女自身に対するネガティヴな見方を引き起こしたということであろう。キャンセルと遅刻によって，患者は治療者にコンサルテーションのときのことを振り返らせて，被分析者の陰性転移に焦点を当てさせたのである。

患者は治療者に対して常にない治療者自身との内的な対話を強いることによって，彼女自身と治療者との間の連想による可能性豊かで自由な遊びを妨げたのである。ある意味では，患者の背後で彼女の母親がしていることを患者が想像するときのように，治療者が患者の背後で患者のことを治療者自身に話している場面は，ちょうど母親がボーイフレンドに彼女のことを悪く言う場面と等価なのである。

精神療法が始まるときには毎度のことであるが，治療者は開かれた心で患者の言葉に耳を傾けたいと思うものである。患者の生活歴，現病歴そして治療歴に関する知識のほとんどないままに，治療者は不十分なデータに基づいた間主観的な関係を作り出すように誘われるのである。悲痛なほどに不十分なデータから他者についての考えを組み立てるよう強いられる自己という，患者自身の自己状態をちょうど映し出す心のパラノイア過程へと，治療者は誘惑されたのであった。

患者はまた，内的関係が自己 - 他者の関係を攻撃的に奪い取るような状況を作り出した。3回目の面接が始まる前にはすでに，治療者は私的で内的な目論見や不安な内的会話でいっぱいになっていて，それが患者の話したことについて考えることと置き換わっていた。治療者は患者に耳を傾けていても，その素材を分析的なやり方で熟考できず，患者のコメントから連想もできず，そして患者のイライラさせる遅刻に心を奪われていることに治療者は気がついた。治療者はなんとなく侮辱されたように感じ，患者の真に内的な感情に疑いを持ち始め，それが患者の次々湧き出てくるような会話のやり方からは表現されていないように思い始めていた。

たぶん患者はこのことを知っていた。たぶん患者はこういった状況を引き起こすように自分が治療者に働きかけたことを知っていて，いまや治療者が自己 - 他者の関係を奪うようなまた別の関係（つまり自分自身との関係）に埋没していることを感じとっていた。治療者のなかで事態が疑わしいという考えが増強していること，やがてこの秘密の見方や感じ方を自分自身のなかに保持することは困難だと治療者が気づくであろうこと，そしてその結果として患者を攻撃するであろうことを，患者は知っていた。

患者は以上のことを意識していたと私は考えているのだが，もしもそうであるとしても，患者は自分自身の状態を伝えようとしているそのやり方には気づいていないのである。

たとえそれが残忍さや苦しみをとおして成し遂げられることであったとしても，ある意味では，これは密接に繋がろうとする企てであって，もっとも心に深く感じる感情はその苦しみと残忍さから生まれるという自分の信念を患者は伝えているのである。こういった状態は喜びを与えるために呼び出されるものではなく，パラノイア患者が偽りの自己と真の自己との間の分裂を感じ取っているために生じるものである。その分裂とは，上っ面だけの表現に満ち溢れた偽りの自己と，そして潜在的ではあるがよい内的な世界と著しく偽って表現された秩序との間のギャップというか，その差異に由来する苦痛によって作り出された真の自己との間に生じたものである。このような人々は，往々にして自分たちの両親をひどく偽った存在であると感じており，両親が非常に残酷なことを言ったりしたりしたせいでたいへんな苦痛を味わったとしばしば述べる。やがて時がたつにつれて，その子どもにとって，両親との間のよい瞬間というものは表面的で意味のないものと見なされるようになり，関係性においてより本当のものと思えるような心を動揺させる行為や意見を待つようになるのである。

これは親のなかにある残酷さについての記述であろうか。おそらくそうであろうが，常にそうであるとは限らない。それはたとえば突然に機嫌が悪くなったり，つかの間暗雲が立ち込めるように抑うつ的になったりするといったような，通常見られる親の偽りの自己と繰り返し起きる何か他の自己による不和との間での，些細ではあるが心を動揺させる矛盾が累積した結果であるように思われる。このことは単にその親が抑うつ的になったときに，時折自己や他者（子どもたちも含め）を厳しい目で見る状態に陥って，それがかなり衝撃的であるということかもしれないし，また時々辛辣な言葉で他者を傷つける嫌味な親が繰り返し存在するということであるかもしれない。

このような親の特性はそれ単独で子どもに同じタイプの性格的な反動形成を植えつけることはない。その他にも寄与する種々の異なったファクターが存在するはずであり，それらは様々なものであろう。マージの場合には，親の葛藤によってエディプス的に引き起こされた原光景衝動が湧きあがったのである。つまり彼女は，真の行動による真の光景を得たかったのである。そのような真実により近づくことで，彼女はより力強く感じたのである。彼女によって選択的にまた過剰に強調された心を傷つけるような辛辣な父親の言葉は，普段は見ることはない父親の別の側面がそこに存在するのだという彼女の感覚を強化した。無意識的に彼女は自分の内的状態と他の誰よりも自分の方がよく知っていると主張する，この秘密の父親との間での同盟を求めていたのであり，そして彼女は無意識的に父親のこの人格的な特徴をそそのかして，これと強く合体したのである。

この種のパラノイアにおいては，羨望が奇妙なタイプで進展する。マージは彼女の父親が自分の秘密の自己を彼女から遠ざけていることに著しい怒りを感じていた。彼女は父親にそうする能力のあることに腹を立てていた。特に自分にはそのような自己防御ができないと感じているときには，ことさらそうであった。内的状態とは調和しないことを言うことで彼女の偽りの自己は破綻したが，そうすることで彼女はいつもパラノイアの状態に陥っていた。自分自身に対する自分の不愉快な疑惑の感情を穏やかに治める能力を父親はどこで手に入れたのだろうか。こんちくしょうめ。そしてときに彼女は，父親と母親は性的能力を確認しようとする欲求を満たすような，相互に能力を高め合うような性行為によって，自分たちの身勝手な能力を引き出したのだというエディパルな結論を思い描いたようである。こういった協定は，性的な共同関係から，子どもを追い払うというエリート主義的な行為に部分的には基づいているため，よりいっそう効果的なのである。

このようにして，両親が議論しているとき，まさにその瞬間を彼女は捉えたのである。面白いことに，父親が自分にとってもっとも身近な同盟者であると感じている側の親であるにもかかわらず，彼女は母親の味方をした。意識的な観点からは，両親を比較すると父親のほうがより有能で魅力的なために，彼女の支持を必要としていたのは母親のほうであった。しばしばそうであったように，父親は最後には家族に対して辛辣な言葉を投げかけるのであったが，しかし腹立たしいまでに落ち着いている父親を破綻させるために母親と結託することが，彼女の無意識的な目標だったのである。

その父親の投げかける言葉はたいへん心を傷つけるものではあったが，しかし彼女が父親を捉え，本当に父親がそこに住んでいると彼女が確信しており，彼女の偽りの姿と彼女の隠された真の感情とに分けられた，彼女自身の自己感と共鳴するこの別の秘密の自己を見せるように父親に強いるということで，これは素晴らしいものでもあった。実際，まさにそれこそが真の彼女自身でもあるがゆえに，彼女はある程度父親の心の状態を正確に確信していたと結論づけることができるであろう。つまり，彼女はいつになく憎しみの気持ちでいっぱいであったし，他者に対してもかくあれと強要していたのである。彼女の弟に対するライバル意識は彼女の憎しみの程度を増強させ，もっと出産のシーンがないだろうか，弟はどのように生まれてきたのだろうかなどと監視するといった，窃視症的な衝動を励起した。すべての人はうしろめたい目的で不快な真の自己を隠していると主張することで，まさに患者は自分自身の破壊性による迫害的な罪をなんとか受け流そうとしたのである。

転移においては，治療者の（いつもの内的な私とあなたとの間の）内的な生活を分裂させ，未成熟で著しく分裂した状態にすることが彼女の目的であった。患者の心の状態についてはほとんど知らないままに，治療者は知覚の相互性を投影的な憶測に置き換えるような粗雑な感情の周辺へと追いやられ，そこに置き去りにされたのである。対話を私的な情動に置き換えることで，患者は自分の治療者を妄想的な世界へと一気に招き寄せて，ついには治療者を事の核心へと導いたのである。

ときとして，狂気の世界へと分析家を駆り立てるパラノイアの手腕であるこの見事な病理の芸術に関しては，次の章に持ち越すことにしよう。

第11章
分析家が時として陥る狂気

私が働いていた病院でニックを受け入れるのに先立つ８カ月ほど前に，他所で入院治療を受けていたときに，ニックは暴力行為をしでかすかもしれないということに留まらない，それ以上の患者だと見なされていた。というのも，実際彼は母親に向かってナイフを突きつけて，中西部の都市近郊の瀟洒な住宅街にある彼の家をもっと居心地よくするように要求したことがあったからである。彼は当時18歳で，５年にわたって週に４，５回ＬＳＤを使用し，ヘロイン以外の手に入れられる（または製造できる）かぎりの多数の薬物を試したことがあると公言していた。彼は医療側のアドバイスに逆らい，両親に家に連れて帰るように圧力をかけて，自分から病院を退院していた。前回のこの入院生活の間に，彼は何度か抑制され，またあまりにも破壊的だということで他の患者たちを護るために隔離もされていた。病棟医長は，彼が協力的ではあるが，極端に疑い深く，またぶっきらぼうだと見ていた。彼は不気味に取りつくろった振る舞いで，外見上礼儀正しく几帳面に見えたが，病院のスタッフたちは等しく彼をいまにも「爆発しそう」と見なしていた。

ニックについて取りかかるまえに，私が彼に会う前に持っていた考えのいくつかを，こんなふうに共有しておくことは意味があると思う。というのは，同僚が私たちに個人開業の設定で診る患者を割り当てて来ようと，患者が自分の意志でわれわれの所に電話してこようと，病院が患者を紹介してこようと，われわれは患者に会う前に彼らについて紹介状を読むか，聞くかしているものだからである。ある種の被分析者たちは，つまりそのなかの１人がニックなのであるが，何か悪い評判を引き起こして，かなり穏やかでないやり方で概念の空間の中に侵入してくる。実際，ニックのような人は，自分独自のかなり独特なやり方で他人が心に描く空間のなかに入り込むために，厄介者という評判をさらに助長することになる。

ほとんどの精神分析家と同じように，私は自分の心の平和，または平等に漂う注意による夢想（reverie）が大切だと思っていて，分析の訓練と経験の喜びの一部分は，患者の障害されたコミュニケーションを受容するための心の空間を発展させることだと思っている。患者のコミュニケーションはその場合，分析家の心の空間という容器自体を損なうことなく，十分に抱えることができるものである。ただひたすらに聞くということ，そして私に自由に連想をさせてくれて，刻々と発展して伝えられるものに興味深い意味づけをすることに集中させてくれるような独自の規則（たとえば，社会的に適切である必要のないこと，介入が最小限度であること）をもつ（分析過程という）構造の一部分となることは，とてもおもしろいものである。神経症患者，とくに良質のヒステリーを診る分析家は皆，ただ分析をするだけの分析家であることがいかに楽しいことであるかをよく知っている。

そしてニックのような人たちがいる。このずんぐりした，赤毛で前腕が毛むくじゃらの若者が一番最初の面接で私の正面のいすに身を沈めたとき，私はたちまち精神分析家としての自己ではなくなった。しかしそのときはそれがなぜだかわからなかった。というか実際，そうなっているということすらわからなかった。あとから考えてみると，彼が紹介されてやってきてから相談室の扉から「出ていく（分娩する）（delivery）」までの妊娠期間中，私は彼を私の内部に抱えておくことが不快だったのに違いない。というのは，そこにいたのは最高に奇怪な幼児だったからである。彼は視線を動かさずに私を見つめ，顔中にうっすらとにやにや笑いを浮かべていた。長い沈黙のあと，私はここをどう思うかとたずねた。彼はわれわれ2人ともが質問が空虚に反響するのを感じ取るのに十分なほど長い間この質問に答えず，やがて「いい」と答えた。少しおいて私は，「何がいいのかな？」とたずね，彼は「居心地がいい」と言った。私が窮屈に感じているのに対して，彼は明らかにくつろいでいるといういまいましい逆説に打ちのめされて，私はたずねた。「何が居心地がいいのかな？」それに対して彼は「ぜんぶ」と答えた。永久に続くように思えた面接を終って，私は，この病院が開放病棟であり，他の患者たちが「感じがいいnice」という理由で彼が気に入っているということを，やっとのことで聞き出しただけだった。

彼について何がそんなに問題なのかということを，そのとき私はまだ知らなかった。たとえば，彼は私をじっと見つめていたのであるが，彼は正確に同じ角度から（ちょうど横目でというのではなく，斜めから）そうしていたことに，私はまだ気がついていなかった。また，5分かそれくらいごとに彼が頭を左に回しては，私のオフィスの窓辺を見ていることに気がついたのは，何週間もたってからのことであった。それは窓の外の景色を見ようとする人の動作ではなく，むしろ目的もなく無意味に空間を走査しているテレビモニターの機械的な動きに近かった。私は彼がそうしているのを見て，彼に幻覚があるのではないかと思い，何かたったいま思い浮かんだのかと尋ねたが，彼はいつものように長い間私の質問を沈黙のなかに放置したあと，「いや」と答えた。その時点で私がまだ気がついていなかったことは，この奇怪な頭の回転が私に与えた影響であった。そして，ニックが面接の間，完璧にじっと座っていることには気がついていたけれども，初めの数週間のあいだは，彼がいすの上でまったく身じろぎもしないことには気がついていなかった。彼は決して足を組もうとしなかったし，姿勢も変えなかった。彼は両手を肘掛けの上に置いたままでまったく動かさなかったが，唯一の例外として毎回の面接のなかで20分くらいたった時分に，彼は左のシャツのポケットに右手をつっこんで煙草とライターを引っ張り出すのであった。左手を肘掛けに置いたままで，彼は煙草を取り出し，自分の顔の20インチかそれくらい前にかざして，それから水平に自分の口まで運び，数秒間そのままにしたあと，火をつけるのであった。それから，ライターと煙草が同じポケットに戻された。彼の頭の回転も煙草に火をつけることも，彼の身体の他の部分を一緒に動かすことなく行われるのだった。よく考えてみると，彼の動作が彼の身体から分離しているのと同じように，彼の単音節の返事はとてもシンプルな，分断された発話で，意味から分離しているようでもあった。

最初の数週間の間，私は彼となんとか関わろうと熱心になったあまりに，私が大変なじんでいたいつもの分析的態度からかけ離れていくことに困惑していた。私は彼に多くの無意味な質問をしており，何かが間違っているという感じがして，自分に苛立っていた。私は彼との疎通性をなんとか確立するために，彼とうまくやっていこうとしているだけだった。もしも私がニックについて考えたり，努力を続けたり，理解を進めたりしなかったとしたら，ニックは完全に黙ったままで座っているので，どのみち面接時間のなかですべての仕事をしているのは私のほうだった。

われわれがその時々に自分の気持ちを伝えるのは言葉にしたり語ったりすることを通してであるという事実（Wording and telling sexuality の章《本書では割愛》を参照）にもかかわらず，私の声は浅薄で，緊張し，「感情（働きかけ）（affect-ions）」に欠けていた。

私は偽りの自己を働かせて，彼の生活歴の詳細を聞き出すことができ，また病院での彼の体験についてもより多くのことを知ることができた。自分の問題は7歳で転校したときから始まったと彼は言った。彼は前の学校では変人と見られていたが，クラスメートたちは彼が好きであった。しかし新しい学校では，彼は激しいいじめの対象となり，そのことで彼はますます変わり者となっていった。彼はよく運動場に突っ立って1人で風変わりな手話を披露していて，これを見た彼のクラスメートたちは，それがなにか卓越した意味を表していると信じ込まされていた。12章で述べるように，子どもの身体はなによりも心の状態について多くを表すので，ニックの奇妙なジェスチャーは，体現化された存在としてのニック自身のパニックを表すある種の不安を，彼の級友たちに告げていたのかもしれない。

われわれの病院に移ってきたことはちょうど7歳のときの転校のようなものだったかもしれないね，そしてあなたはここで好かれるように懸命に努力しようと決意したんですね，と私は言った。私は彼の怖れについて彼と話し合おうとしたが，彼はここは快適であり，私はよい治療者であり，7歳のときの転校が問題だったこと以外には自分にわかっていることは何もないと言い張った。

患者は誰でも，患者と分析家がともに分析的な時間を過ごすことになる，ある種の環境を提示するものであるが，分析家はその環境という場での病に苦しまなければならないのである。ニックとの初めの数週間を振り返ってみると，われわれ2人のうちで（悪いほうへの）心理的変化を起こしていたのは，私のほうであったことは明らかである。彼は彼独自の奇妙に不活発で疑い深い自己のままに留まっており，それに対して私は，迎合的としか感じられない自分の質問や解釈に苛立ちを強めるようになっていた。私は分析家として仕事をしているときに気に入っているあの場所に到達しようとむなしく努力しながら落ち着かなかったが，ニックは私をその場から押しのけた。自分の分析家としてのアイデンティティをはぎとられて，患者への私の偽りの適応が進んでいくのを止めることが不可能であるように思えて，私には警告が発せられていた。ニックを宥めすかして，自分の生活について話させようとし，できるだけ巧妙に取り入って話を促したりするうちに，私は彼をひどく嫌いになり，自分の会話の内容や，自分の声や人格のあさはかさがまったくいやになり始めていた。私の考えでは，私は自分のパーソナリティを分裂させることで退行していたのだと思う。つまり，私は本当の自己との接触を失い，偽りの自己に占拠されて，徐々に機能することができなくなってしまっていた。私が気がついていた唯一の自分の本当の状態は，この状況に対する強烈な苛立ちと，そのなかで果たしている自分の役割への強い苛立ちとであった。もちろん私の（この退行による）憎しみは，私にも，私の患者にも何の役にも立たなかった。

生命をもたないような，拒否的でいて，しかも奇怪なこの他者を前にして，私は自分の個人的な内的現実を分裂－排除して，それを分析時間の内に持ち込むことができないでいたのである。このようにして私は，ニックの人生を特徴づける早期の関係性を体験していたのであろうか。そして彼は私よりも前から，そこにいたのであろうか。彼は自分の同一性の感覚をあきらめて，それを相互関係の空間の外側に押しやるように強いられてきたのであろうか。彼は他者のパーソナリティのいくばくかを私に示しているのであり，その他者は彼の本当の自己が対象世界を彼らしく使用することを妨げていたのであろうか。

幾週かが過ぎて，やがて何カ月目かになるにつれて，私は私の偽りの自己の適応を減らすように努め始めていた。私はニックが部屋に入ってくるときに彼をドアのところで出迎えるようになっていた。そして彼は腰をかけ，それから沈黙がわれわれを襲った。それはなんとも表現しようのないものだった。

われわれを包み込んだものは，何かに対する深い怖れなのだろうか。おそらく，それは悪夢に変わるほんの一瞬まえにいつもの夢のなかで起こる怖れのようなものだったろう。

日が経つにつれて，この感覚は強まっていった。彼が頭を回すとき，私はよく「何かを見ているのかしら？」と尋ね，それに対して彼はいつも「いや」と答え，また長い沈黙が続いた。ある日，彼は「あれ聞いた？」と言ったので，「何のこと？」と私は尋ねた。「ハエ」「どんなハエ？」「ハエ」と彼は言った。「どこに？」「あそこ。窓のそば。」私は何も見ることも聞くこともできなかったし，秋の初めからハエなどは1匹も見たことがなかった。もう冬だったし地面には雪が積もっていた。10分ほど沈黙が続き，「まだいる」と彼は言った。「ハエは壁に止まっているの？」と尋ねたが答はなかった。また長い沈黙が続いた。私は解釈をした。「そうだね。あなたがしばしば部屋のあちら側を見ることはわかっていたけれど，あなたは壁にハエが止まっていて，私たちを観察し，私たちの話を聞き，私たちの邪魔をしていると感じているのではないかと，私は思うのです。だけど，私もまたそんなふうにあなたを困らせていて，私があなたのいうことを聞いてこっそり探っていると感じているのかもしれませんね。」長い沈黙があり，「いや，そんなことはない。あんたはいい先生だ」と彼は言い，それから再び深い沈黙が襲ってきた。

面接室のいすは大きくて，柔らかい革製で，座るときには息をはきだすような音をたてた。もし身動きすれば，身体の動きに伴って音をたてた。しかしニックは，いすに座ってもまったく音をたてなかった。この無音状態は，まるでわれわれの存在を示す音がまったくあってはならないといったような，この場所の不気味な奇妙さを強めていた。振り返って見ると，私はほとんど息をすることさえ止めていたように思う。私はめったに動くこともなかった。

そして，いつもにない出来事が起こった。この怖れに押し潰されたような沈黙のただなかで，ニックがいすの上でわずかに動き，革がその鈍い音を発したのである。われわれは2人とも飛び上がった。私の心臓は不安で高鳴った。でも，いったいどうして？　いったい何に？　革のきしむ音に？　私は落ち着きを取り戻し，再び考えることができるようになった。「わかったよ，もうたくさんだ，こんちくしょう，まったくばかげてる。」私はこんなことになってしまったことに怒り狂っていた。何を言うべきかわかってはいなかったが，とにかく私は話すことに決めた。

> たったいま起こったことについてあなたと一緒に言葉にして考えてみようと思うんだ。あなたが身動きしたとき，それはほんのわずかだったけど，あなたのいすが音をたてて，私たちは２人とも飛び上がったね。どうしてなんだろう。どうしてそうなったんだろう。あなた自身を怖がらせないように，それとも私を怖がらせないように，あなたは身動きする権利もないということなんだろうか。身動きも許さないものはいったい何なんだろう。いいや，ちがう。あなたが存在することも許さないものはいったい何なんだ。まるであなたは怪物から隠れているみたいじゃないか！
>
> そしてその怪物とはいったい何なんだい。それはいったいどこにいるんだ。それは私なのかい。私は怪物なのかい。怪物ボラスなのかい。

魂の抜けたような笑いが，壁にはね返ってきた。もしこの発作を笑いと呼んでいいのなら，ニックはそれまで一度も笑ったことがなかった。その翌日，玄関を通り抜けながら，彼は「やあ怪物さん，こんにちは！」と呼びかけた。あの恐ろしい沈黙は終った。

分析家と患者はいったい何を体験したのだろうか。それはその人のまさに存在そのものが，そしてその人が生き生きとしてある権利が，陰険でしかも得体の知れない他者の存在によって侵害されようとしているときに，そこで生き残るための闘いであったように思う。私はしゃべりすぎる偽りの自己から，息も絶え絶えな怯えきった存在へと退行してしまっていた。私は身も心も生き生きとした感じがまったく持てないでいた。私はまったく自分の内側に縮こまってしまっていて，やっとのことで呼吸し，身動きもできないありさまだった。私は生命のない，実体のないものとなっていた。この環境は被分析者によって創り出されたものであるけれども，私は患者の心のありさまよりもむしろ自分の内なる狂気のほうに気がついていた。先にも述べたように，彼の態度はいつも変わらなかった。むしろ私のほうが，言いようのない怖れに圧倒されて，分析過程の統合性を失ってしまっていた。

しかしニックと私は，私たちが生きている世界に対して共通の反応を分かち持った。われわれは２人ともびっくりした。そしてそのことで猛烈に腹をたてたときに，私は私の怒りや抗議や，そして話そうとする努力などが，なにかしらわれわれ双方の代弁をしていることに気がついたのである。私は自分の心を語る権利を手に入れるために，まるで何かに立ち向かっているように感じていた。

死んだような沈黙を育てて，相互関係を根絶やしにすることによって，患者は私が偽りの自己で適応するようにさせていたのである。ニックはエリクソン（Erikson）（1968：172）が否定的同一性と名づけたものを呼び起こすことによって自分の偽りの自己の適応を覆い隠したのだけれども，しかし人間的な親密さを壊すような同様の事態に晒されて彼が人生の早期に採用した防衛は，同様のものだったのである。しかし私の受けた恐怖の強烈さは，単に他者が私に向けた奇怪な態度や敵意によって引き起こされたものではありえなかった。周知のように，情緒的危機をもたらすものは現実の出来事と投影された内的状態とが結合した場合である。つまり私は偽りの自己になっていて，私の憎しみは分裂－排除されていて，**何者か**（x）のなかに投影されていたので，私の怖れはかくも突き動かすような強いものとなっていたのである。それは**患者それ自体**（per se）のなかにではなく，むしろ患者と私が存在していた環境のなかに投影されていたのである。それゆえ，われわれが驚いたという反応への私の激怒は，このような病理的な過程からの部分的な回復として見ることができるだろう。おそらく，私の憎しみは役に立つものとなったのである。

私が分析家の立場に立って，リラックスできるというほどにはならなかったにしても，ニックのほうは，この沈黙のなかから現れ出て，比較的おしゃべりな患者となった。とは言っても，私の困難は決して終ったわけではなかった。「ところで」と，ニックは私を真剣に見ながらこう言った。「昨夜，マリファナをしこたまやったんだ。」彼自身もわかっていることだが，彼が私に以前に話した大酒を飲むことと同じように，これは病院の規則に違反することであった。実際のところ，毎回の面接は私を挑発しようと企まれた発言によって彩られたものとなっていた。「スーと俺はこのあいだセーフウェイ（Safeway）[訳注1)] に行って，M&Ms'（チョコレート）を1カートン盗んだんだ。」「通りの向こう側のバーに行って，それからどうなったと思う？　やつ

訳注1)　Safeway はアメリカの大手スーパーマーケットチェーンの1つ。

ら酒を出したんだぜ！」「マッシュルーム（麻薬）の隠し場所を見つけたんだ，今度やるつもりだ。」私はこれらの行動化が私を攻撃するためのものだと気がついていたが，しかし最初のうちは，行動化の背後にある対象関係の正確な意味については気がついていなかった。

私は新しい種類の不安が起こってきていることに，そして彼がいったい何を企んでいるのだろうかという心配が私に侵入してきていることに気づいていた。ニックが面接にやって来たときはいつでも，数時間前の朝のカンファレンスで報告された問題行動のいくつかは彼がしでかしたのではないかと気になって，私は彼の言うことに耳を傾けるのが難しかった。それに対する私のお決まりの反応は，病院の規則についてのお説教をしたくなるというものであったが，しかし私はそのような応答を差し控えてその代わりに，彼は私を困らせたいように思える，そして彼はそれを楽しんでいるように見えると言った。やがて彼は，病院にこんなにたくさんの規則があってまったくうんざりだと不平を言った。自分は自由になりたいし，薬をやったり大酒を飲むことは自分なりの自由を行使するやり方だと彼は言った。私はそれには同意せず，それはまったく逆のようだねと言った。つまりあなたは病院を挑発して，あなたのやることに注意を向けさせ，監視させて，結果的には行動を制限させようとしている。彼は最終的には，スタッフたちが彼をじろじろ見ることを，彼の母親のいらいらさせるような，さぐるような目つきと比較するようになった。思い出せる限り昔から，母親はいつも彼の部屋を覗いていた。ドアに掛け金がなかったので，彼はついには母親が引き戸を開けようとしたときに知らせる警報システムを取りつけようとした。思春期の前期には，明かりがついているかどうか母親が探ろうとするのを妨げるために，ドアの隙間にタオルを敷きつめもした。母親の侵入的な振る舞いについて不平を述べるその一方で，彼はまた母親に見せるために薬を常用している証拠を家に残しておくことで，母親を挑発するテクニックを発展させたことも明らかであった。彼がそのわざとらしい行動を私に教えることによって，心配性で侵入的な母親を私のなかに投げ込んでいるのだということに私は気がついたが，しかしニック自身はこのことに気がついていなかった。しかしそれでも，ここで起こっていると思うことを私が彼に伝えたときに，精神分析的な解釈は役に立つかもしれないと，彼はかすかに理解したようであった。

しかし，私自身の逆転移のなかでの退行は，情愛や興味や冷淡さや引きこもりや過剰な心配や無関心などなどの未統合の島々がばらばらにまき散らされたような特別の心のあり方に特徴づけられたものであった。ちょうど同じ頃，ニックの母親がたまたま病院宛に，彼女の生活歴とニックの幼い頃のことをくわしく書いた手紙をよこした。それは彼女の子育てにおける早期の失敗についての心を揺さぶられるような記述であった。彼が生まれてからしばらくして，彼女は家族の一員の末期の病気の世話にかかりきりになり，その反動でニックが母親にしがみつくようになったために，母親は家にいるときには一瞬たりとも自分自身の時間をもてなかった。彼女が家族の病気の世話に心を奪われる状況は続き，ニックが3歳半になった頃には，彼女は自分がニックに対してひどく冷淡になっていることに気がついた。彼女がどのようにして彼を拒絶したか，そしてそのためニックが表面的には母親に対する気持ちを押し殺して，どのようにして母親から離れていったかについてもそこには書かれていた。年月が経つにつれて，彼女はかつて起こったことの結果に悩まされるようになり，やがてニックが薬に手を出して奇異な振る舞いをするようになったときに，彼女は侵入的になるしかなかった。実際のところ，彼女は彼とどうしてやっていったらよいのかわからなかった。

ニックの述べる母親の人柄は，私にとってはかなり的確なもののように思え，私の逆転移とも合致していたが，いまや母親自身による説明を得て，われわれが対象関係の新しい水準に移行してきたことを私は確信した。しかし無意識過程を理解して，それを解釈することは，必ずしも心的な変化をもたらすことにはならず，ニックの行動化はいまや活動療法センターの看護者たちや集団療法の治療者たちの注目を引くようになっていた。彼の行動による再演を取り扱うもっともよい方法は，彼が私のなかに引き起こそうとしているものや，この対象関係のもつサディスティックだが構造化された喜びについて，解釈することだということが私にはわかっていた。そしてそうするなかで，われわれはゆっくりと，独特な母子関係の妄想的な雰囲気から抜け出して，彼が私の中に作り出した疲れ果てた母親を，なんとか抱えてそれを処理することによって，私は病理的に退行した対象関係から抜け出すことができるようになった。しかし病院からの予想された反応は，この真剣な試みをより困難で複雑なものにした。

毎朝のカンファレンスで，看護師たちが前日の昼と夜の記録を読み上げるときに，ほとんど毎日のようにニックは報告のなかでひときわ目立つようになっていった。彼が入院してからの最初の何週間かの間は，彼はめったに話題にも上らず，私は朝のカンファレンスを，コーヒーをすすりながら，「ミルクの木の下で（Under Milk Wood)」さながらの[訳注2)] 悪夢や性的な冒険や政略的な陰謀などの，様々な患者たちの夜の生活の物語を聞く機会として楽しみにしていたものだった。私は同僚たちとあいさつを交わし，魅力的な看護師をじろじろと眺めながら，病院内での出来事を耳にすることができた。それは1日の良き始まりであった。ところがニックの名前がやっかいな麻薬と関係して掲げられるようになったとき，私はショックとともに心地よいまどろみの状態から追い出されて，まったく違った気分のなかへと放り込まれてしまった。私は息をするのがやっとのことで，不安で心配で，何を言ったらいいかほとんどわからないような状態であった。私はゆくゆくは同僚たちが，いったい何が起こっているのかわかるように説明して欲しいと私に求めるのはわかっていた。これは治療への侵入になるので彼らがそうしたいわけではないことは知っていたが，しかしいずれはそうなるであろう。報告は続き，看護師はさらに患者たちに広まっているニックの不品行についてのうわさを報告していたが，そのなかで私は，この患者が素行の悪い対象になろうとする無意識の努力がうまくいかないように，何とかそれを阻止しようと，さらに困難な努力をしようとしている自分に気がついていた。

私はこのような努力が精神病的な患者の治療のほとんどで起きると考えている。というのも被分析者は無意識のうちに，自分のことを際立った行動が特徴的な人物だと分析家に認めさせようとしむけるからである。定められた病院の規則や日課に背くような行動化をすることによって，患者は自分が行動によって定義されるひとつの現象であるかのように，周囲が自分に対して反応するように仕向けるのである。実際，問題行動からは常にニックが連想

訳注2)　「Under Milk Wood」はDylan Thomasの書いた有名な劇。多様な性倒錯者や悪魔崇拝主義者など，様々な闇の部分をもつ人々が暮らすLlareggubという架空の町での物語。

されるようになっていった。「さてさて，薬が出回っているようだけど，ニックは昨晩どうしていたかな？」「地元の店で万引きがあったという報告を警察から受け取ったんだけど，昨日の午後４時にニックがどこにいたか誰か知らない？」このような反応は理解できるものであり，ある意味で当然のものであったが，しかしその結果は患者を事物に変えることであったかもしれない。

事物になること，つまり表に顕われる行動によって特徴づけられる熟考されない反応の源となることは，統合失調症的な対象関係の無意識的なねらいの1つである。統合失調症者は自分自身の内的な生活をまさに沈黙させたかのように，他者の心理的な共感を消し去ろうとする。ニックの治療のこの長い経過の間，私は彼が性懲りもなく悪さをするやつと見られたがり，病院中に彼に対する冷たい敵意を持ち込もうと目論んでいることを強調した。幸いなことに，彼はこれがそのとおりだろうということをわかっていたので，私はこのことを徹底操作することができた。朝のカンファレンスで，私と同僚たちはしばしば当然のことながらお互いに葛藤状況におかれた。同僚たちはよく彼の違反行為についてあげつらい，行動の成り行きについて憂慮したが，それに対して私は，これらの行動の背後にある一群の心理的な意味を思い起こすようにしていた。時々，彼の行動についての看護報告や病院管理者の反応はまさにベータ要素（心理的に未消化な事実に対するビオンの言葉）そのものであり，私はまさにアルファ要素（ベータ要素に働きかける思慮深さ）そのものであるかのように感じられた。しかしこのカンファレンスは良好な作業グループであったために，創造的な二極化が可能であり，私はいつも患者の行動面を見る見方によって私の葛藤を深いところで支えてもらっていると感じていた。残念なことには，多くの精神病的な患者たちは彼らを行動面の問題だけで捉える病院へ入院してくるので，彼らは薬物療法と「支持的」精神療法との併用で治療されるのである。

この症例呈示の基底にある問題について議論するまえに，分析家が逆転移のなかで起こす退行と回復の諸段階をまとめておくことは価値があるだろう。

1．分析家のパーソナリティが分裂して偽りの自己の適応に陥る段階。その結果，被分析者との作業のなかで分析家は自分の現実感覚を失うことになる。これは部分的には，患者が分析家との相互関係のなかで，子どもである患者が受けた深刻な母親的なものからの拒絶を持ち込んで，分析家がその患者の個人的な現実の喪失を体験することに由来するのである。

2．恐怖が生き残ることを凌駕する段階。分析家は心身ともに動けなくなるような恐ろしい沈黙に圧倒される。これは母親から向けられた敵意，すなわち子どもの生き生きとしたものを死んだような状態にしたいという母親の願望を，患者が持ち込んでいるものと理解される。しかし，このような恐怖は子どもの反応的な破壊性によって強められもしているのであるが，それは分析家の逆転移によって表現されている。つまり分析家は，自分のパーソナリティを分裂させて，自分の憎悪を環境の側に投影し，一部分だけで機能しているような分析家となっている。そして分析家はこのことに打ちのめされて，面接のなかである瞬間にこの憤慨を言葉にして持ち出す。そして攻撃性は，生き残りのための役に立つ手段となる。

3．心配する母親のような段階。この段階では患者が分析家の主観的な位置を子どもの位置から母親の位置へと転換させるので，このなかで分析家は母親のパーソナリティを引き受けることになる。分析家は母親の狂気のなかへの退行から回復するために，理解と解釈とを用いる。

4．患者が脱主観化（desubjectification）する段階。ここでは患者は，自分を素行の悪い行動だけの対象と見なすように分析家や共同体に強要しようと目論む。分析家が母親が意味を消し去ろうとしたものを意味あるものに変えようと仕事をする場合，このような患者の行動の背後にある意味について考えようとするか否かが問題となる。

深刻な障害をもった患者を治療するということは，それぞれの分析家が被分析者によって創り出された，すでに障害を受け，またさらに障害を引き起こすような環境の中を，あえて生き続けなければならないということを意味する。数多くの分析家たち，特にサールズ（Searles）（1979，1986）やジョヴァッチーニ（Giovacchini）（1979）は，境界例患者や精神病的な患者たちと共にいるときの，分析家自身の心の内の狂気について記述している。

そのような状況において，分析家は，患者が自己の対象世界や両親の対象世界の一部分を分析家の心の中に投影することで，無意識的に決定づけられた内容豊かで形成的な（in-formative）退行を経験しているのかもしれず，それによって患者は，自分の存在すること（being）や関係すること（relating）の体験のありさまを伝えているのかもしれない。このことが正しいならば，分析家はこの退行のなかにあえて留まって，自分のパーソナリティの別の部分に時を与えるべきである。そうすれば，その情報は処理されて，未思考の知の一部分は，まだ体験を内省することの可能な分析家のパーソナリティの一部分によって働きかけられることができるのである。臨床状況というものはすべて中間的な（間主観的な）心的現実であり，精神病的な患者と作業するときには，神経症者の治療をするときよりもずっと，面接時間のこの中間的な性質が分析家の心の中により大きな重要性を帯びてくる。より健康的な患者たちは，彼らの主観の内部での作業の成果として，その面接時間内で内省されうる意味を創造することができる。しかしより重い障害をもつ患者たちはこれができず，その面接時間の仕事は体験の中間領域で起こってくるので，分析家は，そのとき患者の本当の自己の分裂－排除された部分やその対象との体験の分裂－排除された部分をもちこたえていなければならず，いつの瞬間にも誰が何を持ち込んでいるのか，そしてなぜ今そうであるのかを，はっきりと知ることはできない。それが中間領域での治療においてはよくある，境界が欠如した状態なのである。そして時がたつにつれて（この状況において時がいかにして様々な治癒的な機能を果たすかというのは興味深いことであるが），分析家はこの内容豊かな対象関係を思考へと変えていくことができるようになる。分析家が自分の逆転移状況を客観的に見ることができるようになると，そのとき彼はそれを解釈の形で「言葉にする」ことになるだろう。このような瞬間に，分析的な洞察や解釈はまず何よりも分析家にとって治癒的なものとなり，それからほんとうにゆっくりと，抱えるような解釈と時間の流れを経て，患者は回復へと向かうのである。

私が自分にわかっている逆転移を患者の狂気のなにがしかを解釈するため

に使うときは，自分が何を考え，何を感じているかを私が理解しているからに他ならない。しかしそのような洞察は皮肉なことに，病理的構造をとおして認められるのである。というのは，心の病は無意識生活の自由さを失わせるので，そのことでわれわれが無意識的な構造を理解することができるようになるからである。患者の病理は（それが自己を制限するので），存在することや考えることや関係することに制限を生み出し，そしてそのような転移を通じて，逆転移を暗示するような構造ともなるのである。

厳密に言うならば，精神分析家は自分の逆転移について知らない。それはあまりにも無意識的すぎるのである。それはあまりにも複雑すぎて，解釈はおろか想像することすら難しい。逆転移とは通常，他者が自己を他者のイディオムにそって使用するのを自己が検討していく基盤（matrix）となるものである。それは自分の心のありさまを言葉にして語るイディオムを変えていくことによって基本的に伝えられる，相互に生き生きとした魂の未知の交響曲なのである。

第12章
体　現　化

1人の子どもが屈辱を味わうこと。それは避けることができないことだろう。

大人と比べて自分の行動の意味やその影響を自覚することが少ないので，子どもは自分のことを説明するように強く迫られることがしばしばある。

20カ月の女の子が，自分の大便を部屋の壁に塗りたくって喜んでいる。お母さんが良く考えたうえで否定的な反応をしても，子どもはショックを受ける。この子のしたことは悪いことで，もう二度としてはいけない。でもうんこで壁を飾ることは自然なことだし，このお絵描きを否定されることは，子どもには身体活動を否定されることのように思えてしまう。

たとえこの女の子が母親の身体に対して肛門期的な攻撃を仕掛けているのだとしても，この子はそれに気づいていない。お母さんの介入は意識の領域で起こっていることなので，だから，子どもはある程度，お母さんから自分の行動の不適切さを知らされることになる。

意識が無意識を捉える。

3歳の男の子が同じ年頃の近所の子どもと遊んでいて，「おもちゃのトラックをぶつけっこ」している途中で，お友達の指に打ち当ててしまい，お友達が泣き出して大人がやってくる。「何をしたの。」子どもの頭の中は真っ白になる。「他の人にけがをさせてはいけません。」苦しくなって涙が出そうになる。「さあ，テリーにごめんなさいって言いなさい。」涙があふれ出る。「泣いたって駄目よ。痛いのはテリーのほうなんだから。すぐに泣き止みなさい。」不幸なことに，何が起こったかについての大人の理解は，子どものものと同じではない。たとえ子どもが「衝突ごっこ」をしている間，怪我をしたときの事の重大さを考えてはいなかったと，大人が認めるとしてもである。

5歳の男の子が産まれたばかりの弟の側に近寄っていく。弟は信頼しきっていて，よい遊び相手が来たと思ってうれしげに笑う。お兄ちゃんはいきなり機嫌が悪くなって，憎しみが湧いてきて，弟の頭の上におもちゃを落として，弟は痛みでわんわん泣き出す。「何があったの。」お母さんが取り乱して金切り声をあげる。頭の中は真っ白。「わかんない」と子どもは答える。「わかんないってどういうことよ。」「ただ泣き出しただけ。」「いったい何をしたのよ。あなたが何かしたんでしょ。」

このことについてちょっと考えてみよう。この子は自分が弟の頭の上におもちゃを落としたせいで弟が泣き出したことを確かに知っている。それにこの子は憎しみを感じて弟を痛めつけたかったということも知っている。でもこの子が，自分には責任がないと言う時，完全に嘘をついているのだろうか。子どもたちは子どもっぽい心的現実の領分のなかで生きていて，そこでは空想的なものと現実的なものとが知らず知らずのうちに混ざり合っていることを心に留めるならば，この子が実際にどうしてこんなことになったかがわからないとしてもあながち嘘ばかりではない。この子はどうして弟の頭の上におもちゃを落としたのかわからないし，同じようにどうして憎しみを感じたのかも，どうしてその前までは機嫌が良かったのかもわからない。このような心の状態や，そして行動も，ただそうなったとしか感じられないのである。ただそうなってしまった。因果律や事の重大さといった考えは，まだ十分に把握されていない。たとえそれを認知的に理解していたとしてもである。

しかしいったいどうしてそうなるのだろうか。

この２つの真実の間の対立は，認知的な現実と心的現実との間の不一致に由来している。認知的には，この子どもは弟の頭の上におもちゃを落としたら弟が痛がるだろうとわかっている。心的現実では，それが殺人の表現であるし，しかしまたそんなことは起こりっこないことも知っている。そしてそれを実行するまでの千分の何秒かの間に，この子は殺人ではなくきっと他のことが起こるはずだという自信をもつ。この子はおもちゃを弟の頭の上に落とすつもりではなかったのだ。ただそうなってしまっただけなのだ。

この子は嘘をついているのだろうか。ある意味ではそうである。しかし同時に，この子は自分の現実感覚とまったく一致したやり方で行動しており，その現実感覚のなかでは，行動はすぐさま想像的な修正を被りやすいのである。だからこの子は，平気で，実際に起こったことを起こってないと言えるし，それを信じるようにもなるのである。

子どもたちは，その生活の多くを空想のなかで生きている。1つのことを想像し，そしてまた次のことを想像し，ほとんどはただ夢想するだけであるが，しかし時折，行動としてそれは実際に演じられる。このように実演することや行動することは，ある程度，内的に想像することの要素でもあるので，子どもは内的な事象の推移を単に変更することで，自由にその結末を変更することが認められていると感じている。だからこの子どもは，おもちゃを落としはしなかったと信じ込むことができる。つまり，弟がこの子の手の中のおもちゃを叩き落としたのであって，それが不幸にも頭に落ちてきて自分を傷つけたのである。

しかしここで，母親の「何があったの」の後のこの子の最初の反応，つまり私が「頭のなかが真っ白」と表現した，言葉も出ない瞬間について考えてみよう。この子どもにとっての情緒的な真実がどのように推移したかをよく考えてみるならば，このような不意打ち状態は，この子の社会的なたしなみの観点から，敬意を持って受け止められる必要があると私は思う。この茫然自失状態は現実的である。なぜなのか。それはこの子が，自分でも説明のつかない現実での自分の行動や出来事に説明を求められているからである。この子がおもちゃを落としたとき，それは現実の行動というよりももっと深い内的で私的な出来事，現実の振る舞いというよりも精神的に包まれた身体自我の内部での出来事であるように思える。しかし子どもは，それが現実に起こったことであることを発見し，精神的な覆いは，社会的な事の重大さによって打ち破られる。

不思議なことに，罪悪感は安堵となる。子どもは，そのとき実際に弟を殺そうとしたかのように感じる。彼は弟に「爆弾」を落としたのである。そしてだんだんと自分の行動を現実として受け止めるようになると，弟の苦痛を感じ取るようになる。破壊的な行動をしてしまった子どもは，あたかも自分の暴力を他者のなかに投げ込んでしまったかのように，時にはそれによってからっぽになる。親による（そして後には心による）介入によって，主体は現場から精神的に立ち去るために，自己もまたからっぽになる。罪悪感を体験すると，その時自己は満たされる。実際，罪悪感でいっぱいになると言ってよいだろう。罪悪感によって，感情的な責任が回帰してきて，からっぽな状態に取って代わる。攻撃行動とそれを否認する行動のなかで失われた自己の一部分が，それによって回復するのである。

しかしそのような罪悪感が発達するのは，何らかの理由で，子どもが自分の行いを過去の現実の新たな焼き直しとして消し去ってしまわない場合のみである。たとえば，父親がこの現場にやってきて，厳しく叱ったとしよう。そのようなときに子どもは，自ら望んで軍隊式に，空想的な否認のなかに自分を追いやるであろう。私がこれから論じようとしているような種類の子どもでは，茫然自失の状態がもっと強く起こってくるはずである。そのような子どもは，麻痺したまま，言葉もなく，おそらく怒っている親をただ呆然と見つめているだけだろう。否認の法則に従って，このような子どもは，簡単には言葉を取り戻せないし，やってしまったことを受け入れることもできないし，心的現実の筋書きに沿って出来事を作りかえることもできないであろう。

そのようにして人事不省に陥った子どもは，不確実で中途半端な状態（リンボ）[訳注1)]に置かれてしまい，行き場所もなく，内部からのある種の恐慌にさらされ，心的現実を実行したために自己に下される恐るべき審判にさらされる。空白の状態はこのとき重要な自己状態となり，精神的なものと実際のものとの境界でそれが生じてくる。このような子どものなかにはゆくゆくは，あらかじめ自分を空白の状態にしてしまい，一見何もわからない状態にして心の痛みを避けて，ある種の不自然な純潔を作り上げ，その結果だんだんと自分の心的な夢と実際の行動との間の結びつきを破壊してしまう者もいる。

おそらく次のように考えることができるだろう。まず最初に，子どもは不運なあるいは破壊的な行動の背後にある意図について否認する。しかし次には，自分の内的な罪悪感のために，内在する心的状態が社会的な不承認と結びつき，子どもの罪悪感を増強する。そして最終的には，自分の行動が被害者に及ぼした影響について，そして自分が他者にどう見られているかについ

訳注1)　リンボ（Limbo）とは本来，水子の死体の安置所。正式に生まれたわけでも，教会できちんと埋葬されたわけでもない不安定な場所。

て，子どもは考え始めるようになる。

私たちは皆きっとよく承知していることだが，攻撃的な行動をとったそのすぐ後に，大人に問いただされると自己が空白になるような子どもがいる。これは往々にして子どもが罪悪感をもっていることをひそかに告げる徴候である。しかしまた同様に，そのとき自動的に茫然自失となり，自分は本当に清廉潔白なのに，自分の行動の責任を引き受けてしまう子どももいる。このような子どもは，心の中のことと対人関係上のこととがそもそも混乱していることを表現しているのであろうか。自分がたしかにそれをやったと想像してしまうために，実際にそれをやったかどうかは重要な問題ではなくなるのであろうか。このような場合は，この茫然自失状態は防衛的なもののように思える。社会的な不承認を予測したときにそれは自動的にやってきて，心の中のことと対人関係上のこととの統合を無効にするために，その2つを混ぜ合わせてしまうのである。いつも決まってやってないことで責められて，また同様にやったことでも責められているうちに，ある種の無意識的な悲観主義が生まれてきて，子どもは自分の行動を内省的に熟考するといったことを止めてしまうのである。

内省的な能力の発達は，それぞれの子どもによって異なる。それがエディプス・コンプレックスの渦中にあって高まることは確かなことであり，そのとき子どもは様々なポイントから同一化するし，自己と他者についての，より豊かでより多様な視点を得ることになる。しかし，それぞれの人が連続した自己意識をもつようになるのも，この時点なのである。

空想や無意識的な行動に夢中になっている子どもたちは，しかしながら，自分がやっていることについて考える能力が比較的欠如した状態にある。子どもが遊んだり何かを夢中でやっているのを目撃している大人は，それを遮って，子どもが何をしているのかを簡単に言い当てることができる。そのような際に子どもは決まって驚くところを見ると，子どもたちは遊んでいたり演じていたりしているときに，自分は目に見えていないように感じているようであり，それはおそらく子どもには自己観察が欠如しているためだろう。

遊ぶことをとおして自己を現実的なものに位置づけることで，子どもたちはある種の，夢を体現化する作業に携わっているのであり，それが内的生活の要素を世界へともたらすのである。静かにそして絶えることなく続くこの夢想の体現化は，時の経過をその子どものイディオム(idiom)で刻印する。

おそらく自己観察は，子どもが体現化されたと感じるまで，つまり子どもが自分の性的，情緒的，記憶的生活が世界に位置づけられたと感じるまでは，先延ばしされる必要があるのだろう。そしてこのことが起こるためには，子どもたちは内的な自己を繰り返し実現し，創案し，検閲を迂回し，そして表象の統合を相対的にかなりの程度達成する必要があるのだろう。幾千回ものそのような作業を繰り返すことで，体現化の作業は成し遂げられるのである。

しかし体現化（embodiment）とはいったい何を意味しているのだろうか。実は私たちは，その手がかりをリビドーの理論の中に持っている。それは本質的に精神分析的な概念であり，性感帯の熱情を組織化することをとおして，子どもの発達を意識のなかに同定することである。口唇期から，肛門期を経て，男根期へと，その熱情は段階を踏み，子どもは性的な存在として発達し，身体的な興奮を意識のなかへと結びつけることを体験し，その結果，リビドーの発達をとおして，子どもは自分の身体を体験するようになる。しかし，スキゾイド的な子どもたち，制止を被っている子どもたちは，このようなやり方ではまったく発達していかない。性感的な熱情は，身体の運動のなかで，あるいはそれを通して表現されることはなく，実際の世界を操作することで表現されることもなく，心（mind）の中でだけ表象が獲得されるのである。性感的な関心の心的表象は重要であるが，しかしもしも子どもがそれを，いわば身体としての存在のなかに持ち込むことができなければ，そのとき何かが失われることになる。

しかし，心的表象を身体としての存在の中に持ち込むということを，どのようにして語ることができるのだろうか。それはどのようにして達成されるのだろうか。それはいったいどのようなものなのだろうか。そもそも身体としての存在とは，いったい何を意味しているのだろうか。

過度に単純化して言えば，それは心的なあるいは情緒的な状態を自然に意味するもの（シニフィアン）として身体が参与することを表している。そして生き生きとしていることを指し示すものであるウィニコットの本当の自己という概念に照らし合わせるならば，それはまた独自の意味合いも帯びてくる。それが主体の欲望を伝える場合には，身体がそれを明示する能力に応じて，それは明白なものとなる。当然なことではあるが，顔面の紅潮，荒い息遣い，勃起した乳首，勃起したペニスは，性的欲望を伝えるし，その限りでは身体は明らかに意味するものとなる。しかし私たちが黙ったり話をしたり，また誘ったり応じたりする振る舞いの機微については，ありふれたものでありながら謎めいている。こう考えてみると，身体はかなり不明瞭な無意識の表現であり，それによって意味されるものはしばしば，他者にもまた自己にも知られることがない。もしも私たちが鏡に囲まれていて自分の身体を目撃することができるならば，私たちは意味するもの（シニフィアン）としてそれを捉えることができるかもしれない。ビデオカメラの陰影をとおしてさえ，私たちが表しているものをわずかに垣間見ることができるだろう。

私たちの存在が身体をとおして表出されるとき，そのいたずらっ子のような無意識のコミュニケーションを私たちは間近に正視することに耐えられない。子どもが発達してだんだんと身体をその存在へと解放することができる，つまりその主体性を体現することができると感じるようになってくると，子どもは，私たちが「官能性」として理解している，たいへん特有な表出を発達させることになる。感覚を用いるこのような能力は身体の動きの自在さを承認することを意味しており，官能的な自己は欲望を身体表出的な存在へと登録したことになるのである。

しかし官能性は自己のみによって達成されるのではない。フロイトが本能を強調したのは部分的には正しく，それによって本能の変遷が明瞭に解明されたが，しかしそれそのものはいわば自体愛的な理論であって，性的なものが含意するものの半分にしかすぎない。フロイトは他のところでは母親の官能性について書いてはいるけれど，それを本能理論には盛り込んではいないのである。母親は最初の性的対象であるばかりではなく，フロイトが言うには，母親は自分の子どもに性愛を見出す。母親のリビドーは子どもの身体に備給され，無数に繰り返される愛撫の手つきの技の下に母親のリビドーは表現され，身体を刺激しそしてまた満足させるのである。母親のキスは子どもの身体を性愛化し，子どもの身体は本能の躍動でそれに応えるのである。

愛と憎しみ，生と死，性と攻撃性，といった本能の，最初でもっとも本質的な融合は，何もないところでは達成されない。つまり，子どもの心的経済論の帰結として獲得されるわけではなく，むしろ母親の官能性のなかで表され，母親は母親独自の幼児との在り方のなかで，愛と憎しみを結びつけるのである。母親が心からの愛情をもって笑い，子どもの身体を抱いて揺らしながら「おまえを食べちゃうぞ」と言うとき，母親は愛と憎しみをこの力動的な２人組みのなかに溶け合わせ，２人の内的世界を子どもの中に体現化する生き生きとした貢献を行っているのである。

体現化はこのとき，意味するもの（シニフィアン）としての身体をとおして主体が内的状態を奔放に表現すること，つまり精神的なものがその自然な体現化の道筋に自身を明け渡すことを意味しており，そこでは精神的状態は自発的に身体的表現へと移し変えられる。母親は目に見えるあるいは目に見えない愛撫でもって性愛的な意味を伝え，子どもの性愛の発生，すなわち性感帯の集積としての身体の本能的な発見に，他者の欲望の自発的な発現をとおして加わるのである。

すぐに理解されることであるが，体現化によって，脱体現化についても語ることができるようになる。それは肉体化された存在から離れて，精神作用だけの世界へと戻っていく方向での動きであり，精神医学において脱体現化として知られている様々な徴候，すなわち現実感喪失，解離，離脱体験などを含んでいる。そのような時には，何かその身体感覚から忘我的な肉体化を奪い去るようなことが起こっていて，心は身体を離れてそれを対象として見ているか，あるいは主体は自分自身の身体への拘束をどこか不自然で奇妙に感じているのである。体現化への動きの集積や脱体現化への過激な動きによって，しかしながら，非言語的な意味が独特に表現されるときもある。それは何か自己がそのイディオムを自由に表現させていることであったり，そこから急激に撤退していることであったりする。

違った状況を生きている２人の子どものことを考えてみよう。

子どもＡは気の向くままに新しく買ってもらったおもちゃを，バンバン打ちつけて遊びながら自分の加虐性を表現していて，そこに父親がやってきて「おいおい，見てごらん，新しいおもちゃが壊れちゃうじゃないか。けしからんことだ」と言う。子どもは驚いて固まる。そして否認。そこに母親がやってきて父親をたしなめる。「そんなにきつく言わないで。この子は新しいおもちゃで大喜びして遊んでいるのよ。おもちゃは遊ぶためにあるんだから。」

子どもＢは遊んでいて，片方の親しかそこにいない。「せっかくのおもちゃがすっかり台なしじゃないの。やめなさい！　なにやってんのよ！！」茫然自失。否認。

親の目をとおして自分の行動を見たとき，Ｂは自分の体現化された行動をうまく否認できないだろう。子どもは話したことや感情や気分を否認することができるのだが，現行犯で捕らえられたなら否認は不可能になる。子どもは屈辱を被ることになり，それを私はここで「拘束された行動」と定義したいのだが，その結果，子どもが自分の身体自己を他者の非難の目を通して見るとき，主体は自身の身体から少しばかり分離することになる。この他者の見咎める視点は，目前にあるもの以外には何の証拠も必要としていないのである。それと同時に，身体自己は他者の非難の目によって時間と空間のなかに定位される。さらに子どもが非難する大人に，すなわち超自我に精神的な同盟を感じているならば，そのとき子どもは親に同一化して，さらに大きな同一化のシフトを感じるだろう。

このことは，まるで自身の魂が自身の身体から遊離して，他者のなかへと入り込み，身体は重く，不活発で，魂の抜けた容器として残されるということである。ここで起こってくる，他者の目をとおして自己を見る一部分と，そのようにして吟味される一部分との間の分裂が，屈辱の体験となる。自分の身体が罪深い屑のようなものであり，価値がなく，のろわれるべきものを意味するもの（シニフィアン）となる主体の感覚について，私はここで強調しておきたい。これに完全に同一化することは，その重みに耐えかねて永続する非難の袋小路に滑り落ちていくようなものである。

屈辱の瞬間に時は静止する。

子どもＡの魂もまた自分の身体を離れていたが，この子は自分自身を２組の目で見ている。１つは非難の目であり，もう１つは救いの目である。もしも身体から離脱しなければならないならば，魂は天国に行くのが一番幸せだろう。そこでは，守護天使の目をとおして，凍りついた身体は愛に満ちて見つめられる。

Bが，絶えず親の不承認によって発達が止められることにより，邪悪な眼差しを恐れるようになったのは，容易に理解されることだろう。邪悪な眼差しは，本当の自己をその行動の中に捉えて，身体自己を地獄へと送り込む。もしも子どもが不幸にも，異常にあら探しの好きな親に育てられていたならば，子どもは親の邪悪な眼差しとの同一化を発展させ，その結果自分自身の身体との分裂が生じて，ある特別な心の状態と提携を行うだろう。そのような心は早熟で，猜疑的で，本当の身体自己に不信の目を向け，本当の身体自己は否認されるがために，偽りの身体という表象（シニフィアン）が導かれるであろう。その目的は，本当の自己が殺されて地獄に送り込まれることから守ること，あるいはもっと正確に述べるならば，地獄のような感情に満ち満ちた，死んだような身体に非難とともに封じ込められる，時間の止まったような感覚から保護することである。

ある患者は，子どもの頃に繰り返し屈辱を被ってきたが，自分の大人の身体を，まるで建造物の部品を操作する起重機の運転手のように，機械的に手や足を上げ下げして取り扱うようになった。彼は自分の身体をあからさまな軽蔑の目で見ていて，そして時にはほとんど恐怖の目ですら見ていて，自分の身体がたいへんな悪臭を放っていると感じていた。また別の患者は，それとはまったく違った立場にたっていた。彼は母親と３人の姉から，馬乗りにされて性器をもてあそばれるという辱めをしばしば受けていたが，やがて筋肉質の体型を築き上げ，恐るべき格闘技の達人となった。彼は大学の体育学部の教官から紹介されて治療にやってきたが，教官たちは彼の振る舞いに非常に危険なものを感じた。彼はある人を名指しして，どうやってその人を殺せるかを説明するように，丁重に，そして冷酷に，大学の仲間たちをたきつけたのである。治療のなかでは，彼は嬉々として自分の身体が殺人機械であるさまを語り，人物Ｘを，また人物Ｙを，たまたま通りかかった人であれ，友人であれ，どのように殺すことができるかという血塗られた説明を延々と繰り返した。彼は心と身体の分裂を心を身体へと押し込めることで処理していたのであり，そのため彼の身体は彼の心の変調を表す機械装置となっていたのである。

この患者は邪悪な眼差しと同一化していた。彼は自分の生き残りが威嚇的な凝視を用いる能力にかかっていると確信しており，そのような視線を敵対者となるかもしれない人物にしばしば投げかけていた。この観点からは，邪悪な眼差しは2つの分裂物の奇妙な圧縮であるといえた。この優越的な眼差し，分裂－排除され，威嚇的で侵入的な存在となった眼差しは，大人が子どもの振る舞いを見る優越的な目が，自分自身を見る子どもの目に置き換えられているという観点を実証しているかのようである（身体的な破局と屈辱の間際にあって，賞金稼ぎのボクサーは，まさに相手に一撃を食らわそうとするときに，その屈辱的な凝視を自分のものにしようとするかのように，試合の開始時に相手と睨み合うのである)。

子どもAと子どもBの場合には，しかしながら，子どもは親の評価の目によって自分の身体から離脱し，その身体を攻撃対象のように見て吟味する。このような精神的脱体現化は，主体から官能のもたらす恩恵を奪い去ってしまう。これはケニス・ライト（Kenneth Wright）(1991) が記述している魅惑的な研究の大きな主題である。

官能性は体現化された認知の一形式であり，夢想に似た身体表現の一形式であり，そこで主体は体と体との交感の身体的な世界へと入っていく。官能性は身体の感知する能力の実現であり，そのような交感を伝達する能力の実現であり，受肉化された(肉体をもった)存在をとおしてその人の内的な現実を表現し，そしてまた他者の同等に官能化された知性を受け取ることである。脱体現化は脱官能化へとつながり，かなり洗練された，しかしある意味でまったく基本的な間主体性の能力の一形態と見なされるものを，その人から奪ってしまう。

親からの実際の干渉に基づいた屈辱のこのような説明は，しかしこの類の心と身体の分裂が起こる状況の唯一のものではない。精神分析が私たちに教えるところでは，人は精神内的に邪悪な内的な目を開発し，そしてそれ自体が脱体現化を引き起こすこともある。本人の自意識のない状態に介入して割って入り，この章で述べたような心的外傷をもたらすには，実際の他者を必要とするわけではない。私たちも承知しているように，超自我の突然の制止命令もまた，同様の影響を及ぼすのである。

しかしながら，他者によるこの最初の決定的な介入が，ここで述べた特有の心的外傷の構造をもたらすことになるのは，本人に自覚のない子どもの行動を親の側の意識が正確に解釈するときである。無意識の意識化が他者によってもたらされることになるのだが，しかしそれは，徐々に前意識が派生していく道筋をとおして自己の意識化がだんだんと層を成して積み重なっていくような作業よりは，おそらくもっと外傷的な形で行われるのである。精神内的なものとなるべき発達が対人関係的な場で実行され，子どもの意識は親によって抽出的に取り入れられ，親はそれを本人に自覚のない（あるいは無意識の）行動を検閲するために使用するのである。

ある患者がいる。

その患者ジルが分析にやってきたのは，１つには彼女が自分自身のことを愚かに感じているためであった。客観的にはそれは真実ではないということを彼女は知っていたが，しかしそれにもかかわらず彼女は，それが真実であると深いところで感じていた。彼女は大事な会話のなかで，自分が知的に不十分であるということが，まったくあからさまになるのではないかという，日々の恐怖のなかで暮らしていた。彼女は自分が知的には欠陥がないことを理解していたが，しかしそれは自分自身の内的な感覚から導かれていたのではなく，自分自身が遂行したことを自分で客観的に評価することで得られていたのである。

彼女のこの恐怖は，一見したところでは，誰も気づかないだろう。というのは，彼女は優美で，身だしなみも非常に良く，身のこなしにも落ち着きがあり，社交的にも洗練されていたからである。しかし時が経つにつれて，彼女の自己の体現化は，偽りの仲裁によって処理されていることが明らかになってくる。そのような時には，間違って，たとえば彼女は固くなっているのだとか思われがちである。実際，私がはっきりと言えることはしかしながら，彼女は洗練されてはいるけれども，官能性に欠けているということだけである。そして彼女はある意味，それを知っていた。彼女の身体は明らかに，注意深い監視と世話の対象なのであり，彼女はそれをまったくうまくやっていた。しかし，彼女の体の動きには，何か不安なところを見て取ることができたのである。

彼女はボーイフレンドと寝ることはほとんどなかったけれども，心の内では情欲的で，内的には生き生きとした性生活を生み出していた。彼女は自分自身の内的表象が，感覚的に真実で生き生きとしてはいるが，存在を許されないもののように感じていた。

彼女の精神的な身体は官能化されていたが，しかし彼女は非官能化されたやり方で身体を生きており，その身体は絶え間ない評価の対象であり，優美な入れ物への備給であり，そのことは彼女の愚かさの感覚を埋め合わせてもおり，輝かしい心にとっての代役ともなっていた。彼女の優美さは，機知と教養の体現化ということができた。

心と身体との間での妥協として，彼女はその２つの分裂を示していただけではなく，おそらくもっと正確に名づけるならば，分割や拮抗を示してもいた。彼女の心は他者の視線によって拒絶され，彼女が想像する実際の身体は屈辱のなかで凍りつき，その結果彼女は，そのような恥辱を覆い隠すように優美に設計された完璧な身体を構築し，彼女の自己の性愛的な体現化は，内に秘められた情熱の内的世界でしか生きることができなかった。

思春期になって，彼女は精神的な貧困感を，自分の身を飾り立てることで克服し，身体のその自然で生物学的な達成に自分自身で仕上げを加えることで，人の中へ入っていけるようになったのである。

無様さから見かけ上の洗練までこのように一足飛びに跳ぶやり方は，周知のように，身体を提示することをとおして起こってくる。ジルは一見生き生きとして，活発で，社交的に洗練されているように見えたが，しかし教室で質問されたり，友だちと話をしたりするときに，しばしば信じられないほど愚かに感じるのであった。最初，彼女は，そのようなときには言葉を失ってしまうのだと主張していたが，しかし，分析家にそのようなときに彼女が感じている極度な内的な怯えを確信させるために，そうした作り話をしているのだった。しばらく時間がかかったがやがて彼女にもわかってきたことは，現実に背を向けて空想の世界に入ることで，心と現実との関係を無意識のうちに学んだり養ったりするような，自分の一部分と関わったりそれを攻撃したりすることになる現実の事態に対して，彼女が敵対しているということであり，誰かが彼女の心に接近してきたときには，そのような敵意が彼女をからっぽの状態にしてしまうということであった。彼女の身体は，心の体現化された偶像を意味しているにすぎず，当り障りのない質問のすべてに答えるに十分な飾り物のような存在にすぎないのであった。

別の論文で，私は，精神分析より以前に獲得された意味がどっさり積み込まれた術語を用いることには多方面からの異議があることとは思うが，ある特定の情況においては，「魂（spirit）」という術語を精神分析に導入すべきであろうと提唱した。しかし，もしも，魂とは人生の道のりのなかでその個人が自身のイディオムを表現しようとする動きであると理解するならば，私たちの１人ひとりが１つの魂であると言うこともできよう。そして私たちは魂でもって他者に働きかけ，他者はその内部に私たちを魂として招き入れ，そしてまた逆に私たちは他者の魂によって住まわれる。魂は内的表象と同じではないが，しかし私が思うには，内的対象として意味されるものと，非常に近いものになる。それは何かより深いところの，より複雑な，表象を越えた，しかしそこに存在するものである。

体現化とは，そのとき，ある意味で魂となることに成功することを指し示すものとなり，受肉化された知性として自由に動くことを意味するものとなる。そのような知性であることの１つの特徴は官能性であり，自己の内的な生命が受肉化されて宿る動きから導かれる存在を名指すものとなる。そのような情況の下で，身体の機能は，本能の派生物を身体表現することを越えた何か，内的対象関係を模倣的に象徴することを越えた何かとなる。官能性とは内在的な性感性の発現する仕業をいうのであり，そしてそれはその人が出会った欲望の歴史を刻み込んでいる。内的な衝動のもっとも奥深いものは，母親の性と攻撃性によって迎えられ，その結合が官能性を構成し，子どもに新たな境界を告げることになる。その新たな境界を告げるもの，すなわち体現化は，この２つの力，主体の本能と母親の欲望との，相互的な高め合いによって作り上げられるのである。

第13章
創造性と精神分析

「シュールレアリズムとは何か？」のなかで，アンドレ・ブルトン（André Breton）は，戦時中，フロイトの「研究方法」を用いることによって，どのようにして自分が「時として，病気であることによって創作したか」を思い返している。その時に彼は，紙に自分の考えを書きなぐって，後で批評的に吟味するという方法を試みたのであった。彼は，フィリップ・スーポー（Philippe Soupault）」[訳注1)] を誘ってこの作業を一緒に行い，まもなく彼らは自動的に書いて，お互いに結果を比べるということをした。もちろん，それらの内容は様々だったが，ブルトンが記しているところによると，

> それらには共通の構成上の欠陥と，同じようなためらいが見られ，また，両者ともに，過剰な情熱の幻想，激しい感情，正常な書き方では得ることができないであろうと思われる性質のイメージの様々な取り合わせ，非常に特別な絵画的な感覚が見られ，ここそこには，徹底的におどけた数節があった。　　　　（1934：412）

書かれたものは「奇妙」であり，「非常に高度の**直接的な不条理**」に彩られていた。フロイトの方法によるこの実験の結果，ブルトンはシュールレアリズムを創設したのだが，この実験を定義することを求められて，彼は，これは「純粋な精神自動症」であり，話し言葉や書き言葉，あるいは他の表現手段によって，「思考の真の過程」が明らかになるものであると述べている。シュールレアリストの行動によって創造された連想は，そうでなければ夢の形式や，あるいは「思考の無欲な戯れ」によって知られる「超現実」を（それらが無意識に由来するということから，いっそう純粋に）創造したのであった。

訳注1)　Soupault, Philippe（1897―1990）：詩人。ブルトンの初期の協力者。アポリネールからも影響を受けた。

ブルトンの宣言は，文明の趨勢に対する熱のこもった攻撃であった。「絶対的な合理主義」に痛めつけられた人間は，「文明の首輪のもとに，進歩を口実として，正しいにせよ間違っているにせよ，幻想や迷信と見なされたものはすべて心から追放させられて，すべての習慣的ではない真実の探求は禁止された」(413)。「こうした発見の功績は，すべてフロイトに帰すべきである」と彼は書いて，「想像力が，その権利を再び要求するときが，おそらく到来したのである」と結論を述べている（414)。

フロイトの自由連想の方法は，プログラム化されていたにせよ，西洋の美術に非常に強烈な一時期を生み出した。そして，この想像する方法に影響を受けたのは，ブルトンだけではなかった。小説，詩，音楽において，フロイトのスタンスは，抑圧から解放するものであり，暗示に富むものであり，ある種の新しく現れた具象的な自由と，形態発生論的に一致するものだったのである。

私は，自分の方法が彼らの独特のやり方によって変形されることにフロイトがしり込みしたことに，芸術家たちは困惑したのではないかと疑っている。たまたまフロイトを読んだ人たちさえ，彼が自分の発見を科学的な世界に帰するべく繰り返し努力していることや，いつの日にか自分の理論はすべて生物学的に説明されるだろうと主張する彼の奇妙な態度に気づくだろう。「文明とその不満」の読者はまた，西欧文明に対する彼の分析のなかで，彼が快楽と礼儀との交換が超自我の発達によってもたらされた精神的な変化の一部分であることを強調していることに，注目するだろう。

シュールレアリストがフロイトを称揚したことをどのように考えるにせよ，ブルトンと彼の同僚たちが，フロイトが自分の著作のなかで辺縁へと追いやったものを最前部に持ってきたことは興味をそそることである。文明が本能と快感原則に対する理性の戦いの勝利であるならば，フロイトは（おそらく，ブルトンが「絶対的現実」という言葉で意味したところの）この現実を，自由連想の過程を発明することで覆したのであった。

フロイトは，ある程度まで，自分の方法を当然のことと見なしていた。そして，それはたくさんの仮定と同様に，それ以上さらに検討されることも発展することもなかったのである。望遠鏡の発見に驚いてそのまま自分が見出したものに迷い込んだ天文学者のように，彼が，自分の方法そのものよりも，その方法によって自分が見出したものに，より関心を向けたのは自然なことであった。われわれは，多くの現代の音楽や文学や絵画で，何かしら同じような緊張（自分の道具である技法を吟味することと，その過程をとおして表現することができるものに対して集中することとの間の葛藤）を見ることができる。われわれは，絵を描くということがどのような思考のタイプかを吟味することなく，画像を描くことができる。われわれは，音楽的な観念とは何かについて考えることなく，メロディーを作曲することができる。あるいはわれわれは，詩的な過程について検討することがなくても，詩を書くことができる。

このような緊張は，ある種の精神的な戦いを引き起こす。芸術家のなかには，創造の過程を表現することをけなして，創造の結果としての造形を褒め称える人がいる一方で，造形に見られる模倣的な単純さに明らかな怒りを表す人もいる。おそらく，われわれは皆，この論争の本質を理解している。すなわち，この葛藤の当事者は双方ともに，もしも相手方が根こそぎにされたならば，その意味を失うだろう。実際のところ，脱構築主義者たち（造形を破壊したり，割ったりすることから始める芸術家たち）に対して苛立ちを告白している作家や音楽家や画家たちが，同時に自分たちの創造性が発生する過程に深い興味を抱いていることを，われわれは知っている。

このもどかしさの原因の，少なくともその１つを理解することは，そんなに困難なことではない。あまりにも自己意識が高まったり，あるいはあまりにも自己内省的になったりした場合，創造性は妨げられるものなのである。おそらく，シュールレアリズムの運動が無意識を用いるという願望を実現することに失敗したのは，自分たちの作業に対する心配のあまりの自己認識が，過剰に様式化された芸術を生み出したからである。事実，この極度の自己観察（あるいは，心の性格を表象すること）が，ダリ（Dali）の名高い「偏執狂的－批判的技法」を導いたのである。そこでは，非合理性の構造をよりいっそう明らかにするために，心の内容の非合理な性格が練り上げられたのである。偏執狂とは，「整然とした構造をもった解釈の譫妄状態である」と彼は書いている。彼は，「偏執狂的－批判的活動」とは，「譫妄状態の連想や解釈を，批判的かつ組織的に対象化することに基づいた，『非合理的知識』の自発的な方法である」と定義している（1934：416）。シュールレアリストたちは，本気で，一次過程を実験した。マックス・エルンスト（Max Ernst）は，自分のコラージュの素材を提供するために，催眠下の錯覚を用いた。ミロ（Miró）は，幻覚をかき立てるために，食べないで飢えてみた。彼がそうしたのは，対象の形態とはそういうものだと思ったからであった。しかし，彼らがそうしたのは，絶対的なもの同士が出会ってお互いを否定するような，絶対的な無意識と絶対的な意識の間の奇妙な戦いがそこにあるからであった。

おそらく，抽象表現主義が，きわめて重要な折衷案となった。一例だけを上げるとすると，デ・クーニング（de Kooning）[訳注2)] の仕事においては，技法がいったん造形から完全に分離することで，観察することは可能だがたやすくは把握できない，あるタイプの無意識の影響を許容することになるのを理解することができる。ある者にとっては，描く過程が絵を描くことの目的になるとしても，そしてそれが困惑するほどの侵入的な自己観察となるかもしれない先触れとなるとしても，しかしその結果はミステリアスなものである。またある者にとっては，そのパターンがその仕事が１人の芸術家の創造物であることの特徴を表し，そうと同定されるとしても，しかしそれらはその企てを疑問として残すのである。これはいったい何なのか。見ているものは何なのか。そしてどのような観点から見ているのか。

デ・クーニングは絵の具のことを知っていた。彼は，カンバスの上で絵の具を，可能な限り最後の瞬間まで，生き生きと保つ方法を知っており，いつでもそれを消して，別の色彩，別の造形に置き換えることができた。なぜならば，すべての視覚（vision）には，再認識（revision）が伴うからであり，再認識にはさらに再認識が伴うからである。累積した視覚の効果は，ある瞬間に宙吊りにされた時間と空間が，１つの表象へと凝結されたものであった。このことから，フロイトが（上紙をはぎとると字が消える）謎の書字板を無意識の隠喩として用いたことを思い浮かべ，その無意識は，絵筆によって，ある層の上に別の層を重ねることで，これらの絵画に表現されているという考えに導かれるならば，そこからまた，人生そのものについての，フロイト

訳注2)　de Kooning, Willem（1904—97）：ロッテルダムに生まれ，アメリカに渡った画家。

の隠喩が思い出されるであろう。すなわち，自己とは，そのすべての段階（エトルリア，帝国，中世，ルネッサンスの各時代）が，一望のもとに眺められ，同時にお互いに重なり合っている都市ローマのようなものである。これはどんな自己にでも当てはまる物語である。デ・クーニングの作品のなかで，われわれは，強烈に上塗りされることによって，精神生活に見られる過剰なまでに重複した決定づけを反映している対象を見つめるだろう。われわれはそれを目撃するばかりか，実際に時には戸惑うほどまで動かされるだろう。その際に指針となるのは，話し方やフィギュレーションに関する西欧の慣習よりもむしろ，われわれ自身を対象化できるかどうかであり，それも身体や，社会的存在としてどうかではなく，無意識の動きや，知的な情熱としてそれができるかどうかである。

「芸術とは，単に対象のイラストレーションなのではなく，感覚の領域を拡げる方法である」と，フランシス・ベーコン（Francis Bacon）[訳注3] は書いている（1953：620)。われわれの言葉（感覚，感情，気分）は，適切なシニフィエではない。なぜならば，ベーコンは，「感覚」という言葉によって想起されるより以上のことをこの言葉によって意味しているからである。彼は，「1枚の絵は，対象のイラストレーションであるよりは，ある出来事の再創造であるべきだ。しかし，対象との格闘がなければ，その絵の中には緊張がなくなる」と続けている。（ラテン語 movere を語源とする）情緒（emotion)，あるいは動いている（moving）体験こそが内的な出来事であり，それによって感情や感覚で指し示そうと試みている地点に，われわれは近づくだろう。われわれは，内的な刺激（たとえば，記憶や，願望や，神秘的な観念など）によっても，また外的な刺激（たとえば，誰かと出会ったり，本を読んだりすることなど）によっても始動させられるだろう。

複雑な心の状態である情緒は，人生の気まぐれや，内的な関心と環境との濃密な出会いから生じるものである。「私の仕事法は，偶発的なものである。偶然を再創造することなどできようか。[異なった偶然は]まったく同じでは決してありえない」と，ベーコンは述べている（622)。情緒的経験もそうで

訳注3） Bacon, Francis（1909—92）：英国の画家。暴力とホモセクシュアリティを主題とした画風で著名。

ある。「こうしたことは，油絵の場合のみに起こることかもしれない。なぜならば，ほんの些細な色調や，一片の絵の具があるものを別のものに変え，その画像の印象を根本的に変化させるからである」とベーコンは続けている。同一である情緒状態などはないということ，そしてそれぞれの情緒が内的なカンバスの内容を変えるということに，多くの方が賛同してくれることだろう。

それゆえ，何人かの画家たちが（シュールレアリストたちに引き続いて），フロイトの企てに（意識的であろうがなかろうが）同一化しようと試みたことが理解できるだろう。実際，抽象的表現主義が，シュールレアリズムが失敗した点で成功を収め，自由連想によって軽く触れられていた創造的過程についてのわれわれの理解を押し広げ，別のタイプのローマをわれわれに提示してくれたと言いうるだろう。そこで表現されるのは，画家の，異なった情緒的経験の歴史であり，それは絵画という形ある世界で物質化された精神生活が，ただ１つの画像へと凝結されたものである。

夢の理論は，創造性の１つの特別な理論である。そこには夢を見た日のこと，夢のなかの出来事，連想によってそれらが他の光景へと壊れていくこと，そして一連の思考の発見と解釈が含まれる。これを調べることによって，われわれは，分析過程で起こることが，詩や絵画や音楽の世界のなかで，より急進的な心象表現に，どのように（もしあればの話だが）影響を及ぼしているかを理解することを可能にするだろう。

しかし，フロイトは，夢の仕事は芸術に似ているとする考え方に，頑固に反対した。芸術家たちが，精神分析を横領するのではないかと恐れて，彼らによる精神分析の過度に情熱的な適用に用心したために，フロイトは夢に何らかの審美的なものの痕跡を見ることを，公然と嘲笑った。彼は，芸術家たちの超越的な目的が，身体の生の衝迫（すなわち，それ自体は審美的な野心をまったくもたない本能）を迂回してしまい，形象から衝動を骨抜きにしてしまうことを心配した。実際，彼は，すべての本能の目的は，興奮を消滅することだと考えたのだが，しかしその見解を支持する実例をほとんど見つけることはできなかった。ストラヴィンスキー（Stravinsky）ならば，彼に同意したかもしれない。「すべての音楽は，反応の決定的なある一点へと集中する衝動の連続にすぎない」と彼は書いている（1942：35）。

仮にフロイトが自分の夢の理論を，カンディンスキー（Kandinsky），パウンド，ストラヴィンスキー，シェーンベルク（Schoenberg）をもとに構成していたなら，また違ったように考えたかもしれない。なぜならば，彼らの仕事には，叙情的な剝き出しの情熱があり，それらは新しい表現形式を生み出す審美的な喜びを強く主張していたからである。彼は，夢の過程全体が，創造性の礎石とたいへん似ていること，その欲望の達成に向けられた「表現されるべきもの」の運動であるということを理解したのではなかろうか。

毎日の生活のなかで，通常に霊感を与える出来事であるそうした精神的な強烈さは，概して偶発的なのであるが，それらが夢見られる以前の精神的状態は，いったいどのようなものであろうか。私が思うに，それらは内的な精神構造（設計はされたが，未だに夢見られていないその日の小さなローマ）であり，何らかの形の推敲に向けて動きつつある，エネルギーが与えられた過剰な決定である。私は，『性格となること（Being a Character）』のなかで，「精神的類概念（psychic genera）」という言葉を，それまでは無関係だった精神的な現象を引き寄せるために，自らの重力を用いる無意識の複合体を指し示すために用いた。こうした精神的な重力を集めることは無意識に行われることだろうが，これまでの経験から発生した気分として，おそらく感じられてきたものであろう。自己の中に，こうした精神的な現象が持続的に存在することによって，われわれはしばしば，まとまりかけている精神によって導かれているという気分になる。ワーズワスが「ティンターン修道院（Tintern Abbey）」[訳注4)] で書いていること，「人の心の中にあって／沸き起こる衝動と精神／考えるものすべてを，すべての思考のすべての対象を促し，／そして，万物のなかを駆けめぐる」ということは，芸術家が創造的な過程を描写した方法と驚くほど似ている。

ストラヴィンスキーは，インスピレーションとして湧き上がる感情は，その瞬間に芸術家の心に働きかけられた何ものかが出現した徴候であると信じていた。「この感情が，ただ単に創造者の側で，それまでのところは彼の創

訳注4）　『ティンターン修道院の上流数マイルの地で――1798年7月13日，ワイ川の河畔再訪に際し創作』。人間の成長と自然との調和を謳ったものと通常考えられている。

造の対象であるにすぎないが，芸術作品となるであろう未だ知られていない実体と格闘した反応であるにすぎないということが明確でないことがあろうか？」（1942：50）と彼は述べている。芸術家の霊感を受けた心は，心の中で生まれつつある対象が，意識に向けて出現しようとする徴候であると，彼は示唆している。「創造芸術のこの前触れは，すでに所有されてはいるが未だ認識されていない，未だ知られていない実体の直感的な把握を伴っているのだが，その実体は常に注意深い技法によってはじめてはっきりとした形を取るものなのである。」（51）

これから夢を見るであろう人は，1日中，自分の夢の，未思考の知の前触れを持ち歩いているのだが，彼らは過去の夢からばらまかれたものを練り上げるだけでなく，夢の生活の小道をさらに進むための対象を探し求めているのである。

フロイトは，無意識的な観察が日常的に果たす役割（精神的な対象を収集し，精査し，選択する）の，大部分を無視していたが，そうした不均衡をアントン・エーレンツヴァイグ（Anton Ehrenzweig）は，彼の「無意識のスキャンニング」理論のなかで再調整している。個々の人間は，当然のことながら，長期にわたる，非常に複雑な夢経験の歴史を有しており，それが時間の経過とともに，興味ある要素を集め，精査し，分類し，世界をスキャンする内的な無意識のネットワークの一種を確立するということが言えるだろう。夢を見た人は，その後の生きた経験のなかで，夢の対象を探すのである。

夢は，人の無意識的な関心を，謎として照らし出すものであり，発表されることを求めている，触れることのできない興味の表明である。この未思考の知を意識化することによる変形は，自己の精神生活と，想起対象の偶発的な動きの交接によって作り上げられた，ある種のスフィンクス（複合的な対象）となる。1日の衝撃が全体として，記憶と欲望の複合体に結びついて，自らを表すのは，この瞬間である。

フロイトが，夢を見た人はその夢を自由連想すべきであると述べていることは，ある夢が，それ自体でいかに1つの出来事としての統合性を有しているように思えても，それは錯覚であり，連想が夢をかけらへと断片化するにつれて，やがて解釈に織り上げられることになる思考の組織が少しずつ現れるようになるということである。夢の無意識的な潜在思考が見出されるのは，自由連想が，結びつける環を明らかにするのに十分なだけの素材を作り出して後のことである。

見る人の立場によって，ここはフロイトが精神分析を制限したところにも，展開させようとしたところにもなる。多くの芸術家を含む人々にとっては，この途方もない方法を，ただ１つの潜在的な思考へと還元するフロイトのやり方は，期待はずれの結果以外の何ものでもなかった。彼が，無意識の自我の機能を，１日のなかの精神的に重要な瞬間へと同化することに帰してしまったのと同じように，今度は，自由連想の想像力豊かな力を軽視したのであった。フロイトは，想像力のモデルとしての夢というものに興味を抱かなかった。彼のより限定された目的は，夢の自由連想を通して，患者の症状の無意識的な意味に接近することであった。しかし，彼は，たとえ彼自身の夢の連想の途方もない拡がりが，解釈の喜びと同じように，それ自身楽しみと見られようとも，どんな夢でも，完全に解釈することは不可能であることに，それとなく言及している。それればかりか，自由連想は，いったん動き始めると，思考の隠された組織を明るみに出すだけでなく，翌日に続く思考のネットワークとなり，他にも存続しているネットワークと一緒になって，将来の情緒的な瞬間を，収集し，選別し，夢見，撒き散らすだろうという意見に，彼は同調しているように思われる。

この発見は，多くの人々にとっては十分なものであったのだが，彼にとっては多くのもののうちの最初のものにすぎなかったことからも，フロイトの天才を推し量ることができるだろう。しかし，私にとっては，これが彼の最大の業績である。自分の患者たちを数年間治療した後，（彼の技法を患者たちが拒否したことに影響されて）彼は自由連想を決心するのだが，その瞬間に西欧文明は，未来永劫に渡って変化したのである。たとえばジョイス（Joyce）のような多くの芸術家は，フロイトと関係することにたいへん用心深かったが，精神分析活動を行っている人々と比べても，ほぼ間違いなく即座に，おそらくはより徹底的に，精神分析革命を理解したのである。

この方法の何がそんなにラディカルだったのか。

個人の特異的で，必然的に葛藤的な心の状態を決定する真実を見出すために，人はいかになぜそうなったかを知るためにエネルギーを割くことを放棄して，その代わりに，分析家の面前で，自分の心に生起したことをただ報告するのである。当然のことながら，この要請に対しては抵抗が生じる（そして，たいへん皮肉なことに，こうした抵抗は，抑圧された思想そのものを，しばしば直接的に指し示す）のだが，しかし文明全体が，こんなふうにひっくり返ったものに対して抵抗するのであるとも言いうるだろう。

しかし，たとえ欲せられていない思考を育むときでも，自由連想にはうっとりさせるような魅力がある。それは，言い間違いや，奇妙な言葉遣いによって，本当の自己が現れたときの会話なのであり，ウィニコットの「スクィグル」に言語的に相当するものであり，ラカンによれば，主体が自らの声を発見した瞬間なのである。

ストラヴィンスキーは，「ある作品が現れて認められるのは，その機能が妨げられることなく上演されたときである」と書いているが，彼は，純粋な状態では「音楽は自由な思索である」（1942：49）と続けている。自由連想もまた，思索であり，自己がそれに先立つ日から将来のヒントを引き出す予知の瞬間でもある。

精神分析が創造性にもたらしたものは何か。フロイトは，ただ単に創造の中核にあるばかりでなく，創造的過程そのもの（以前はただ１人の人が私的に存在するだけだったのに，２人の人を巻き込む過程）を無意識的に理解していた。自分たちの日々，自分たちの夢，自分たちの連想を語ることによって，被分析者たちは，分析家の面前で，自分たちを創造するのである。彼らは，自分たちを「形づくろう」と試みるだろう。しかし，連想はやがてそうした形態を破壊するようになり，壊された旋律から現れた不協和なハーモニーや**中間休止**（caesurae：ラテン語の「切断」）の中から，精神的な創造物が自らを主張しはじめる。

夢は，形式の変形をとおして，日常の心的現実に形を与える。心の中にあって感じ取られたそれらの精神的強度は，夢の形式のなかに投げ込まれる。人々が自分たちの夢にただ困惑するばかりでなく，奇妙なことに，むしろそれを誇りに思う理由は，おそらく部分的には，このことによるのであろう。われわれは夢の内容だけに感銘を受けるのではない。それは（触れることができない心的現実が一時的に視覚化されるという）変質（transubstantiation）であるために，われわれはその過程を多少なりとも畏敬するのである。「音楽的創造の基礎は，予備的に探索することであり，最初は抽象的な領域のなかで，何かしら具象的な形を見出そうという対象とともに動く意志である」と，ストラヴィンスキーは書いている（1942：27)。しかし，ストラヴィンスキーの心の中で動き回っていた音楽的な観念は，「音と時間」という音楽の素材へと移行するなかで変化していくのである。

ここで，われわれは創造性の奇妙さに直面する。画家が絵を描き，音楽家が作曲し，作家が書くとき，彼らは心的現実を他の領域に転換しているのである。彼らはその現実を変質させるので，対象はもはや自己を単純に表現するものではなく，それを再編成するものとなる。これをある種の投影，すなわち自己をある対象のなかに入れることと考えることができるだろうが，それは同時に変質でもあるために，心的現実は心の中の家を離れて，異なった知性のなかへと移動するのである。最近の仕事に対するコメントのなかで，ゲルハルト・リヒター（Gerhard Richter）[訳注5] は「これらは私の心のパーソナルな表現である。これらは，現実へ通じる私の思考の，変化した方法に対する解釈の筋道を示唆するものである」と述べている（1995：60)。

「変質的な対象」という言葉は，創作者が創造するためには自らの感受性をそこのなかへ，音楽的思考，詩的思考，絵画的思考のなかへ移動させなければならない，形態に本来備わっている統合性について考えさせてくれる。これらの過程は，部分的には，変形性対象が自らの形式の法則に従って，その内的生活を変化させるものと見なすことができるだろう。しかしながら，変質的な対象は，変形性対象と関係を持ち，今やそのなかで生きている主体の感受性を受取り，変化させ，表象するその対象の「身体」もまた強調するのである。

芸術家が，いとも簡単にこの別の無意識の状態へ行くということではない。彼らは，通常の精神生活と芸術の作業空間との間にある境界を，横断することが常に困難であり，しばしば耐えがたいほど困難なものであると感じてい

訳注5）Richter, Gerhard（1932〜）：ドレスデン（旧東ドイツ）生まれの画家。63年，“資本主義リアリズム”運動を開始，その後表現主義的なスタイルに変遷。

る。彼らが，この別の領域に入り込むことに慣れるようになったとしても，彼らは，自分たち自身を背後に置いて，人生の異なった形式に身を投じなければならないことに敏感である。

この挑戦には，先例がないわけではなく，われわれは少なくとも一度は言語によって，その世界に入ってそれによって変形されるか，話すことを拒否するかという挑戦を受けている。ラカンにとっては，言語の世界に入るとは，人間の形態という意味において，深い変化を受け入れるということであり，（明らかに統合された自己という）感覚的に想像されていた秩序から，存在の新しい形態へと自己を読み替えることであった。芸術の形態は，自己にさらなる挑戦を提供し，言語におけると同じように，自分から出現したものであるのに，自分が作り出したものとは見えないで，むしろ他者の形態に導かれたものと思えるのである。

作家や，画家や，作曲家たちは，未知ではあるが感じることはできる内的構造が，特殊な作業とその結果を集めることについて，しばしば言及している。

「私は座って……コンピュータかタイプライターに向かって最初の一節を書き出すが，自分が何を書こうとしているのかが判らないことがしばしばある。なぜならば，書きたいことが未だ，お腹から心へと移動していないからである」と，イサベル・アジェンデ（Isabel Allende）[訳注6] は書いている（Epel, 1994：7–24)。

> それは私が未だかつて到達することができない，どこか非常に薄暗くて秘密の場所に隠されている。それは私がずっと感じてきたものであるが，形もなく，名前もなく，色調もなく，声もない。そこで，私は最初の一節を書く。それが通常は，その本の最初の一節となる。……やがて，私は，最初の原稿を書き上げ，その本が何について書いているか知ることになる。しかし，それより以前に知ることはない。(8)

芸術は，この形のない何ものかを具体化するだけでなく，それをまったく

訳注6)　Allende, Isabel（1942～ ）：ペルーのリマ生まれ。チリのゴシック・ロマンスの作家。代表作に『精霊たちの家』などがある。

異なった領域へと変形する。「自分たちの中にあるとは，われわれが知らなかったあるものが，生み出される」とミウォシュ（Milosz）[訳注7] は書いている（Gibbons, 1979：3)。また，ウォーレス・スティーヴンス（Wallace Stevens）[訳注8] は次のように書いている。

> 詩に関しては，自動的であることは何もないにもかかわらず，自動的な側面がある。というのは，詩は，たとえそれが書かれる以前に私が何をしようとしているのかを知っていたとしても，それが書かれるまではそれがどうあって欲しいのか知らないのに，私が求めているものになったという意味合いにおいてである。
>
> （50–51）

「仮にわれわれそれぞれが生物学的なメカニズムであるとしたら，それぞれの詩人は詩的なメカニズムになる」と，彼は続けている。われわれはそれに，詩となるべき未思考の知の対象から詩的な対象への変形のメカニズムは，詩という名前のもとで行われる審美的な過程に由来するということを付け加えることができるだろう。同様に，絵を描くことや作曲するという思考の秩序は，内的対象を，内的世界の深い孤独から，別の外的現実へと変質させる変形の構造である。「仕事をしている詩人は１つの期待である。彼は，１人の人間の中にある１つの移行である」と，ヴァレリー（Valéry）[訳注9] は『詩人の創作手帳』で書いている。

この移行は表象的（representational）ではなく，現前的（presentational）である。詩人が書いたものや，画家が描いたものや，作曲家が作曲したものは，以前には存在していなかったものである。

何かしらこれと同じ変質が，分析のなかでも起こる。患者は心の中に夢や，前日の出来事や，分析家についての考えを有しているのだが，彼らは自分たちの考えを話すことによって，それらが会話をとおして変化することを経験するのである。あることを考えることとそれを語ることは，表象の異なった

訳注7） Milosz, Czeslaw（1911〜）：リトアニア生まれのアメリカの詩人，作家。1980年にノーベル文学賞を受賞している。

訳注8） Stevens, Wallace（1879—1955）：アメリカの代表的詩人。ボラスは，『Cracking Up』のなかで，彼の詩を論じている。

訳注9） Valéry, Paul（1871—1945）：フランスの詩人，文芸思想家。

形式である。しかし，自由連想的な方法で話すことは，それまで自己経験の共通の基盤であったところ（考えることと話すこと）から，存在の新しい形態への移動を自己が感じとることによって，抜本的な転換を導くのである。絵の具がキャンヴァスの上にはね散らされ，音楽的な観念がページの上に音符を形成するように，自由連想している被分析者は，別の場所で自分を創造するだけでなく，純粋な内的経験や会話とは異なる審美的な論理のなかに，自らを呈示させるのである。

この自己としてのパーソナルなイディオムの終結と，異なった形態としての新たな始まりとを，創造の喜びの一部分とすることは可能であろうか。もちろん，異なった皮膚のなかへと跳び込むということは，内的生活をあれこれ推敲するよりもむしろ，自己を対象のなかへ排出するためのものであると言えよう。しばしば当然のことだが，新たな形態は，それまでの表現の仕方では不可能なやり方で，心的現実を関連づける。

これは，さらなる疑問を起こす。異なる芸術領域は，変質的な対象として，いったい何を提供するのか。たとえば，私が自分の考えを音にする代わりに絵を描くことを選んだとすると，私はただ単に異なった形態を選択したのではなく，異なった無意識の美学もまた見出したのである。私の思考は，表象に用いられる形態の無意識的な構造の特徴に従って変形され，具体化されるのである。おそらく，われわれは皆，遠い未来のある日，それぞれが異なった形態で生きるために，（なかでもとりわけ）詩人や芸術家や音楽家や数学者として十分な技量を持つ方向に向かって，発展し続けているのである。そうした異なった形態は，必然的に，われわれを非常に異なるように加工していくのであるが，当然，美的にも異なった方法で，われわれに反映するのである。それゆえ，創造性を文明の進歩と見なすことはできるだろうが，それは必ずしも，たとえば，芸術や詩の発展としてではなく，やがて音楽や絵画や詩として，巧みに表現されることによって，より知的に扱われる心的現実の多様な表現として見ることができるのである。

芸術的なイマジネーションの作業は，形態対象（form object）であるが，これは個人のイディオムが他人に利用できることの実例である。それぞれの形態対象は，その創作者の構成的な知性を表すものであるが，その審美的な構造は，後になってそれを鑑賞する人々に，特別に想像を呼び覚ます統合性を連想させる。本の読者，音楽の鑑賞者，絵画の見物客は，いつも，形態対象を，自分たちの受容的な知性に従って受取るのであるが，それぞれの形態対象は形態的な（formal）反応を引き起こすものである。

このことから，私は，自分が尊敬している芸術家の作品を見たときに経験する安心感を理解することができる。美術館にはじめて出かけてみたときに，そこでデ・クーニングの作品を発見すると，私は喜びと安心感を抱く。それらの作品は，私は知っている，という感覚を起こす。しかし，私が知っているのは何なのか。変質性の対象は，他者に対する私の審美的な認識が，その対象が審美的にどのカテゴリーに属しているかということと結びついている可能性を，明らかに否定しない。言い換えると，これらの作品は，絵の具という媒質のなかに，そしてそれをとおして存在する，経験している私というものを呼び覚ます。それは，私のなかから何かを引き出し，日常的な言葉で言うならば，「私に語りかける」。しかし，私はそれが「言った」ことや，私が「聞いた」ことを言葉で表すことはできない。自分たちの作品に対する批評に，ある人々が困惑する理由は，ただ単にその判断に悩まされたからではなく，たとえ彼らの本来の領域が小説や詩のようにその媒質として言葉を利用するものであったとしても，彼らが書かれた言葉に依拠しない，異なった領域に入ってしまったためでもあるように私には思える。

精神的に文字通りの意味で，われわれは芸術作品に動かされ，その形態によって処理される。そして，たとえ，ある絵画を一瞥しただけ，音楽を数小節聞いただけ，詩を数行読んだだけであったとしても，われわれは，他者の美学によって，彼らの人生の影響のなかに保持された，後に残された彼らのイディオムの形態のなかに，集められるのである。

「私が誰か読者の意識を変えるとしたら，それは他者がそれを気づきたいと希望し，短い時間で構わないから分かち合いたいとすら思うような意識を，私が創り出したからだろう」と，ウィリアム・ギャス（William Gass）[訳注10]は書いている（1996：47)。しかし，作家たちはそれぞれ自分自身のイディ

訳注10)　Gass, William（1924〜）：アメリカの作家，哲学者。ポストモダン哲学の第一人者の１人。

オムの一面を表現するためにその媒質を用いるとしても，小説によって構成された意識は，通常の意識と同じものではないことは，ギャスが熟知していることである。

たとえ，芸術家は現代文化も芸術的な伝統もまた表現すると想定することによってそのことを妥当だと認めたとしても，芸術的な対象はただ自己のみを反映すると，主張することは正確なのだろうか。変質的な対象は，その形態において自己と異なっているので，その存在のために新しい身体となる自己を担うのである。「散文の音楽は，単純なものであるが，その効果において限局されているとしても，軽薄な飾りつけとはまったくかけ離れたものである。つまりそれは，**存在すること**を体現化する。結果的に，身体は雄弁な形であることが必須なこととなる」（326）とギャスは述べている。われわれが（絵画，散文，音楽といった）創造に用いる「対象」は，過程のなかで現れるそれぞれ独自の統合性や法則をもっており，われわれは，自分たちの観念を表現するためにそれらの言葉の世界に入り込むのだが，その対象によっても変化させられる。「過去2年間，私は画面上に『je t' aime（あなたが好き）』と描かれた一連の絵画を描いてきた」と，ロバート・マザーウェル（Robert Motherwell）[訳注11]は書いている。「私はそのことについてあまり考えなかったが，それが部分的には，強調の一種であり，考えられたこと**のなかに存在すること**であることはわかっている」（Caws, 1996： 18）と彼は続けている。それは投げ出された思考のなかに存在し，異なった美的領域に投影され，異なった，挑戦的な方法で客観化されるのである。変質的な投影性の客観化（Transubstantial projective objectification）と言いうるだろう。

被分析者が分析に入るときにも，同じ原理が働く。そこにはおなじみの要素がある（社会生活の痕跡や，日常会話，時間の区切りなど）のだが，自由連想という媒質が，内的な会話や内的な連想からその統合性を借りているとはいえ，自己表現のための新しい媒質となるのである。分析を始めることによって，人は二度と同じではいられなくなる。人は自己変容のための新しい

訳注11)　Motherwell，Robert（1915—91）：アメリカの画家。抽象的表現主義の画風で知られる。

対象を見出すかもしれないが，ちょうど絵画のようなもの，詩のようなもの，音楽のようなものが存在しえないのと同様に，そのようなものは存在し得ないのである。

「芸術は**無意識**に属している！」と，カンディンスキーはシェーンベルクに書き送っている。

> 人は**自分自身を**表現しなければならない。自分自身を**直接に**表現しよう。自分の趣味や，自分の受けた養育や，自分の知性や，知識や，技能ではなく。こうした**獲得された**特徴ではなく，**生まれつきの，本能的なものを**。すべての形を造ること，すべての**意識的な**形を造ることは，ある種の算術，あるいは幾何学と結びついている。しかし，「形態＝外形」という等号を示している無意識の形を造ることのみが，本当に形態を創造するのである。　(Schoenberg and Kandinsky, 1984：23)

おそらく，作品になるであろう内的対象は，そのもっとも直接的な表現を，対象のなかにではなく，創造性の媒質の幾何学か算術の中に（すなわち，特殊化された知性のなかに）見出すだろう。アジェンデが「お腹の中にある」と言った作品は，書くことによってのみ出現するのだが，どんな人であれ，その人の創造性の１つの特徴は，創造的な観念を表現するためにどの特別な形態を選択したのかということのなかに見出されるのである。

「ただ１つの方法によってのみ，形態について客観的に論じることができる」とエルンスト・ブロッホ（Ernst Bloch）[訳注12] は『音楽哲学のための考察』で述べている。「そこにおいては，形式的，構成的，客観的要素は媒質なのではなく，それ自身が客観的な構成要素である。このことは，とりわけ舞台効果の場合や，リズムや，それらの固有な存在のカテゴリーとして，形作る主体（shaping subject）を特徴づける対比の異なったタイプの場合に特に当てはまることである」(1985：87）と，彼は続けている。形作る主体（形態の論理）をこのように決定することは，主体の固有なあり方の１つの表現であるが，今では，内的な経験から，音楽表現の特性へと移行しているのである。彼は，「ここにおいて，形作る主体は，より深部に集合した状態としての『形態』に本当に入るのであるが，ここでいう『形態』とは，対象

訳注12)　Bloch, Ernst（1885―1977 ）：ドイツの哲学者，思想家。

の配置そのものの，より底部の，半認識論的な，形而上学的な骨格の部分を，現したものなのである」(87–8) と続けている。音楽形態は，単なる媒質なのではなく，その観念を形作る知性を客観化したものであり，霊感の構造は，対象の配置，すなわち，音楽形態のなかで現れてくるのであると，われわれはつけ加えることができるだろう。

創造的な生活には，通常，自己のスケッチが含まれるのであるが，それはおそらく，自己の内的な資源はすべて，創造的な芸術に捧げられているからである。フロイトもまた，精神分析が組織されるにあたって，患者と分析家が世の中の刺激から引きこもるときには，このニードがあることを認識していた。その作業を結晶化するための引きこもりは，社会的な反応がみられる年齢以前，言語が，原初的な媒介として現前するようになる以前にすら，遡るのであった。われわれは皆，こうした存在することのスケッチの一部分だったのであり，誰でも皆，最初は母親の身体の内側におり，続いて，誕生後の何週間もの間，ウィニコットが原初の母性的没頭と呼ぶ，母親の専念のもとに抱えられるのである。精神分析においては，横になること，視覚を介して社会化されることがないこと，聴覚を介した親密さが存在すること，議題がないことが，最早期のときの意識状態の気分を再創造するのである。自由連想的な思考は，ちょうど，画家のスケッチが始まりの方法であるのと同じように，ある種のおしゃべりとして始まるかもしれないが，被分析者も画家も，やがては求められているものに応じるようになるのである。それは患者にとっては，連想が深まることであるが，画家／分析家においては同様に，作品のなかに自己を，生産的に解放することなのである。

われわれは始まりの時には，母親の身体の中に抱え込まれているのだが，そのときには母親の精神的，身体的な生地に浸されている，包み込まれた存在である。ウィルフレッド・ビオンは，分析家は患者の素材を夢見ることによって，患者のコミュニケーションを自分の夢対象に変形することで，分析は分析家のあり方が変化することを許容するものであると信じた。この技能は明らかに母性的な過程に由来するものであり，霊感を受けてひらめいた観念や解釈を生み出すのである。作曲家や，作家や，創造芸術家のなかでも，同じような夢想が認められるが，何年間もこの退避を続けた後で，創造的な人々はそれに１人で入り込んで，何とかそれを切り抜けて，対象となるべきものを他者のタイプの１つとして選んだのである。

この領域への退避は，人間存在の中核によって動かされている無意識の創造性の技術を開発し発展させる。精神分析は，無意識の（症候性，病理性，転移性の）コンプレックスを変形して意識化するが，それは自己の無意識の能力も高めるのである。ビオンは，精神分析の訓練は，直感力の教育であると見なした。

精神分析の作業のなかで必要とされる類の思考は，われわれの存在の一部分である葛藤の対象を呼び起こす。メラニー・クラインほど，早期対象の葛藤を描写した人はいなかった。彼女の考えでは，それぞれの自己は，引き続いて起こるすべての関係のなかで再演されている，対象との最早期の出会いの終りのない想起に没頭しているのであった。精神分析や創造的な芸術家が集中することによって引き起こされるタイプの思考は，愛と憎しみの情熱，それぞれの対象，存在することの結果に対する自己の暴力的な侵入を生じさせた。このように，自由連想は，客観的で偏見がないことを目論んでいるのかもしれないが，連想が自己の内部のより深いところへと移動するにつれて，対象に対する自己の経験を担うようになり，それらは自由に連想された思考に意味を充満させる重荷となるのであった。なぜならば，これらの観念は，ラカンが強調したように，象徴的な構造を有しているだけではなく，展開しつつあるオペラのようなものの中の，独立した登場人物のようでもあるからである。古典的な傾聴法では，論理が，素材から順番に生じてくることを許容していたが，それらは，抵抗を意味する破綻や暗礁に乗り上げることや，失錯行為の瞬間に創造された強調や，多重的な言葉によって生じた広がりを考慮に入れるようにしていたのである。同じ素材を，対象関係論的に傾聴することによって，順番に浮かんだ観念は，転移の劇場を構成する登場人物（彼らは自己の一部分，あるいは対象の一部分として扱われる）へと変形される。それぞれの傾聴の仕方は，異なった領域において，異なったタイプの葛藤が働いていることを見出す。それは，文学においては，書くときのイディオム（語法）のなかで現れる葛藤と，登場人物間で演じられる葛藤との間にある差異であるかもしれない。それは，絵画においては，展開しつつある観念（絵筆の一筆一筆の動きの知性を構成している思考）の論理と，画家の世界の中に常にいる登場人物たちが，今ひとたびカンバスの上で自分たち自身に没頭する劇場との間にある差異であるかもしれない。

「対象を使用すること」のなかで，自発性は無慈悲の原則からのみ発展すると，ウィニコットは論じている。対象を使用するためには，自己は自由にそれを破壊できなければならない。まず初めにこのことを是認するのは母親である。実際，彼女はこのように破壊される最初の対象となるのである。赤ん坊の愛情と憎しみが，母親に対する思いやりの感覚のなかで混ぜられて，関係することの時期を経験した後，幼児は，徐々に自分たちの母親を使用する能力によりいっそうの安心感をもつようになり，それによって疲弊していることと損傷とを混同することはなくなる。

夢を見た人に，自由連想をすることによって，夢の身体（body）をばらばらにするように命令したフロイトの指示の基礎にあったのは，おそらく何かしら同じ原則であっただろう。経験として夢の中に持ち込まれた感覚や自己の状態は，それとして蓄えられる。自由連想を通してそれをばらばらにすることは，その夢の経験の記憶を消すことではない。実際，夢そのものは安全なので，それを破壊することも，それをインスピレーションの対象として用いることも許されるのである。

対象としての夢や母親について考えてみるならば，フロイトの原則もウィニコットの考えも，結局は，ともに形態を破壊することになるだろう。フロイトは夢の形態を破壊し，ウィニコットは母親を破壊したが，そのいずれからも，潜在的な意味を持った力動的に断片化された宇宙が現れたのである。こうした心理学的な理論は，60年に及ぶ期間のうちに発展してきたのであるが，その期間に，美術，音楽，詩においても，同じ原則に導かれたものが賛美されるようになったのである。印象派の画家たちが表現主義的な写実絵画を破壊したのに引き続いて，キュビズム，シュールレアリズム，抽象表現主義の芸術家たちの発展のなかで，形態が破壊される瞬間を見出すことができるのである。形態は粉砕されて，キュビスト，シュールレアリスト，抽象主義者となった。そのうえ，この対象の散布は，しばしば女性像として現されたのであるが，それは何遍も繰り返し描かれることによって，解体し始めたのである。

ピカソやデ・クーニングの女性像を見た多くの批評家たちは，女嫌いの人の女性性に対する攻撃で，その女性像は破壊されていると論じている。こうした批評家たちは，この破壊の文脈を見失っている。通常こうしたことは，崇高な他者が，奇怪な形で再び形象化されたり，粉々に壊された対象に，しばしば色と形の濃厚な動きのなかで抽象化されていたりするのであるが，それらは断片化される直前に起こるのである。私が述べたいことは，われわれがここで見ていることは，フロイトとウィニコットが形象（figurative）を破壊することに関して書いていることと重なる，ということである。女性像を破壊することは母親の身体を破壊することになり，そこでは形態を維持したいというニードは一時的に失われ，母親は自己認識のために用いられることになる。母親は今や描くことの過程となり，内在するものが現前したものとなり，描くという形態を保護する知性を脱対象化し，再形成したものとなる。

抽象的な絵画のあるものは，（ジョイスやフォークナーの）現代小説のように，形態それ自身に内在する創造性の働きを表すために，慣用的な表象の価値を貶めるのであるが，そうした働きは，形態の要素と遊ぶことによって，形態の魔法か何かが働いているところを見ようとする，受け取り手の欲望を暗黙のうちに認識するのである。

精神分析においても，造形のもつ神聖さに対する尊敬の念の欠如が同様に見られる。目に見えないものを引きつけようと奮闘するなかで，分析家は（芸術家のように）形態を破壊する。それは，内側にあるものを見出すためではなく，形態の，母親の名前のもとに権威づけられた，非物質的な知性を認識するためである。赤ん坊が，本当の自己との関係に到達することができたなら，彼は母親と自己とを自由に発明することができるだろうと，ウィニコットは述べている。患者たちが精神分析を使用するためには，転移のなかでたくさんの分析家たちを発明する自由が彼らになければならないし，自分たち自身を表現するために，分析家の人間としての統合性を破壊しなければならない。分析家は，ある点までは，こうした使用を受け入れるのである。

画家も，作曲家も，作家も，われわれの生活の中の形態を自由に破壊するにもかかわらず，自分たちが破壊したものであっても，形態の統合性に頼っているのである。精神分析家たちのように，彼らもこの自由のパラドックスを認識している。このことは，母親が命を吹き込んだ形態に由来する特権的な感覚なしには，起こりえないことなのであるが，一方で，母親は使用された後，「破壊される」のである。自由にする，ということは，言葉どおり，崇高なことではない。原初の形態から，自己は多くの他者を創造するのであるが，表現の自由として得られたものは，個人の安全の観点から失われるのである。やがて，あまりにも多くの形態が，表象の山々となって示されるようになり，ついには原初の母親には到達できなくなる。抽象表現主義者たちは，その形態の単純さに束縛されているかもしれないが，それはちょうど，原初の対象の表象があまりにも多く創造されたことに自己が圧倒されて，われわれ皆に母親が失われたと嘆くことに似ている。

１枚のピカソやデ・クーニングの絵は，心の中で，破壊することの自由に由来するアンビバレンスによって武装した女性のもとへ，戻るかもしれない。われわれが彼女を破壊することを母親はどうやって許すのか，という疑問が提示されるかもしれない。それゆえ，たとえ形態が変化してしまったにせよ，彼女を再発見することは，破壊の新たな努力の最中では，安心感をもたらすのである。

われわれは，豊かで複雑な精神生活によって，母親，父親，家族，そして議論の余地はあるにしても，われわれの文化から切り離されている。無傷で生き残れる形態は存在しないだろう。われわれの思考は繰り返し見直されることによって，すべての形態をあまりにも非常に頻繁に変更してしまうので，形態の本質のみが残るようになるだろう。自由連想は，この複雑さを縛られた空間のなかで解放するが，その空間は，それに完全に取り組むことに躊躇する患者によっても，自分の解釈を捜し求める分析家によっても，さらに狭められているのである。ダンス，詩，演劇，小説，音楽，絵画，彫刻における創造的な仕事は，繰り返し見直すことによってお互いに重なり合う多数の形態が創造されるように，その形態の無言の継承もまた含んでいる。

仮にわれわれが，慰めのために，抱きしめる特別の対象を持つことができなかったとしても，われわれには分離した形態の集まりがあり，そのなかで，それをとおして，われわれは自分たちの存在を作り変え，関連づけていくのである。これはどんな芸術形態にとっても，約束されたことである。精神分析的な方法にあるリアリティさえあれば，しばしばそれで十分なのである。

第14章
事物のミステリー

精神生活と人間行動の理論は，精神分析が創始された時点から，現れては消えてきた。ある特定の理論の価値を決定するものはただ時間の経過のみであり，その永続性を保障されたかに思えたいくつかのモデルも，たとえば構造論でさえも，そのもっとも熱心な支持者たちからも遺棄されてしまっている。ただ将来にもわたって変わらないであろうものは，精神分析的な状況とその方法による深く想いを呼び覚ます効果であろう。

本書で，私は，その方法（自由連想法）を様々に異なった観点から評価することを試みた。それは，自伝の１つのタイプとして，自分を取り巻く知性のミステリーのなかにおけるわれわれの場所の現実化として，自己を住まわせる新たな形式として，思考の新しい形式として，関係の新たなタイプとして，などである。『対象の影（Shadow of the Objects）』において，私は，フロイトの自己の精神構造の理論において父親は一次対象の位置に置かれていたが，その設定と過程は母親とともに静かに生きていることを述べた。フロイトは自分が発見したものを部分的にしか理解しなかった。そして，クライン，ラカン，コフート，ビオン，ウィニコットといった１人の深遠な思想家の名のもとに展開された各学派は，それぞれある特定の見方をその極限まで推し進めはしたが，しかしはるかに遠くまで及ぶようになったその理論の限定されたヴィジョンに含めることのできないものは，必然的に，排除されることになったのである。

異なる理論が，いかに本質的な，しかしながら異なった観点を提供するかをさらに示すために，ここで改めてまずフロイトの，続いてクラインの技法を検討するのであるが，しかし私は内心では，この研究をとおして，フロイトの方法がわれわれが理解している以上に根本的であり，そしてミステリアスであることを検討することを考えている。私はまた，精神分析の政治的駆け引きのなかで，クライン派の人たちがいかに声高にその理論がフロイト由来であることを主張しようとも，クラインの方法がフロイトのそれとは完璧に異なっていることを示したいと思う。クライン派の人たちの主張が，たとえば悲哀や去勢不安や知の探求といった理論の生成との関連で当てはまるのだとしても，しかしフロイトとクラインとでは，それぞれが聞くことに関する重要な理論であり，また精神分析の実践全体のなかでそれぞれの位置を占めているのだとしても，耳を傾けることに関して，そのやり方が完全に異なるのである。

さて今一度，フロイトに帰ろう。

フロイトは夢を，精神分析的な契機のかなめとした。『性格となること(Being a Character)』のなかで，私は，夢は，夢を見る日に精神的強度を伴って始まるために一晩眠らなければならず，そして夢見られるためにそれぞれが互いに競合する，完全な夢過程と呼びうる精神の旅の中間点にあると論じた。その日の精神的強度は，高度に過剰決定された無意識の情緒的な契機である。夢は，そのような情緒的な体験をさらに考えるための，おそらくは最善の方法である。たいへん皮肉なことに，画像によって考えるという夢のもっともプリミティブな性質が，少数のイメージに多数の観念が結びつくことを認めており，それがその日の強度を経済論的にさらに練り上げることにつながるのである。1つの夢は高度に自己没入的であるとともに，図象的に鮮明であるため，起床時に忘れることは困難である。夢を思い出すということはそれ自身で新たなアイディアを生み出すものであるし，人生に関する潜在的な実感にわれわれを導くものである。

精神分析を，連想のその日に，夢の轍に位置づけることによって，フロイトはそれまでは単独のエピソードであったものを，新たに形成された人間関係のなかへと導き入れた。「あなたは夢を覚えていますか？」という問いはすべての被分析者を新しい場所へと導入し，これがわれわれの連想に耳を傾けるために他の人間がやってくる最初の機会となるのであるが，それによって連想には新たな力と目的が与えられるのである。これ以前には，個々の夢見る人は，その夢が忘却の彼方に埋もれる前に，時々起こる連想のひらめきに幾分なりともさらされるだけであった。

われわれは未だに，精神分析のこの要請の後作用を処理しているのである。

フロイトは，睡眠中にわれわれは胎児や乳幼児の姿勢に戻り，夢見るときにわれわれは乳幼児のように幻覚的な思考状態に戻るということを理解していた。ポンタリスとカーンが特に指摘するように，夢の身体は母親の身体に似ている。毎晩われわれは母親と出会い，母親の秩序のもとに時計仕掛けのように自動的に戻り，今一度視覚の言葉で思考し，幻覚のなかで生きるのである。

夢を報告するとき，被分析者は自分たちが神託を提示しているように感じるだろう。彼らは当初，連想するようにとの求めに抵抗するかもしれないが，ただ単に抑圧された観念の露見を恐れているためにそうしているのではない。もっと重要な理由は，彼らが母親の魔力のもとに留まりたいと願うことである。あたかも，乳幼児と母親に対するフロイトの誘いを聞いて，夢見る人が，「とうとう自分の乳幼児的なものと，母親的なものをもってくる場所を見つけた」と返事するかのようである。そして連想への呼びかけが抵抗を受けるのは，誰もがこの契機から切り離されることを望まないからである。「どうして私が連想すべきなのですか。私はあなたに夢を話しました。あなたはその意味を教えてくれさえすればいいのです」と，被分析者は答えるだろう。

母親とともにいる乳幼児を具体化する空間を構築するために，フロイトは連想することを義務づけるように主張する，求められていない父親を導入した。自分の夢の本のなかで，フロイトはこの契機を好んでおり，連想が夢の顕在内容を「破壊」することを強調しているのだが，そのことについては後でもう少し詳細に，論じたいと思う。連想を求めることにより，すなわち，父性原理を導入することによって，フロイトの方法は被分析者をテキストの統合性から切り離し，夢見ることによって引き起こされた母親からも切り離す観念の運動をもたらした。顕在テキストを破壊することは，それまで母親の秩序のなかに住みついていた自己の居場所を，細かく破壊することなのである。

しかしながら，自由連想は巧妙な分離の方法である。

たとえ父の名のもとに始められるにせよ，被分析者に求められるこの義務は，そのときに浮かんだことを，焦点を絞らずに，さしあたっては探索することのないやり方で，結果を恐れず，ただ単に話すという方法であり，それが分析家の支持的な沈黙と，判断を下さない態度に抱えられているということは，母親の秩序より借用された言述の一形式なのである。このように，自由連想は一方の秩序と他方の秩序を橋渡しするものであり，今や連想という行為をとおして混合するようになった，双方の対象関係のニードに適合する歩み寄りといえよう。

このようなことから，それぞれの分析の時間は，自由連想という培地で混ぜられつつ，夢をもってくること（母親の秩序）と，自由連想法の適用によってそれから分離すること（父親の秩序）との間を，継続的に揺れ動くことになるのである。母親から父親へ移り，母親に戻り，そして再び父親に戻る。たった1セッションのなかでさえ，患者は夢を持参し，幼児的なものを引き出し，自由連想による破壊にそれを委ねるのだが，また別の夢を想起することによって，この全体の過程が繰り返される。こうした関係は何百回も何千回も，何カ月も，何年も，繰り返されるだろう。この方法の本質的な部分は，明示されているものではないにしても，精神分析は母親の秩序と父親の秩序を，作業の協力者として組み入れているということである。

この文脈から母親的なものを呼び出すことと，母親としての夢から分離することとは，どちらも精神分析に独特なことである。このシーンに登場する父親は日常の家庭生活における父親とは異なり，またこの母親も，エディプス期，すなわち父親の秩序が人間の精神構造の一部分とみなされるようになった時期のあとに存在するようになる新しい人物像である。こうして出現して，精神分析のなかで合流する母親と父親は，母性的なものと父性的なものの新たな労作であるといえよう。事は，こうした名前と結びつけられた新たな内的対象と協定するといった単純なものではなく，むしろこの方法は，患者と分析家に何年にもわたって支えられて，養育の新たな形式を織り上げるために，こうした早期の人物の機能を用いるものである。

母性的なものと父性的なもののこの新しい結婚の1つの重要な側面は，視覚的な秩序と言語的な秩序との間，あるいは想像的なものと象徴的なものの間を，揺れながら変形が行われることである。夢を思い出すということは，視覚的な経験を想い起こすことである。しかし，連想の作業は，この像を別の情景（夢の体験の内には含まれない記憶）へと変形することだけではない。連想の作業は，よりいっそう言語的な秩序へと移し変えることでもある。精神分析において夢について作業するということは，自己を前言語的なところから言語的なところへ移動させることであり，母親的なものから父親の秩序へと移動させることである。それと同時に，しかしながら私が論じたいことは，連想の過程は，自己をそれに引き続いて起こる深い内的なイメージへと導くこと，すなわち母親の秩序のもとの人生により特徴的な視覚的――感覚的――情動的な秩序へと引き戻すということでもある。こうした夢想のなかから話し言葉のなかへと浮かび上がることによって，被分析者は，無意識の深みを伴った言語を一新するのである。

「平等に漂う注意」のもとに，分析者は「自分の無意識の精神活動に従わなければならず」，「内省」したり，「意識的に期待」したり，「記憶」することを諦めることにより，患者の無意識が自分の無意識とともに漂うさまを捕えるのである（1923a：238)。新たに分析を受けることになった患者は，このような新しい関係への転換を，たとえ無意識的にはその性状を理解していたとしても，激しく動揺させるものとして体験するであろう。通常，人々が語り合う際には，会話としての相互性が成り立っている。つまり，一方の話者は間を置き，そして他方の話者が交替して何かを言うのを待つ。しかし新しい被分析者が待っていても，分析家は答えてはくれない。その代わりに，そこには沈黙がある。その効果は変形を引き起こす作用のあるものである。被分析者は，その後に続く沈黙のなかで，自分の言葉がこだまするのを聞く。この沈黙が不快を催すものだとしても，彼らはすぐに，予期される答えが存在しないということは，表現することが自由であることへの，新たな招待状であることを見出すのである。

患者はときに何かを言ったりするのに対して，分析家はそのうちの一言を繰り返し，もしもそのタイミングが合ったときには，新たな素材がまた現れる。この分析的な反響は誠実なものでなければならないし，腹黒いものであってはならない。分析家が患者をすでに準備されている解釈に導こうとするならば，それは彼らの平等に漂う注意という機能，自分たちの無意識に身を任せていることの悪用である。患者に耳を傾けているときに，ある特定の言葉やイメージが，他の文言やイメージに比べてずっと強力な影響を及ぼすことがあり，そういうときには分析者は，それが何を意味するのかを知らずに，その言葉やイメージを繰り返すことがある。もしも分析家が患者と無意識的にかみ合っているのならば，この繰り返しによって，患者は身体的により強度のある言葉を持ち出すだろう。これが，感情や情緒には言及することなく，その面接時間を意味あるものとして動かしていく，情緒的に重要な言葉やイメージを解放するフロイトの方法である。

このような聴き方が，物事の進展のペースを遅くすることをわれわれは知っている。自分たちの分析家が，だらだらと続く話に通常の会話のようには返事しないことを理解するやいなや，患者は通常ペースを落とし，性急には保証を求めなくなる。「私の言ったことで大丈夫ですか？　そう言ってくれれば，今度は私があなたが言ったことが大丈夫かどうか答えてあげましょう」という標識のような機能は行われなくなる。それどころか，会話は返答を求めないものとなり，その場に新たに登場した他者の目の前で繰り広げられる無意識の会話となる。分析家が何かを語る前に，15分から20分が経過することさえある。分析家は，セッションの間中，まったくコメントしないでやりすごすかもしれない。もっとも，ある言葉やイメージを分析家が繰り返さないことは，むしろ珍しいことである。フロイトの流儀では，急ぐ必要はまったくない。フロイト流の時間は，面接時間の終りによってのみ限定されていた，無意識の時間のある側面を現実化し，患者は相互的な対話で見られる時間を守る機能を手放すようになり，無時間のはかなさを身に付けるようになる。この語りのなかで，被分析者は，語りのヘゲモニー（覇権）を取って代わる新たな考えが思い浮かぶたびに立ち止まり，何処ともわからぬ場所から起こってきたように思える，より感覚的な思考の流れに身を任せて，流れていくのが通常である。被分析者はこのやり方を学ばねばならないが，いったんそれを身につけると，このやり方が，過去，現在，未来の時制を生きる機会を与えるのであり，すべての時制の対象と心的現実とを混ぜ合わせて，1つの連続した意識の流れにすることを，被分析者は見出すのである。

フロイトは，自分の技法の中核は，無意識のコミュニケーションを中心としていることを，非常に明確にした。そしてこの統合性は，古典的なヨーロッパ大陸の精神分析では維持されていたが，自我心理学を基礎づけた英米の古典主義のなかではほとんど見棄てられていたのであった。「平等に漂う注意 (evenly suspended attentiveness)」という言葉の意味は解体されてでたらめになった。「平等に」という言葉は，平静であるとか静かであるとか，「一様である（even)」という意味になった。「漂う」という言葉は，「引き離された」とか「取り除かれた」という意味になった。「注意」は「注意深い」という意味になった。フロイトのオリジナルな文脈から切り離されたこれらの言葉は，今や，分析家は平静な気持ちを持ち，患者からは切り離されて，非常に注意深くなければばならない，ということを意味するようになった。自我心理学によるスーパーヴィジョンを受けた分析家たちは，その瞬間瞬間ごとに，患者の自我状態の移ろいを，特にエスと超自我との関連を，描写することを求められた。そして，解釈をするときは，時系列のこの瞬間に，自分たちが自我の要求をどのように理解し，どうしてそのようなコメントをしたかを正確に同定することを求められた。かつては分析家の宙吊りの意識の周辺で構成されていた技法が，今や分析家の意識を中心に位置づけた技法へと転じたのである。臨床的な討議のなかでは，平等に漂う注意のなかで浮かんだ思考を，分析家は議論しないことになったのである。そうでなかったとしたら，骨抜きになっていた分析家の分析に対する無意識の貢献を再活性化するために，次の世代の分析家たちが死に物狂いで逆転移理論へと移行する必要はなかったであろう。被分析者の自由連想と，分析家の平等に漂う注意との相補性をもとにしたフロイトの理論は，逆転移という言葉の意味が十分に明らかになる以前から，すでに逆転移の理論だったのである。

フロイト派の臨床的な時間のなかでは，分析家は患者の談話に自らを投じ，イメージの流れに身を任せる。そのなかでは，患者の友達や家族や敵がやって来ては去っていく。分析家は，毎日の些細な出来事の，奇妙にも持続する印象とともに残される。フロイトは，患者が「探されているものとは無関係」と見なしている自由連想こそが，「特別の価値がある」ことが明らかになると語ったのだが，こうした日常の対象こそが，分析家にとっても格別に重要であることが判明するとも語っている。かつて分析家としての仕事を始めて数週間のうちに，私は自分がまったく予期していなかったことに出くわして驚かされた。それは，患者たちは自分たちの人生のなかで重要と思われる出来事について描写したり，自分たちの性格に関して何かしら非常に洞察的なことを私に語ったりするのだが，あるイメージや言葉が私の心に持続的な印象を残すということであった。ときにはそれは夢の断片であった。時にはまったく日常的な一言が，その文脈のなかで印象的であった。時にはある感情から，私が抽象的なイメージを作り上げた。やがて，何十ものそうした心的な対象が忘れがたいものとなったが，それらの意味を私が把握することはなかった。私は，これらの対象は無意識の思考の流れが意識にあらわれたものであると信じるが，われわれは，無意識を論じるときにごまかして騙すことはできない。こうした得られた断片以外には，それらが完全に意識化されることはなかったため，私はそれが何を意味しているかを知ることはなく，ごく少数の例外を除いては，こうした断片が理解可能となることはなかった。

このような印象は，フロイト派の空間の精神的な調度品の一部分を構成している。平等に漂う注意のもとで，ちょうど無時間性が一時的に達成されるように，新たな心的な空間もまた構築され，そのなかでは多数の対象が，（知覚されるにせよされないにせよ）お互いに無原則に並列しているのである。このことが達成されるためには，意識の習慣を一時停止しなければならないが，これはフロイトの方法の中核であった。しかし，これまで述べてきたように，自由連想と平等に漂う注意は無意識のコミュニケーションを涵養するものであったのだが，今度はそれが話すことと聞くことの機能を変えるものとなるのである。

やがて，分析家は突然に，素材の中に観念の結びつきを見出すであろう。フロイトはこの瞬間を愛した。彼はその場で刑事となって，事実を付き合わせようと試みた。しかしながらコロンボのような刑事ですら，意味の跡を発見するためには，事実をとおして理解する前に，自分の思考のなかで迷子にならなければならない。テレビドラマのなかのコロンボの容疑者たちは，彼の進み方があまりにも遅いのでいつも何かしら苛ついているか，彼があまりにも真実からかけ離れているように見えることをおもしろがっている。精神分析的な方法とはそれほど似ていないとはいえない方法で，刑事は，自分の目の前で展開した出来事に対して早まった考えを持たないようにしつつ，事実が自分自身に影響を及ぼすのを待っている。

フロイト流の傾聴法では，浮かんでは消える様々な思考の流れを結びつける論理の間に横たわる潜在的な内容を構成する観念の組織体が理解された場合，分析家か患者はそれを解釈するであろう。証拠は，双方の参加者にとって利用可能である。ごく最近のことを，おそらくは過去15分か1時間の間のことを，ある考え方と結びつけて指摘すればよいのである。分析家は重々しく歩く必要はない。実際，最良の解釈は患者の理解をただちに引き起こすような数語の反復にすぎないのである。

患者の言葉を繰り返すフロイト流のやり方は，患者の心の特有の内容，患者の独特な思考の論理，患者がまさにどういう言葉を用いたかに，深い注意を払って行われている。こうした詳細をコメントするに際して，分析家は「私はあなたの言ったことがたいへん興味深く感じられる」とか，「あなたは自分が何を言いたいのか理解できないと言ったが，現実にはあなたはたいへん興味深い思考の流れを表現したように思う」とか，「あなたが私に教えてくれたことはかくかく云々で……」とか言った後で，連想のつながりへと転じるであろう。仮に被分析者がそれに同意したにもかかわらず，引き続く連想のなかで無意識的に不同意を表明するならば，分析家はそこで間違いを正すことができるであろう。もちろん，こうした探索的な繰り返しは，フロイト的な時間と空間が確立されてはじめて達成されるものであるのだが，通常は，分析家は，突然の啓示としてそれらを理解するであろう。しばしば，こうしたことは，分析家と患者の心に同時に出現する。時として，患者は長い沈黙の後で，自分たちが話し合っていたことを振り返って，自分たち自身の無意識の意味に関して，実に見事な認識を語るだろう。

しかしながら，こうした理解が精神分析的な面接を際立たせているわけではない。そのような理解が価値あるものだとしても，双方の参加者は，大部分の時間，訪れた思考やイメージや言葉や感情やその他のもつ意味を知ろうとする方法のなかに，あまりにも深く巻き込まれているのである。この傾聴法は，時間を要する。ものすごくたくさんの時間を要する。まずは論理の展開が理解されるために長時間を要するし，患者の語りによる喚起的な動きが分析家の無意識の生活に影響を及ぼすのにも，長時間を要するのである。分析のこの側面は，無意識の時間と無意識の思考のよりいっそうの認識へとつながる。実際，これは参加者たちに，時間そのものについての新たな認識をもたらすのである。これは，無意識の生活を意識に導入する方法として西欧文明が発展させたもののうちで，もっとも洗練されたものである。そして，分析が終結した後も長期間にわたって，被分析者は，自分たちの無意識の生活の時間的，空間的な世界に対する耐性を，自らの内に持ち続けるのであるが，それは，彼らの存在のミステリーに由来する直感的な繰り返しに対する，一時的な受け手としても十分に機能するであろう。

メラニー・クラインの患者への傾聴法は，これとはずいぶん異なっている。彼女は大人の患者を相手にしているときでさえ，小さな子どもとの作業を自分の規範のモデルとして用いたことは忘れてならないだろう。子どもは自由連想しないで，玩具で遊ぶ。この遊びを観察しながら，クラインは，今ここで起こっていることとしての，子どもの無意識の意味を物語った。彼女は子どもの遊びについて解釈を語りかけるのだが，ほとんどいつも子どもの行動を母親の身体の内部に向けられたものとして解釈したために，その中に母親や自己や父親や同胞たちの身体部分についての豊富な象徴を見出すことができて，たいへん豊かなコメントとなったのである。

大人を対象とした作業のなかでも，クラインは，患者によって語られた人々のことや出来事を，その瞬間にお互いに関係をもっている患者の自己の様々な部分を表象する対象と見なした。仮に患者が無責任な友人の話をしたとしたら，患者は，自己の責任感のない部分をこの内的対象に投影同一化しているということになる。クライン派の傾聴法は，豊かな劇場を見出した。そこでは何にも増して視覚的な秩序が重んじられるのだが，会話のなかの人物や出来事は精神的な内容の擬人化であり，中世の魂の葛藤（psycho-machia）の20世紀版である。この傾聴法の特質は，コミュニケーションがどちらかと言えばまばらな患者たちを相手にした仕事や，フロイト的な時間がうわべ上破綻してカオスに到らんとする患者たちに対しては，語られている対象を自己の部分として翻訳することだけで，ただちに理解可能となるということである。

クラインの弟子たちは，彼女の投影同一化の理論を拡張して，患者が他の人について語ったことは，今ここで分析家について感じられた何ものかを分裂－排除したものであるとした。分裂（splitting）の程度は，見かけ上，分裂（split）の時間性の観点から計量できると考えられた。たとえば，患者が，待合室にいる誰かが患者の服装について異を唱えたと言ったとして，ここで見られる分裂は，患者が同様の批判を遥か過去の（すなわち，現在からより隔たった）人物から受けたと語った際に見られる分裂よりも，程度が軽いと考えることになるのである。さらに，そこに空間的要素が付加される。たとえば，患者がパーティで出会った誰かについて，卑劣だと感じたことを語ったことは，彼がサダム・フセインを不正直であると語ったことに比べれば，分裂の程度は軽いことになるかもしれない。通常，クライン派の分析家たちは，被分析者の分裂－排除された部分を，転移のなかで分析家として想像された人物と結びつけつつ，今ここで，巧みに見つけ出して解釈するのである。

初期のクライン派の文章では，分析家は患者の臨床素材が十分展開するまで待つべきではないことが強調されていた。スーパーヴィジョンを受けている研修生たちは，患者が話している間，どうして静かにしていたのかを常に問われた。なぜならば，そうすることは患者の投影同一化と共謀することだからである。患者は，分析家が沈黙している理由として，数限りない誤った理由を想定するだろう，というように彼らは教えられた。たとえば，分析家は患者が自己の一部分を他者に投げ入れることに同意しているとか，分析家は患者に直面化することを恐れているとか，分析家は話すことにうんざりしているとか，分析家は怯えていて，悪意を抱いているとか，分析家は患者の語りに興奮していて，同じことをもっと聞きたいと思っているとか，分析家は傷つけられており，落ち込んでいて，これ以上話すことができないといったことなどである。分析家は，語りのなかに表された自己の部分だけを解釈すべきなのではなく，こうした対象の機能を，現時点における分析家に対する感情の表現として解釈すべきであると論じられてきた。

クライン派の分析家の仕事は，患者たちが自分自身との接触をそれ以上失う以前に，投影同一化を解釈することにあるので，分析家は部分対象が演じていること（play）の力動的な意味を，ただちに自分自身に翻訳するタイプの傾聴法が必要とされるのである。その心の在り方に本来内在する攻撃性を分析するために介入することなく，患者が話し続けることを認めることは，分裂と投影同一化のある種の形態と見なされうるが，そうすることは患者を自分の病理に放置することになるので，分析家は，継続的に解釈することによって，あるいは声に出すことによって，素材に介入しなければならないのである。

他のどんな分析理論家にもまして，クラインは，人間の動機と葛藤に関するフロイトの理論を信奉し，それを拡張した。死の理論，悲哀，躁的防衛，早期エディプス葛藤，自我の分裂に関する彼女の理論は，すべての局面で，彼女がそれを創造的に変えて自分のものとしたとしても，フロイトの考えを念入りに推敲したものと言えた。彼女とその後継者たちは，様々な方法で，自分たちが理論をフロイトから導き出していることを，声高に主張したが，彼女の仕事の方法，そしてとりわけ，後継者であるクライン派の人たちの技法には，精神分析的な方法の根本的な変更が見られたのである。

フロイトの技法では，分析家は沈黙を守るため，患者は話すのに十分な時間があるので，様々な異なった無意識の願望が徐々に展開するのであった。クラインの技法では，分析家は，患者が語っている人々に対して自分の一部分を投影していることを解釈するために，介入すると主張する。フロイトの技法では，分析家は，無意識的に現前するために，内省や，記憶することや，集中することを先延ばしすることを示唆している。クラインの技法では，分析家が，投影を人間の力で可能な限り速やかに彼らの自己の部分として翻訳して解釈するために，明白な意識のもとに現前することを要求する。フロイトの技法では，夢の絵画的な世界から鮮明な物語を導くのだが，それに引き続いて，視覚的な秩序を何千もの言葉に解体し，それらの言葉はそれぞれ異なった精神の論理の領野に向けて動き出す。クラインは視覚的な秩序を無傷のままに置いておいた。実際，彼女がそこに患者とともに足を踏み入れるのは，それを別の視覚的な場所に転移しようとしたときだけであった。それゆえ，子どもが玩具のバスのなかに玩具の自動車を押し込んだときは，彼らはペニスを子宮に押し込もうとしているのであったし，あるいは大人が，抑うつ的な社長が怠慢な従業員を非難していると話している場合には，分析家の苛立った部分が，義務から逃れようとしている患者の部分について話していることになるのであった。

クラインは，視覚的な秩序の根本的な用語法を変更しなかった。患者たちが描写した内的世界を，クラインは母親の身体の視覚的な世界に置き換えた。また，後のクライン派の人たちは，患者が語ることの一部分を占める視覚的世界を，分析家の想像される部分へと置き換えた。実際，この技法の特質はまさに，クライン派は自己表現の基本的な方式に変更を加えようとは試みず，患者とともにそれに実際に踏み込んでいき，直接的な親しさや例外的に直接的な感情表現を達成できる，という点にある。さらに付け加えるならば，証拠は，集めるのに長い時間がかかる，フロイト的な連鎖に従って論理を縫い合わせたものではなく，直接的に現前するものなのである。たとえば，患者がシンディという友達のことを話題にしていて，その友達は店から衣服を盗むことが好きで，患者は彼女がいつか捕まるのではないかと恐れていると言ったとするならば，分析家はただちに，「あなたの中のシンディは，私のものを何か盗んだといって，私があなたを捕まえるのでないかと恐れているのでしょう」と解釈するであろう。そうすることによって，患者はただちに，分析家に判断されることの恐怖や，その出所を正当に認めることなく，すなわちそれに支払うことなく，分析家から何らかのコメントを盗む衝動について，討論することができるのである。

いったい何が，このような根本的な違いを引き起こしたのだろうか。両者は，患者の無意識の参画を求める姿勢において異なっている。両者は，セッションのなかで参画する，患者の無意識の運命において異なっている。両者は方向性において，視覚的，言語的秩序，言い換えると，想像的，象徴的秩序が異なっている。両者は，分析的な時間と空間の概念が異なっている。両者では，分析の後の影響が異なっている。

１つの分析のなかで，こうした差異を相容れないものとして理解するとしたら，実に悲しい誤解といえよう。両者はそれぞれ独自のやり方で，フルコースの精神分析にとって不可欠なのである。両者の傾聴の方法は，被分析者の対話と転移の，変化した機能に語りかけるのである。精神分析の企ての中核が，患者の無意識の思考を媒介するものとして，分析家が自分自身を認識することが要請されるフロイト的な傾聴にあるのだとしたら，患者がこの機能を変更して，語られた対象を自己の諸側面を含みこむものとして用いる機会は数えきれないほどあるだろう。私は，精神分析家はこの変化を察知することができるだろうと思う。私が仮に，セッションの開始時にただ患者の言葉を傾聴しており，彼の連想のなかで道に迷ったとしても，彼が描写する人物や場所が，思考の流れのなかから根本的に変化して，自己の廃棄された部分の投影の受けとめ手となる瞬間を感じることができる。クラインが初期の仕事のなかで強調しているように，内的対象のなかに自己の一部分を廃棄することには何かしら攻撃的な点があり，遅からず分析家たちはこの力を感じることができるであろう。解釈されなかった場合には，しばしばその時間の素材は，どちらかといえば，活気がなく，反復的で，合理化された連想の流れに引き継がれていくのである。

被分析者の無意識を導き，受けとめ，それを処理して，解釈する方法としては，フロイトとクラインの傾聴の仕方では，根本的に異なっていた。精神分析運動にとってたいへん不幸だったことは，こうした異なった機能が，伝統派とクライン派の政治的主張をもとに二分されてしまったことである。なぜならば，両方の働き方とも，被分析者の精神的な変形のために重要だったからである。

しかし，ウィルフレッド・ビオンのものの見方と彼の理論が，双方のグループに，政治的な犠牲を払わずにお互い歩み寄る方向で，変形を迫ったと言えよう。なぜならば，分析家は記憶することなく欲望することなくと，ビオンが語ったときに，彼が推奨したのはクライン派のやり方とはまったく逆の技法だったからである。このように語った彼がクライン派であったために，（彼はこのコメントをフロイト自身の技法論と結びつけることはなかったが，）彼はクライン派が面目を失うことなしにフロイト派に変わることを可能にしたのであった。実際，私の論じたことが正しいとしたら，ビオンがたいへん人気がある理由の一部分は，彼がクライン派にとって，自分たちの技法を制限するドグマから解放されたいという彼らの無意識のニードに合致する形で，変形性対象（transformational object）として機能しているためである。同時に，最近では，偏見のない古典派の分析家たち，たとえばロイ・シェイーファー（Roy Schafer）なども，クライン派の精神分析に対する様々な貢献について書くことができるようになった。これは別の見方をするならば，フロイトの方法には限界があったということである。それはクラインと後継者たちの校訂を常に必要としていた。そして，クライン派の技法によってもたらされた，より積極的な解釈の作業は，古典的な技法を豊かにすることになったのである。

ビオンとウィニコットはともに，患者の無意識の生活を感受する異なった方法を作り出した。ビオンは，1950年代の多くのクライン派の人たちと同様に，分析家は，患者が「いったいどうやって，**あなたは**こうした心的内容とともに生きることができるのですか？　それらが生存可能であることを見出すためにはどうすればよいのですか？」といった質問を持ち出したりするように，患者が心的内容を披露したものの容器でなければならないと信じていた。程なくビオンは，患者から分析家に渡される要素によって，分析家の心の異なった機能が引き出されるとする巧みな理論を発展させた。ここで，分析過程の根本的な組換えについて論じようとは思わないが，いずれにせよ，ビオンの考え方は疑いもなく独創的だったのである。彼は，フロイトやクラインとは異なった方法で，患者を取り扱った。彼は，無意識的な対象の取り扱いに異なった方法があることを認めた。その結果，異なったタイプの分析的介入が行われるようになった。

ビオンと同様に，ウィニコットはフロイトとクラインに深く影響されたが，しかしながら，彼の技法は両者とは異なっていた。彼はビオンと同様に，クライン派の先輩たちがしたように素材に摑みかかることなく，沈黙のなかで待ち続けることができた。フロイトと違って，彼は潜在的な内容を調べることに，格別の興味を抱かなかった。彼は，フロイトのやり方は，あまりにもしばしば，人間存在そのものが抱える形式のなさに対する万能的な防衛になっていることを論じた。ビオンもウィニコットも，ともにラカンが言語に対して抱いた興味を共有しなかったし，意味を言葉で物語る主体に対するラカンの情熱も持ちえなかった。そしてラカン自身が晩年にどれだけ実現できたかは疑問であるとしても，ラカンが強調したこと自体は，フロイトの方法の一側面の論理を深く追求したものにすぎなかったのである。しかし，ウィニコットは，しばしば病理の茂みの中に身を隠し，時には無意識のコンプレックスを分析的に解釈する真の意味での骨折りの中に永久に隠れ続けることが可能な，本当の自己が必然的に出現するまでは，分析家は待たねばならないと信じていた。

ミルナー（Milner），ライクロフト（Rycroft），カーン，クラウバー（Klauber）やその他の英国独立学派の精神分析家と同様に，ウィニコットは本当の自己の活動が促進されるまでの長い時間を待つことができた。時には彼は定型的な解釈を差し控え，分析家の沈黙と予測を控えた集中によって，抱える環境を創造した。彼は，患者の分析における特定の時期に，長時間のセッションを設定し，2〜3時間を患者の「自由に任せた」（フロイトは，「時には，1日1時間という標準の設定以上に時間を割かねばならない患者もいる。なぜならば，彼らが気持ちを開いて，心を明かして伝えるようになる前に，1時間の大部分が過ぎ去ってしまうからである」（1913）と書いたときに，まったく同じことを論じている)。ウィニコットは，たっぷりと時間が与えられた上で，解釈をして組織化することがない場合に，患者は「形がない」という体験，しばしば，むしろ取りとめのない状態を体験することができると信じていた。ここで1つ重要な点は，病的な構造が，そのセッションの時間を支配するような機会が持てるように，正しい環境を創造することである。ウィニコットは，多くの患者が，自分の病気を繰り返し繰り返し分析家に再現して見せることを好み，それによって毎回同じような，むしろ単調な解釈を引き起こすということを知っていた。もしも分析家が型どおりの反応をしなかったとしたら，何が起こるのだろうか。もしも時間の長さが，病気の万能感を減らしたり，根絶したりしたらどうなるのだろうか。患者はいったい何を行い，何を語るのだろうか。

しばらくの間，嘆きや不安の表現が続いた後で，平安な静かさが到来し，患者は自分自身が漂い，夢想の中に溶け込んでいると感じることを，ウィニコットは見出した。こうした作業は何カ月も続きうるし，実際しばしばそうなるのだが，特定のテーマに組織化されることのない想像や活動が繰り返され，この心の状態から抜け出した患者は，しばしば分析の最後でこの時期のことを振り返って，この時期は深く変形作用があったと（いくぶん神秘化した風に）語るものである。

ビオンを援用するならば，ウィニコットは患者が無意識的にアルファ機能を創造する技法を見出したということができよう。

今ここでの転移から患者の病理を解釈しようとする繰り返しの努力は，皮肉なことに，病理構造そのものを覆い隠すことがある。精神分析家たちは，病理的なコミュニケーションを繰り返し解釈することによって，自分たちは声を出して表現することで病理を解毒しようとしているのであり，この機能はたいていの場合に有効であると主張している。しかしながら，このようなプロセスを求める患者，実のところこのプロセスによって肥大化する患者もいるのである（言葉によるコミュニケーションにしろ，演技的な行動であるにせよ）。会話することは，その変形それ自体を目標とするものであり，精神分析からのみ導き出される新種のウィルスが作り出されることもある。すなわち，コミュニケーションと解釈との相互作用という病気である。

ウィニコットやカーンやその他の人々は，この病気を育むまいと決心して，共感的に患者を支持しつつ，どこか別のところから，何かが立ち現われてくるのを待つことにした。彼らはときに，戦闘的なレポートによって心の内的な状態が決定づけられていないような時間に，いったい何が起こってくるかを見るために，患者に語ることを止めるように伝えるといった，通常行われない指示を出すことさえあった。患者の，自分を転移的な関係のなかで明示されることを求める病理としてだけ表現しようとする願望を，一時的に拒絶しながらも，こうした分析家はそれにもかかわらず「愛情がこもって」いた。というのは，こうした分析家は自分の感情を表現し，集中して，常に優先権を主張する病理的なものによって排除されていた自己の部分から語るようにと患者を誘うことによって，自分たちの拒絶を和らげたからである。声「の中に」感じ取ることは，内在するコミュニケーションである。それは，患者について，あるいは自分自身について，感じたことを患者に表現することとは，非常に異なったことなのである。

おそらくこうした分析家たちは精神分析の結び目を解こうとしているのであり，ラプランシュがそうすべきであると論じているように，ある時期，「反解釈学」の流れにそって働いたのである。あるいは，おそらく，彼らは精神分析の既知－予測可能という構造を分解しようとして，O（ビオンによる無限の指標）へと患者を導いていたのであろう。

形のない状態のなかで，被分析者は，分析家の人格を様々に活用することで，徐々に自分たちの語法（イディオム）で語るようになる。そして，彼らの疾患が彼らを縛り，分析家の注意を病理的複合体の解釈に集中させようとも，彼らは，自己表現のまったく異なった平面に，自らの審美的な在り方を提示することになるだろう。

声，言葉遣い，気分，態度，沈黙やその他の特徴を表す言語のその人独自の表現をとおして，精神分析家がその影響を記録される主観的な領野のなかへと成形されることは，あたかも分析家という人間のパーソナリティがひとたび「平等に漂う注意」のもとで宙吊りにされることによって，そのパーソナリティが，被分析者が自分のスタイルを表現するための特別な器官となるかのようである。逆説的なことであるが，精神分析家がまさに患者に対して非常に主観的な反応をすることを自らに許容し，自分の連想に従ってさまようことによって，患者の影響が驚くほど豊かな情報を生み出すのである。精神的な素材は，それらすべてが何を意味するのかについての分析家の意識的な意味づけを凌ぐであろうし，分析家自身が了解していた主観的な反応に取って代わるであろうが，しかしこうした深いレベルでの仕事は，奇妙にも客観的な性質を帯びているであろう。われわれが，その方法が豊富な心的な対象を生み出すことを理解しており，深いレベルでの主観性のパラドックスについて理解しているならば，すなわち，主観的な創造性をとおして自己は**客観化される**のであり，そしてそれゆえ，自己を研究することのなかに客観性の一形態のそれ独自の主張があることを認識していれば，それらは客観的なものとなるのである。

分析家がいかなる既知の精神的な興味（それには自分自身の個人的な過去を分かち合うことが含まれる）にも導かれることがないならば，熟考することによって深いレベルでの主観性は，ミステリアスなものとして，分析家の心を打つのである。

このような深いレベルでの主観性は無意識のネットワークの構成に貢献しているが，しかしそこに生まれ出てきた思考は，患者と分析家がお互いに仕事をする無意識のマトリックスを築くときに，無意識の認識の領域をさらに押しひろげるように，それと関連した心的現象とやがて結びつくのである。分析家も被分析者も，自分たちがお互いに及ぼしている正式な影響を意識的には把握していないだろうが，しかしお互いが相手について何がしかのことを知っているのであり，それは非常に深く無意識的なレベルで，少しずつ伝えられているのである。形態は自我の仕事であるとわれわれが論じたことに立ち返るならば，患者は，たとえ分析家がそのことを意識して考えることができないとしても，患者たちを体験するように自分たちの分析家に働きかけているのである。

フロイト派のもくろみが自分たちで解決できる以上のことを引き起こしたということを理解するのは困難ではないし，また精神分析家たちが自分の患者について知りえたことや，あるいはどのようにして一緒に仕事をするかについて書きたがるということも理解可能である。本書では，われわれは少なくとも8つのタイプの異なった無意識による表現の形態を分離して取り出した。自由に連想された思考の連鎖をとおして明らかにされる論理。精神分析家が連想するようにと要請したことにより呼び出され，いかなる素材も境界のない未来に向けて置き換えられて，解き放たれて飛び出してきた潜在的な素材。隠されたとらわれを露にするような単独のイメージや言葉によって，殻を割られて引き出された，失われた記憶の想起。語りの対象のなかで劇的に再演された，自己の内的対象関係の仮面舞踏会。自己の一部分や，自己の早期の環境が，無意識的にそうしたものの性質を取り入れた精神分析家のなかへと転移されたもの。身体のなかで生まれた感情の言語や，自己の状態を伝える声。分析家と患者との間の潜在空間で起こる中間的な対象の創造。そして最後に，分析家のパーソナリティの諸要因を活性化することによって表現される患者のイディオムの動き。これらが形態の機能である。

これらの諸階層の現前と表象（presentation and representation）がそれぞれ常に存在するものだとしたならば，それぞれの個別の精神分析的な時間の心的な密度は，統合的な思考を超えるものとなる。夢想のなかで，分析家はこれらの様々な階層の総合的な動きに身を委ねているが，折に触れて自由連想の論理としての何らかの洞察に到達する時点に至り，異なった過去に由来する新しい連想によって導かれた新たな思考の流れが表れて，今まで実現されることがなかった新たな未来の意味が示されることもある。対象［関係］の劇場では寓意的な人格化が露になり，観念と感情との奇妙にも強烈な布置によって，分析家の内的感覚が形づくられる。感情が抗い難く組織化されて，そのセッションのものの見方が定められ，患者と分析家によって創造された対象（たとえば，ある比喩とか解釈とか）は，この局所的な文化のブリコラージュの一部となるのである。

たとえ被分析者が分析家を使用することがもっとも深いレベルでの無意識のコミュニケーションであるとしても，他者の主観性のオーケストレーションを通して自分のイディオムが伝達されることは，なおも１つのミステリーのまま留まるであろう。人物や場所や出来事や伝説や感情など，被分析者によって報告されたものは，分析のなかで新しく生命を吹き込まれる。デ・クーニングの絵画の中の対象のように，その起源から切り離されたこのような対象は，「自然の起源から解離された」，「数字や，計算記号や，アルファベットの文字と同じ階層の情緒的な負荷を担った有機的な形態」であるかのようである（1982：115）。これらの対象のそれぞれは，連想の織物に包み込まれた，情緒や記憶や観念の小さな集合を生み出す。そしてローゼンバーグ(Rosenberg)[訳注1] がデ・クーニングについて言っているように，「ある友人の記憶は一対の手袋とか，電話番号とかによって呼び覚まされ，エロティックな感覚は曲線とか，頭文字とかによって呼び覚まされる」（115）のであり，精神分析と名づけられた複合的な世界の中に被分析者によって運び込まれた対象は，それ自体で１つの世界となるのである。

ローゼンバーグによるデ・クーニングの描写は，精神分析に相応しい比喩となっている。

> デ・クーニングは，記号としての形態を独立の対象や象徴の体系から解放し，新しい種類の精神力動的な創作物を作り出した。彼の形態は，それぞれが連想の独立の整数であったものが，フォーマルであると同時に主観的な，複合的な相互作用を示すようになるのである。（116）

訳注1）Rosenberg, Harold（1906—78）：アメリカの美術評論家。

この「持続的な効果」をデ・クーニングは「そっと忍び込むおぼろげな知覚（slipping glimpses）」と名づけた。この表現は，精神分析というまた別の領域においても，被分析者の「持続的な効果」の受け手である分析家が患者の無意識をおぼろげに知覚することとして意味が通じるだろう。精神分析の作業とは１つの創作であり，参加者の双方が分析のための素材を創り出し，お互いがそれについて作業をし直して，新たな形態と意味とをそれに与えることなのである。

私は，ロバート・ダンカン（Robert Duncan）[訳注2] が『詩，自然なこととしての』のなかで，鮭の遡上を詩の作業の比喩として用いたことを考えている。「詩は，／思考，感覚，衝動をたらふく食う。／自らを育むために，／暗い階段を跳び越える際の，魂の緊急性によって。」分析の作業もまた，自己の形態をつくる衝動の運動から栄養を引き出しているのであるが，これが魂の緊急性を構成してもいるのである。

しかし，この仕事とは何なのか。それが達成するものとは何なのか。

それは苦しみを軽減する。被分析者はほとんど即座に，ここは自己が病気でいることが許されていて，そして幸運にも，分析可能であり，徹底操作に利用できる構造が提供されている場所であることに気づくのである。

しかし，それだけではない。

そこから新たな形式の快楽と新しい技術が生まれるのだが，これを無意識において遊ぶことと呼ぶこともできるだろう。患者と分析家は，知覚，受容，創造性，そしてコミュニケーションの無意識的な諸形態に繰り返し身を任せる。１年も経つとその分析は，参加者の双方が驚くほどに深まっているかもしれない。彼らは，どの瞬間をとっても，ドストエフスキーの小説と同様に濃密なフィクションの世界に湧き出でてくる，無意識的なコミュニケーションのために意図的に準備された，人間の根本的に新しい技術について，部分的に気づいている享受者なのである。そうした可能性に対する当初の彼らの疑いがどのようなものであれ，やがて両者は，たとえ意識的で熟慮された思考に媒介されているとしても，この仕事は視野の外にあって気にも留めてい

訳注2）Duncan,Robert（1919―88）：詩人，評論家。ここで引用されている“Poetry A Natural Thing”は，代表作の１つである。

ないところから起こってきて，絶え間なく意識の中へと流れ込むものであるということに幾度となく気づかされて，謙虚にそれを受け入れるようになるのである。

「われわれが分析家に絶対的に求めるのは，話すことが何を意味するのかについての知識であり，どんな決定的な影を言葉が隠しているか，主体がその網の目を横断するのをどのように示すことができるかについての知識である」(1996：52) と，セルジュ・ルクレール (Serge Leclaire) は書いている。この横断を見るために，分析家は，「話すことと欲望することが絶え間なく再生するその間隙をとおして」，被分析者に耳を傾けなければならないのであり，そしてまさにこの非常に特別な場所でこそ，分析家は，被分析者の「言葉の秩序を捉える特殊な様式，最初の対象の沈黙に関連する奇妙な定式化」を，心に描き出すことができるのである。分析家は，この間隙のうちにあって，それが「開かれたまま」であることに注意を払い，それが「欲望のように，生き生きとしていることに」(53) 気を配らなければならない。「水の上の霊魂のように漂う分析家の注意とは，第一に，言葉の，その光による果実ばかりでなく，それらの影のような根っこも含めて，透明性に対する率直さである」(62) と，彼は付け加えている。

文芸評論家のヘレン・ヴェンドラ (Helen Vendler)[訳注3] は，自己と魂との，また小説と抒情詩との，根本的な相違について論じている。1人の自己には歴史があり，社会空間に生きており，社会的関係の中の自己たちを表現した小説において登場人物として栄えるのである。それに対して魂は，抒情詩の形式の中に生きており，それぞれ「長い歴史で満たされており，動機，欲望，意味が濃厚な『性格』として現れた」単語の「力の集積」である。こうした「性格」が，「構文や，音や，リズムの力」によって結び付けられるや否や，これらは「小説のなかで，われわれが『運命 (fate)』と呼ぶであろうものに従うことになる」が，興味深いことに，彼女は，抒情詩における言葉の「宿命 (destiny)」は，「人生における人間の宿命と同様に複雑である」(1995：6) と書いている。小説は社会的な自己の視点から機能するもの

訳注3) Vendler, Helen (1933〜)：ハーバード大学の英文学教授，文芸評論家。“The Art of shakespeare's Sonnets”など詩について書かれた著作が多い。

であり，自己として生きていること，関係する者として存在していることのなかで，われわれが慣習的な形態として認識している言述のなかに，自らを映し出すものである。それでは，抒情詩はいったい何を照らし出すのであろうか。

抒情詩の特徴であるものとは，とヴェンドラは論じている。すなわち，圧縮，明白な自発性，生き生きとして力強いリズム，「響きを通して感覚を結びつけること」，「表された経験に枠をはめる構造，人生の多様性の抽象化，記号論とリズム論との間の力動的な戯れ」は，自己がその社会的秩序とそれ自身から宙吊りにされた瞬間に，「その社会的に構成された特質が一時的に停止されたときに，『魂』に声を」与える（6－7)。詩人たちには，と彼女は感嘆して言っている。「典型的であるというよりも風変わりさがあり，お互いに競い合う芸術的な記号」と彼女が呼ぶものがある（7)。

ローゼンバーグがデ・クーニングについて述べたこと，ルクレールが精神分析家について述べたこと，ヴェンドラが抒情詩について述べたことは，記憶を呼び覚ます叙述であり，名指されたものを呼び起こすものである。無意識の事物のミステリーを描写するという不可能な仕事に直面して，これらの著者たちはそれをものともせず，ともかくも書いたのである。

事物とは何か。

影響として生きている事物。それらを養い育てる主体のなかで，それらを含みこむと想定されている対象のなかで，それらが何であるかという理由からでなく，それらが何で「ないか」というおなじみの動きをとおして，それらを知っていると想定される受け手のなかで，影響として生きているもの。それは人生のテーマでもなく，小説のプロットでもなく，被分析者の緊急の報告でもなく，ただ生きている形態なのである。

ミステリーとは何か。

答えることが不可能な，おそらくはすべてを統括するような質問。心の中で働いて，その対象を作り出したり，その心象風景を形づくったり，自らを言葉で表したり，感情を寄せ集めたり，他者に浮かんだ観念に影響を及ぼしたり……。そのように働く知性とは何か。

もしも神というものが存在するならば，人生の素材をとおして自ら働き，われわれに形態を与え，われわれを他者へと伝達するというミステリー。そこそが神の生きている場所であろう。

用語集

Unthought Known 「未思考の知」

考えられたことはないが，すでに知られていることを意味する。思考回路に上ってこない知，考えられない考え，考えられないけれども知っていること，思考の及ばない考え，思考の埒外の知などと言い換えることができる。人は生まれてすぐの記憶はない。しかし，われわれに記憶はないけれども，そのような早期の経験を生きることができる。これが未思考の知の典型例である。転移－逆転移関係は，こうした早期幼児期の体験を表現する手段である。

ボラスは，この概念は，自閉症児のように言語を用いたコミュニケーションができない人たちとの関わりから生まれた発想であると述べている。また，ハイデッガー（Heidegger）の哲学やビオンの思考の概念が影響を及ぼしているとも述べている。精神分析は，そうした未思考の知を，言語を媒介として再び生きることと言いうるだろう。

Fate と Destiny 「運命」と「宿命」

「ものごとが起こる前に，その出来事の結果を決定すると考えられる力」，外から来るような運命，たとえば神託などによって伝えられた運命を Fate と呼ぶ。一方，その人が主体的に選択するものであるが，抵抗し難い，必然的な行動の結果として現れるものを宿命 Destiny と呼ぶ。宿命という言葉のほうが，自ら選び取るというニュアンスを含むために，より積極的な意味合いがある。具体的に言うならば，エディプスの運命は，デルフォイのアポロ神殿の神託で明らかになったが，エディプスの宿命は，神託で示された出来事の連鎖によって決定された，ということになる。人は，自分のイディオムを達成しているのだという宿命的な感覚をもっており，これはウィニコットの本当の自己とつながる，とボラスは述べている。また，宿命を表現しようと求める衝動を，宿命衝動 Destiny drive と呼んでいる。

Idiom 「イディオム」

元来イディオムという言葉には，慣用句，特有の言い回し，独特の語法，独特の表現様式など，様々な意味がある。ボラスの考えでは，イディオムとは，「それぞれの個人に特有の中核，核心のような存在の形態であり，それは好ましい状況のもとで展開してはっきりとした形を成すことができる。人間のイディオムとはそれぞれの主体を定義する本質であり，そして，われわれは誰でも相手のイディオムに対して鋭い感覚をいくぶんは持っているが，そのような知識は実質上考えることのできないものである」という。

人は誰でも，自分のイディオムをもっている。同時に，われわれは皆，他者のイディオムももっている。たとえば，ある芸術家の作品がその人のものとわかるのは，その人のイディオムが伝わるからであるとボラスは述べている。いかにその芸術家が他者の影響を受けていようとも，その人には固有のイディオムがある。こうしたことは本来，未思考のものである。同時に，形態がなければどのようなイディオムも表現されえない。形態はその人固有のものではなく，文化や芸術のジャンルを反映したものであり，個人は形態をとおして他人のイディオムを利用（使用）することができるのである。通常，人が自分のイディオムに出会うことができるのは，分析的関係のなかにおいてであり，その人がどのように分析そのものや分析家を使用するかによってである。言い換えると，分析家は被分析者のイディオムを引き出すのが仕事である。

ボラスのイディオムの概念は，ウィニコットの「本当の自己」という概念の延長上にあるもので，本質的に孤立した到達不能のものである。ウィニコットは本当の自己の発達については多くを述べていないが，ボラスはイディオムという概念を用いて，その人の固有の自己の発達を描き出している。

Aesthetic 「審美的」（時に美学，美的といった意味合い）

物が作り出されるときには，より美しく，美的な形態であるようにという知性が働く，とボラスは述べている。自己は対象によって形づくられるが，自己は特定の対象を選択したり，特定の方法で対象を使用したりすることによって，その人独自の審美的な知性を実現するようになる。そのような方法を，ボラスはイディオムと呼ぶ。形態の美学は，何ものかが伝達されるときの無意識の交流の重要な特徴である。その具体例を，夢が生み出されるときのプロセスに見ることができる。このようなことと，人が何故かある対象に惹かれるように感じる審美的な体験とは結びついている，というのがボラスの考え方である。

Form 「形態」
Transformational 「変形（性）」
Transubstantial 「変質（性）」
Transformational Object 「変形（性）対象」

形態 Form もまた，文脈によって様々な意味に用いられる言葉である。形態から派生した言葉として，ボラスは変形性 Transformational と変質性 Transubstantial という用語を使い分けている。前者は形態が変わるという意味合いであるのに対して，後者は質的な変化を意味している（Transformational という言葉はしばしば「変容性」と訳されるが，変容という訳語には，質的な変化という意味合いが含まれているので，ここでは変形性と訳している）。

われわれは，自分の無意識に従って，相手の素材を変形している。このような変形の出発点は早期の母子関係にある，とボラスは考えている。変形対象 Transformational Object とは，幼児を変化させていく母親の機能のことをいう。そのような意味で，変形対象はウィニコットによる，ほど良い母親による抱える環境の概念が発展したものと見ることができる。ただ，抱える環境が全般的な概念であるのに対し，変形対象とは，個々の母親による個性的な取り扱いにより，赤ん坊の個性が作られていくという意味合いがある。たとえば，分析家は自分の無意識の読みに従って患者の素材を変形している，すなわち，分析家は変形対象として機能しているといいうるのである。変形は自我の機能であるとボラスは指摘している。

これに対して，変質とは，たとえば本来無意識的なものであったものが視覚化されることで夢となることである。また，形態は抽象的な概念であるのに対して，「形象」Figure（しばしば図象，象徴，フィギュアと訳される）とは，現れた姿（たとえば，絵に描かれた人物像）を意味することから，より具体的な概念である。

Dissemination　「播種」,「散種」

本文中では，コンテクストに従って，「撒き散らす」などと訳している場合がある。本来の意味は，ただばら撒くのではなく，植物が種を撒き散らすように，自らをまわりに広げているというニュアンスがある。デリダ Derrida の播種 Dissemination から，影響を受けている。

播種は断片化 Fragmentation とは異なり，断片化と対比されるのは凝縮 Cohesion であり，一方，播種と対比されるのは「精神的強度」Psychic Intensity であるとボラスは述べている。夢を見ることも，自由連想をすることも，精神的強度に従ってなされるが，それらは連想を通して播種される。

Psychic genera　「精神的類概念」

この言葉はボラスの新造語である。Genera という言葉は genus の複数形で，そもそもは「種」という意味であるが，語源的には「生成する」generate と共通することから，「新しい意味の生成」という意味合いを含めて用いることをボラスは主張している。様々な一見ばらばらな観念が，ある無意識の核を中心にまとまり，やがてそこから人生の新たな見方が生まれてくる（ボラスは顕現すると表現している），という意味である。同じような観念，似たものを呼び寄せる，寄せ集めるというニュアンスであり，自由連想の基盤には，この機能があるとボラスは述べている。たとえば，夢は類概念であり，その夢について連想することは播種になる。精神分析には，常に破壊的な過程と，統合して練り上げる過程とが並存しているというのがボラスの考えである。

Intelligence　「知性」

ボラスは人を方向づける原動力のようなものを知性という言葉で表してい

る。人が美しくありたいと願うのは，知性の重要な１つの働き（審美的な知性）である。「形態」には知性がある，ということができるだろう。

（館　直彦記）

参考文献

Abrams, M.H. (1971) *Natural Supernaturalism*. New York: W W Norton & Company.

Arendt, Hannah (1958) *The Life of the Mind*. Chicago: University of Chicago Press.

Bacon, Francis (1953) 'Catalogue'. London: Tate Gallery.

Bacon, Francis 'Statements, 1952–1955', in Herschel B. Chipp, *Theories of Modern Art* (1968). Berkeley: University of California Press, 620.

—— (1963) 'Interview', in Chipp 622.

Balint, Michael (1968) *The Basic Fault*. London: Tavistock, 1968.

Barratt, Barnaby (1993) *Psychoanalysis and the Postmodern Impulse*. Baltimore: Johns Hopkins University Press.

Blanchot, Maurice (1969) *The Infinite Conversation*. Minneapolis: University of Minnesota Press, 1993.

Bloch, Ernst (1974) *Essays on the Philosophy of Music*. London and New York, 1985.

Bollas, Christopher (1987) *Shadow of the Object*. New York: Columbia University Press.

—— (1992) *Being a Character*. London: Routledge.

—— (1996) 'Figures and their functions: on the Oedipal structure of a psychoanalysis'. *The Psychoanalytic Quarterly* 65, 1–20.

Breton, André (1934) 'What is Surrealism?', in Chipp 410–17.

Caws, Mary Ann (1996) *What Art Holds*. New York: Columbia University Press.

Corrigan, Edward and Gordon, Pearl-Ellen (1995) *The Mind Object*. New York: Jason Aronson.

Dali, Salvador (1934). In André Breton. 'What is Surrealism?', in Herschel B. Chipp, Theories of Modern Art (1968). Berkeley: University of California Press, 410–17.

Dante (1292–94) *La Vita Nuova*. Bloomington: Indiana University Press, 1962.

Ehrenzweig, Anton (1967) *The Hidden Order of Art*. Berkeley: University of California Press, 1971.

Ellman, Richard and O'Clair, Robert (1973) *The Norton Anthology of Modern Poetry*. New York: W W Norton & Company.

Epel, Naomi (ed.) (1994) *Writers Dreaming*. New York: Vintage Books.

Erikson, Erik (1968) *Identity*. London: Faber.

Ferenczi, Sandor and Rank, Otto (1923) *The Development of Psycho-Analysis*. Madison: International Universities Press, 1986.

Freud, Sigmund (1905d) 'Fragment of an analysis of a case of hysteria' (also known as 'Dora'). *Standard Edition* 7, 3–122.
—— (1909d) 'Notes upon a case of obsessional neurosis'. *Standard Edition* 10, 3–149.
—— (1911b) 'Formulation on the two principles of mental functioning'. *Standard Edition* 12, 215–26.
—— (1913c) 'On beginning the treatment'. *Standard Edition* 12, 123–44.
—— (1920g) 'Beyond The Pleasure Principle'. *Standard Edition* 18, 3–64.
—— (1923a) 'Two Encyclopaedia Articles'. *Standard Edition* 18, 235–59.
—— (1924f) 'A short account of psycho-analysis'. *Standard Edition* 19,
191–209.
—— (1927c) 'The Future of an Illusion'. *Standard Edition* 21, 3–56.
—— (1930a) 'Civilisation and its Discontents'. *Standard Edition* 21, 59–145.
—— (1933b) 'Why War?' *Standard Edition* 22, 197–215.
—— (1940a) 'An outline of psycho-analysis'. *Standard Edition* 23, 141–207.
—— (1985) *The Complete Letters of Sigmund Freud to Wilhelm Fliess 1887–1904*. Jeffrey Masson (ed.), Cambridge and London: Harvard University Press.
Gass, William (1996) *Finding a Form*. New York: Knopf.
Gibbons, Reginald (ed.) (1979) *The Poet's Work*. Chicago: University of Chicago Press.
Giovacchini, Peter (1979) *Treatment of Primitive Mental States*. New York and London: Jason Aronson.
Green, Andre (1977) 'Conceptions of affect'. In *On Private Madness*. London: Hogarth Press, 1986, 174–213.
—— (1983) 'The dead mother'. In *On Private Madness*. London, 1986, 14273.
—— (1993) *Le Travail du Negatif*. Paris: Editions de Minuit.
—— (1997) 'What kind of research for psychoanalysis?' *International Journal of Psychoanalysis* 5(1), 10–14.
Heimann, Paula (1956) 'Dynamics of transference interpretation'. In *About Children and Children-No-Longer*. London: Routledge, 108–21.
Irigaray, Luce (1987) *Sexes and Genealogies*. New York: Columbia University Press, 1993.
Kahane, Clare (1995) *Passions of the Voice*. Baltimore: Johns Hopkins University Press.
Khan, M. Masud (1974) *The Privacy of the Self*. London: Hogarth Press.
—— (1988) *When Spring Comes*. London: Chatto and Windus.
Klauber, John (1987) 'The role of illusion in the psychoanalytic cure'. In *Illusion and spontaneity in psychoanalysis*. London: Free Association Books, 1–12.
Klein, Melanie (1961) *Narrative of a Child Analysis*. London: Delacorte Press, 1975.
—— (1975) *The Psycho-Analysis of Children*. London: Free Press.
Kohut, Heinz (1984) *How Does Analysis Cure?*. Chicago: University of Chicago Press.
Kooning, Willem de (1982) 'Painting is a way'. In Harold Rosenberg, *The Anxious Object*. Chicago: Chicago University Press.
Kris, Anton (1982) *Free Association*. New Haven: Analytic Press.
Kristeva, Julia (1987) *Black Sun*. New York: Columbia University Press, 1989.
Laplanche, Jean (1986) 'Psychoanalysis as anti-hermeneutics'. *Radical Philosophy* 79, September/October, 7–12.

—— (1992) *Seduction, Translation, Drives*. London: The Institute of Contemporary Arts.
Leclaire, Serge (1995–6) 'Sygne, or transference love'. *Journal of European Psychoanalysis* 2, Fall–Winter, 51–62.
Lichtenstein, Heinz (1961) 'Identity and sexuality'. In *The Dilemma of Human Identity*. New York: Jason Aronson, 1977, 49–122.
Marcel, Gabriel (1968) *Tragic Wisdom and Beyond*. Evanston: Northwestern University Press, 1973.
Melville, Herman (1851) *Moby Dick*. New York, 1967.
Milner, Marion (1952) 'The role of illusion in symbol formation'. In *The Suppressed Madness of Sane Men*. London: Routledge, 1987, 83–113.
—— (1969) *The Hands of the Living God*. London: Hogarth Press.
—— (1977) 'Winnicott and overlapping circles'. In *The Suppressed Madness of Sane Men*. London: Routledge, 1987, 279–286.
Milosz, C. (1979) 'Ars poetica?' In Reginald Gibbons, *The Poet's Work*. Chicago: Chicago University Press, 3–4.
Olney, James (ed.) (1980) *Autobiography*. Princeton: University Press.
Olson, Charles (1997) *The Collected Poems*. Berkeley: University of California Press.
Pontalis, J.-B. (1981) *Frontiers in Psychoanalysis*. London: Hogarth Press.
Richter, Gerhard (1995) *The Daily Practice of Painting*. Cambridge: MIT Press.
Rickman, John (1950) 'The factors of numbers in individual and group dynamics'. In *Selected Contributions to Psycho-Analysis*. London: Hogarth Press, 1957.
Rosenberg, Harold (1982) *The Anxious Object*. Chicago: Chicago University Press.
Rycroft, Charles (1986) *Imagination and Reality*. New York: H. Karnac.
Sandler, Joseph and Dreher, Ursula (1996) *What Do Psychoanalysts Want?*. London: Routledge.
Schafer, Roy (1983) *The Analytic Attitude*. London: Basic Books.
Scott, Clifford (1975) 'Self-envy and envy of dreams and dreaming'. *The International Review of Psycho-Analysis* 2, part three, 333–7.
Schoenberg, Arnold and Kandinsky, Wassily (1984) *Arnold Schoenberg, Wassily Kandinsky: Letters, Pictures, Documents*. London and Boston: Faber and Faber.
Searles, Harold (1979) *Countertransference*. New York.
—— (1986) *My Work With Borderline Patients*. Northvale and London: Jason Aronson.
Steiner, John (1993) *Psychic Retreats*. London: Routledge.
Stevens, W. (1979) 'The irrational element in poetry'. In Reginald Gibbons, *The Poet's Work*. Chicago: Chicago University Press, 48–58.
Stravinsky, Igor (1942) *Poetics of Music*. Cambridge: Harvard University Press.
Valéry, P. (1979) 'A Poet's Notebook'. In Reginald Gibbons, *The Poet's Work*. Chicago: Chicago University Press, 170–83.
Vendler, Helen (1995) *Soul Says*. New York: Belknap Press.
Winnicott, D.W. (1958) 'The observation of children in a set situation'. In *Through Pediatrics To Psycho-Analysis*. London: Hogarth Press, 52–69.
—— (1971) 'The Use of an Object and Relating through Identification'. In *Playing and Reality*. Harmondsworht: Penguin, 1974.
Wordsworth, William (1959) 'The Prelude'. In Ernest de Selincourt (ed.) *Wordsworth's Prelude*. Oxford and London: Oxford University Press.
Wright, Ken (1991) *Vision and Separation*. London: Free Association Books.

解　題

本書は，Christopher Bollas の著書，The Mystery of Things の訳である。著者の Christopher Bollas は，現代を代表する精神分析家の１人である。未だわが国での知名度は高くないが，すでに何冊かの書物を著しており，新しい精神分析理論の担い手として，オリジナルで創造的な思想を展開する分析家として遍く知られている。本書は，Bollas の著書の日本語訳としては初めてのものなので，まず，Bollas がどのような人なのか，彼の略歴から述べたい。

Bollas は本書の執筆の時点で50代半ばであり，米国生まれの非医師の精神分析家である。彼は，自分の自由連想などをそのままエッセーの素材として用いているので，それらから個人的なこともある程度うかがい知ることができる。それらによると，Bollas という名前がギリシャ系の由来であることなどが分かる。彼は当初，大学では文学を専攻していたが，学生時代に自分自身がカウンセリングを受けたことが１つのきっかけとなって，精神分析に興味を抱くようになったとのことである。その後，精神分析と文学をテーマとして研究を行って学位を取得した後，精神分析家になるためのトレーニングを受ける決意をし，最初にロスアンジェルスで，その後，英国で訓練を受け，分析家の資格を取っている。現在の臨床活動の拠点は英国にあるが，米国でも様々な活動に参画しており，独立学派の代表的な論客の１人と目されている。Bollas の守備範囲がたいへん広いことは本書を手にとっていただくと，お分かりいただけると思うが，精神分析にとどまらず，哲学，美学などの人文科学的テーマ，現代思想や政治，芸術などに関する論考も多く見られる。芸術家の中にも Bollas の創作理論に興味を持つものも少なくないようであり，Bollas の理論に触発された書物 The Vitality of Objects. Exploring the Work of Christopher Bollas(Continuum, New York)の中には，創作家によるエッセーも何篇か納められている。もっとも，Bollas自身は，自分はBollas理論などというものを編み出そうとは考えていない，と述べている。

Bollasは，Winnicottとたいへん近しい関係にあったMasud Khanから教育分析を受けた経験や，Winnicottの大学での講義をもとにした著書Human Natureの編集などにも携わっていることなどからも分かるように，人脈的に独立学派につながる分析家である。また，治療関係の中で展開される分析家と被分析者の関係を重視することや，自己が環境との相互関係において発達すると考えていることなどから，理論的にも少なくともその出発点においては独立学派の系譜にあると見て良いであろう。しかし，彼の論考には，独立学派のみならず，様々な学派の分析家の影響が見て取れる。Freud, Klein, Winnicott以外にも，Lacan, Bion, Milnerなどの思想がしばしば言及されている。

Bollasは，すでに単著で7冊の本を出版しているが，本書は彼の5番目の著書になる。Bollasの興味の中心は，自己のありさま，その本質的で普遍的なものが何かということ，それと同時に人間の個人的で独自のものはどのようにして生まれてくるのかということに一貫して向けられているように思われる。Bollasは，最初の著書『対象の影』において，自己は対象によって形作られるのであるが，どのようにして特定の対象を選択し，また，特定の方法で対象を使用するかによって，その自己に独自の審美的な知性が実現されることを述べている。このころのBollasには，まだ対象関係論者のイメージが強い。その次の著書『運命の力：人間のイディオムの精神分析』では，それぞれの個人固有のあり方を意味するイディオムの概念を導入し，そのような固有のイディオムが，形態の枠組みをかりて，どのようにして表現されうるのかを論じている。3番目の著書『性格となること：自己経験の精神分析』および4番目の著書『ひび割れること：無意識的な経験の仕事』（もっとも，原語のCracking Upという言葉は口語であり，多義的であるため，何と訳すかは異論があるかもしれない。）においては，自由連想法や夢の中で示される無意識の構造と機能についての議論が展開されており，本書につながるものである。本書以降の6番目の著書『ヒステリー』では，近年精神分析の舞台から消えた観のあったヒステリーについて多角的な議論がなされている。その中で，性欲（sexuality）が占める中心的な役割や，等閑視されがちな本能の性愛的（erotic）な側面があらためて強調されている。一番最近である，2000年に著された小冊子『自由連想』は精神分析を専門にしている人ばかりでなく一般の読者向けにも書かれたものであり，精神分析のコミュニケーションが，分析家と被分析者の無意識を介してのものであることを，分かりやすく解説したものとなっている。彼には，この他に，法律家の Sundelson との共著で，『新たな犠牲者：精神分析と精神療法における秘密保持の裏切り』という著書があり，精神分析の倫理的な問題についての意見が述べられている。

本書は，Bollas 自身が序章で述べているように，ただ単に精神分析の技法や理論の本ではなく，精神分析の基盤にあるものを描き出すことを試みた本である。そのために，精神分析だけでなく，文学や哲学の理論が幅広く取り込まれている。また，臨床家だけでなく，幅広い読者が想定されている。

本書は内容的には，精神分析の方法，とりわけ自由連想という方法が，自己を他者に伝達する上で，新しい地平を切り開く画期的な方法であったという Bollas の考えを，様々な側面から述べている。その一方で，人間にはどんな方法によっても到達し得ないものがある，ということを彼は述べており，それらがミステリーと呼ばれる部分になる。本書の前半部は，自由連想という方法が，分析家と被分析者の双方にとって，どのような経験を啓くかをめぐっての論考が収められている。後半部はその他の論考である。ただ，この翻訳では，紙幅の関係で，原書の第9章『死んだ母親，死んだ子ども（Dead mother, dead child)』と，第14章『性欲を言葉にすること，そして語ること(Wording and telling sexuality)』を割愛しなければならなかった。原書の7章から12章（本訳書では11章）までは，自己が心から疎外されることに関しての，臨床例に基づいた論考がなされている。原書の13章から16章（本訳書では12章から14章）までは，自己の様々な局面，とりわけ創造性をめぐる議論が展開されている。割愛した原書第9章は，Andre Green の Dead mother の概念に基づいて臨床例を提示したものであり，母親の心理的な死がどれほど手痛い障害を子どもに与えるか，そうした衝撃が，自己に深く組み込まれるために，それを解きほぐすことがいかに困難な作業となるかが詳述されている。原書第13章は，性がいかに語りがたいものであるかということ，むしろ通常の語り口から抜け落ちて当然のものであることを述べたものであり，それ故，自由連想による語りが意義深いことが述べられている。

本書のみならず，Bollas の著書には豊富なアイディアが展開されているが，あまりにも発想が豊か過ぎるために読みにくい，という意見を耳にすることがある。また，Bollas の文体は，彼が最初は文学を専攻していたことを反映してか，レトリカルでたいへん華麗である。あちこちに創造的な芸術家たちの文章が引用され，それらをもとにさらに議論が展開されていく。表現に多義的な用語が用いられることもあれば，新しい概念を説明するために，いくつかの言葉を自ら作り出してもいる。時には，多少の飛躍など物ともしない，という風なのであるが，そのことに関して Bollas が，自分の文章のことを論文とは呼ばず，エッセーと呼んでおり，自分はエッセイストなのだと述べていることから，彼の立場が明らかになるだろう。そのようなエッセーの書き方として，彼は，いったん想念が思い浮かんだならそれをノートに書き記し，しばらくそのままにして想像が膨らむのを待ち，やがて自分が言いたいことが何であるのかを発見する，という作業を繰り返すことを述べている。そのようにすることによって，やがて自分がなぜこのように考えているのかについても考えることができるようになるのだと Bollas は語っている。そうすることによって，味わいも増す，と Bollas は言うのであるが，それはまるでワインか何かを熟成させているように聞こえる。

本書にまとめられたエッセーは，そのような熟成作業の一つの結実であり，それがまた新たな思考の素材となる。自由連想がそうであるように，読者に様々な問いや連想を呼び覚ますことが目的なので，あまりに明解であることは却って避けるべきであると述べている。あまりに明解過ぎないという点において，Bollas は，Winnicott や Khan の伝統を受け継いでいると，言うことができるかもしれない。実際に本書を翻訳する作業の中で，様々なイメージが浮かんだことは事実であり，しばしば自由連想に誘われたという意味で，本書がたいへん啓発的な書物であることは間違いないのだが，理解しようとすればするほど，ますます迷宮に誘い込まれるようにも感じられた。これもBollasのたくらみなのかもしれないのだが。

しかし，このような本書のもくろみと，文体が通常われわれが慣れ親しんでいる精神分析の文章とはかなりかけ離れているために，この翻訳作業はたいへん難航した。さらにわれわれ訳者が浅学菲才であることが輪をかけたと思う。翻訳の作業は，各章を分担した訳者の原稿を，横井と館が読み直す，という方式で行ったが，最後までどのように訳すか意見が割れた部分もあったことは，述べておかなければならないだろう。ただ，このことに関しては，Bollasの理論に基づくならば，正しい翻訳などというものはありえない。翻訳という作業はひとつの解釈であり，その結果として生み出された訳文には訳者１人ひとりのイディオムがあらわれて当然のはずである。しかし，本訳書の場合は，全体の統合性を考えて，最終的には，監訳者の責任で訳稿を決定した。ただ，翻訳の作業によって，Bollasのイディオムがかき消されないようには，細心の注意は払ったつもりである。

尚，Bollasにはいくつかのキーワードというべき用語があり，それらは彼の他の著書で深く論じられているものであるが，本書を読み進める上で重要と思われる言葉について，巻末に用語集を作ったので，参考にしていただければ幸いである。

最後に，わが国では未だ知名度が低いBollasの翻訳の出版を引き受けて下さった岩崎学術出版社，遅れがちになる翻訳作業を根気良く励まして下さった担当の唐沢礼子さんに感謝の意を表したい。

2004年１月

訳者を代表して
館　直彦

人名索引

Abrams, M. H. *22*
Allende, Isabel *231, 236*
Arendt, Hannah *33*
Augustine, St. *22, 23, 35*

Bacon, Francis *224, 225*
Balint, Michael *78, 79, 80*
Barratt, Barnaby *112, 113*
Bion, Wilfred *32, 45, 47, 66, 78, 87, 116, 133, 134, 237, 238, 243, 256, 260*
Blanchot, Maurice *18, 19*
Bloch, Ernst *236*
Breton, Andre *220, 221*
Brown, Norman O. *118, 121*

Caws, Mary Ann *235*
Corrigan, Edward *130*

Dali, Salvador *222*
Dante *174-176*
Descartes, R. *143*
Dreher, Ursula *114*
Duncan, Robert *263*

Ehrenzweig, Anton *227*
Eliot, T. S. *45*
Erikson, Erik *198*
Ernst, Max *223*

Fairbairn *40*
Ferenczi, Sandor *27*
Fliess *25-28*
Freud, Sigmund *1, 2, 16, 19, 20, 25-30, 32, 33, 35, 36, 39, 40, 42, 44, 46, 47, 48, 55, 57, 58, 59, 65, 66, 82, 83, 103-108, 110, 111, 114, 119, 120, 121, 124, 133, 135, 136, 212, 220, 221, 223, 225, 227, 228, 229, 237, 239, 240, 243, 244, 245, 248, 249, 250, 254, 256, 258*

Gass, William *234, 235*
Giovacchini, Peter *204*
Goethe, J. W. von *30*
Gordon, Pearl-Ellen *130*
Green, André *80*

Heimann, Paula *67*
Jung, C.G. *66*

Kandinsky, Vasily *226, 236*
Kernberg, Otto *68*
Khan, M. Masud *51, 70, 82, 245, 258, 259*
Klauber, John *82, 258*
Klein, Melanie *50, 62, 66, 100, 103, 238, 243, 244, 252, 254, 255, 256*
Kohut, Heinz *66, 68, 72, 243*
Kooning, Willem de *223, 224, 240, 241, 262, 263, 265*
Kris, Anton *113*

Lacan, Jacques *20, 66, 122, 126, 243*
Laing, R. D. *48*
Laplanche, Jean *92, 94, 115*
Lawrence, D. H. *53*
Leclaire, Serge *264, 265*
Lichtenstein, Heinz *94*

MacLeish, Archibald *39*
Marcel, Gabriel *139*
Marcuse, Herbert *118, 121*
Melville, Herman *176*
Milner, Marion *79, 96, 97, 100, 169, 258*
Milosz, C. *232*
Montaigne Michel de *22*
Motherwell, Robert *235*
Muir, Edwin *13*

Olney, James *24*

Olson, Charles *47*

Pascal, Blaise *22*
Pontalis, J.-B. *94, 245*
Pound, Ezra *2, 105, 226*

Rank, Otto *27*
Richter, Gerhard *230*
Rickman, John *78, 80, 94*
Rosenberg, Harold *262, 265*
Rosenfeld, H. *32, 134*
Rousseau, J.-J. *23*
Rycroft, Charles *258*

Sandler, Joseph *134*
Scargill, W. P. *23*
Schafer, Roy *72, 257*
Scott, Clifford *168*
Schoenberg, Arnold *226, 236*
Searles, Harold *203*
Seferis, George *6*
Segal, Hanna *32*
Soupault, Philippe *220*
Stern, Daniel *12*
Stevens, Wallace *232*
Stravinsky, Igor *225, 226, 229, 230*

Valery, P. *232*
Vendler, Helen *264, 265*

Wigglesworth, Michael *23*
Winnicott, D. W. *5, 8, 15, 40, 47, 50, 62, 66, 69, 79, 80, 88, 92, 106, 108, 229, 237, 239, 240, 243, 258, 259*
Wordsworth, William *24, 25, 33, 35, 40, 226*
Wright, Kenneth *82, 216*

事項索引

あ行

遊ぶこと　186, 263
アルファ機能　259
アルファ要素　202
イディオム　15, 46, 47, 48, 54, 100, 112, 139, 168, 173, 205, 211, 213, 233, 234, 238, 260, 261, 262
　人間の――　5
　パーソナルな――　233
一次過程　69, 75, 93, 94, 223
一次対象　171, 172, 174–177, 181, 182, 183, 243
一者心理学　21, 87, 88, 92, 96
一体（一者）心理学　78
イド　124
今ここで　17, 109, 111, 116, 117, 253, 259
ウィニコット派　62
運命　6, 46, 116, 138, 173, 264
英国（独立）学派　62, 82, 83
エディプス・コンプレックス　60, 66, 72, 78, 94
エディプス期　8
エディプス三角　60, 63, 76
エンアクトメント（再演）　81
思いやり　239
O　260

か行

快感原則　221
外傷　178
　心的――　121, 216
快楽　46–49, 56, 221, 263
カオス　54, 173
抱えること　8, 50, 62, 63, 73, 192, 204
環境　8, 10, 79, 138, 172, 198, 203, 224, 261
　抱える――　50, 62, 73, 258
関係学派　103
間主観的　21, 84, 85, 187, 216
官能性　212, 217, 219
　母親の――　212, 213
基底欠損　78, 79
基盤　205
逆転移　9, 20, 21, 82, 86, 87, 91, 98–100, 115, 135, 155, 176, 200, 202–205, 249
　厄介でない――　82
境界例　171–173, 175–179, 181–183
狂気　3, 102, 126, 173, 177, 190, 191, 197, 203, 204
強度　47, 138, 171, 173, 248
　心的――　17, 71
　精神的――　44, 47, 229, 244
享楽　131
具体化　231, 233
クライン派　62, 67, 101
形式　100
芸術　6, 53, 224, 225, 226, 230, 231, 237, 242
芸術家　221, 222, 223, 226, 228, 230, 234, 235, 238, 240
形象　57, 61, 67, 171, 225, 240
形態　14, 43–46, 54, 55, 66, 75, 109, 163, 171, 223, 229, 230, 231,233–236, 239, 240, 241, 261–264,
　――の美学　45
　――の論理　236
　ただ生きている――　265
　欲望としての――　46
形態対象　233
現実界　96
原初の母性的没頭　237
行動化　199, 200, 201
心　3, 9, 55, 57, 71, 78, 92, 98, 104, 105, 113, 116, 121–126, 128, 129, 131–135, 137, 138, 139, 149, 153, 155, 156, 159, 160, 162–169, 173, 174, 183, 185, 190, 198, 208, 210, 211, 213, 215, 216

——の空間　192
——の痛み　209
——の病　205
身体としての——　135
心という対象　130, 164
心の干渉　143, 163
心の精神　128
孤独　16, 20, 178
本質的な——　15
コフート派　101
コミュニケーション　1, 9, 19, 49, 60, 65, 80, 83, 94, 104, 174, 192
無意識の——　100
連想による——　116
混乱　178, 182, 183
混乱状態　171, 174

さ行

罪悪感　58, 168, 208, 209
錯覚　14, 79, 81, 82, 83, 86, 94, 223, 227
散種　44-48, 54, 110, 111, 113, 141
三体（三者）心理学　78
自我　10, 45, 109, 114, 121, 122, 166, 177, 179, 228, 249, 254, 261
自我心理学　249
自己　74
偽りの——　106, 174, 182, 187, 189, 194, 195, 197, 198, 202, 215
語る——　122
真の——　187, 190
想像する——　122
秘密の——　189
本当の——　47, 106, 195, 204, 211, 215, 240, 258
自己意識　222
思考　i, 4, 11, 17, 43, 44, 46, 48, 49, 53, 59, 74, 82, 84, 87, 89, 91, 92, 97, 106, 107, 108, 111, 112, 118, 121, 122, 126, 129, 130, 131, 133, 134, 138, 140, 141, 159, 169, 173, 174, 220, 222, 225, 227, 229, 230, 233, 235, 237, 238, 241, 245, 248-251, 255, 256, 260, 261, 263
——の限界　96
——の秩序　232
——のネットワーク　228
事後性　93
自己分析　59
自動的　232
シニフィアン　21, 70, 101, 211
——の連鎖　11
シニフィエ　15, 16, 21, 81, 87, 101, 102
——の連鎖　80
謎めいた——　94
自発性　102, 239, 265
事物　202, 265
シュールレアリスト　223, 225
シュールレアリズム　220, 222, 225, 239
自由連想　i, 1, 2, 3, 8-12, 16, 20, 21, 43, 44, 45, 47, 48, 49, 56, 57, 59, 62, 68, 71, 74, 80, 83, 84, 90, 92, 101, 103-117, 121, 122, 133, 169, 192, 221, 225, 227, 228, 229, 233, 235, 237, 238, 239, 241, 243, 245, 246, 249, 261
主体　7, 12, 17, 20, 46, 54, 78, 85, 87, 112, 118, 122, 130, 170, 177, 208, 213, 214, 216, 257, 265
——の欲望　212
形作る——　236
宿命　182, 264
主体性　82
象徴　252, 262
——形成　79
象徴界　126
象徴的なもの　246
情緒　10, 106, 174, 178, 244
衝動　55, 88, 136, 225
知ること　59, 60, 62, 66, 71, 72
人格化存在　125
審級　124
真正さ　64
身体　176
母親の——　62, 63, 67-70, 73, 74, 77, 94, 110, 206, 237, 240, 245, 255
夢の——　239, 245

リビドー的――　87
身体自我　179
身体自己　214, 215
心的現実　14, 20, 79, 112, 204, 207, 209, 229, 230, 233, 248
心的表象　211
審美的　234
――在り方　260
――な過程　232
――な関心　6, 46
――な構造　234
――なもの　225
――な喜び　226
性愛　119, 212, 213
精神　4, 99
――機能　133
前概念作用　87
潜在空間　261
羨望　189
創造　226, 233, 236
創造性　i, 5, 79, 222, 229, 230, 233, 236, 238, 240, 260, 263
想像的なもの　246
即時性　17, 19, 20
存在すること　204

た行

体現化　5, 82, 174, 206, 210, 211, 213, 214, 217, 218, 219, 235
退行　106, 110, 163, 200, 202, 203
第三の対象　9, 115
第三の領域　79, 92
対象関係　67, 78, 81, 93, 101, 102, 103, 111, 133, 200, 219, 246, 261
対象関係論　238
対人関係学派　67
対話　21, 112, 156, 186, 190
他者　8, 182, 234
大文字の――　19
現実の――　93
現前する――　60
攻撃的な――　183
他者性　80, 82
多体（多者）心理学　78
脱構築　49, 72, 75, 94, 110
――主義者　222
脱主観化　203
脱体現化　213, 216
魂　15, 197, 214, 219, 263, 264, 265
男根　63
単純自己　10, 12, 13
知　18, 72, 75
母性的な――　66
知識本能　12
知性　8, 10, 14, 15, 45, 52, 120, 217, 219, 237, 240, 243, 265
――の働き　44
審美的な――　5
他者の――　7
父の名　60–63, 68, 76, 137, 245
秩序　1, 61, 62, 68, 74, 96, 246, 252
言語的――　255
視覚的な――　254, 255
父親の――　63, 67–70, 74, 77, 111, 116, 136, 245, 246, 247
母親の――　66, 74, 111, 116, 136, 245, 246
幼児のあるいは子どもの――　70
中間休止　229
中間領域　204
抽象表現主義　81, 223, 239, 241
中立性　19, 20, 21, 81
超自我　120, 130, 135, 167, 221
治療同盟　7–10, 13
抵抗　104, 107, 112, 114, 155, 229, 245
転移　8, 9, 11, 14, 17, 21, 48, 67, 68, 78, 81, 82, 86, 87, 89, 90, 91, 100, 102, 104, 106, 115, 116, 117, 128, 155, 163, 176, 182, 190, 205, 239, 240, 253, 255, 259, 261
陰性――　186
厄介でない――　82
投影同一化　101, 132, 252, 254

な行

二次過程　75
二者（関係）　91, 97
二者心理学　21, 86, 87, 88, 92, 96
二体（二者）心理学　78
ねずみ男　57, 58, 59

は行

媒質　100, 234, 235, 236
母の名　68, 76, 137
母性的なもの　246
パラドックス　241
パラノイア　189, 190
反解釈学　115
美学　15
否定的同一性　198
１人でいる能力　88
表象　6, 12, 111, 215, 232, 233
平等に漂う注意　i, 7, 9, 16, 44, 48, 81, 105, 109, 192, 247, 249, 250, 260
ファルス　174
複合自己　10
父性原理　13, 246
父性的なもの　246
普遍的秩序　95
フロイトの方法　220
フロイト派　110, 111
分析過程　8, 133, 192, 225, 257
分裂　122
分裂 - 排除　216, 253
ベータ要素　202
偏執狂的 - 批判的技法　222
変形　14, 15, 44, 86, 110, 175, 178, 221, 227, 229, 232, 233, 237, 238, 246, 247, 256, 259
　——の構造　232
変形作用　258
変形性（状況）　8
変形性対象　230, 256
変質　229, 230, 232
変質的な対象　230, 233, 235
変質的な投影性の客観化　235
本能　64, 82, 87, 212, 219, 221, 225
　死の——　46
　性の——　46

ま行

未思考の知　204, 227
　——の対象　232
ミステリー　3-6, 12, 13, 21, 121, 262, 265
無意識　1, 87, 265
　——のコミュニケーション　212, 248, 250, 262, 263
　——のネットワーク　227, 260
　——のマトリックス　261
無慈悲の原則　239
結び目　43, 48
夢想　16, 21, 61, 71, 73, 105, 192, 208, 211, 216, 237, 247, 258, 261
妄想　2, 3, 81, 125, 126
もの
　——性　96
　——そのもの　175
　——それ自体　110

や行

夢　60, 140, 245
　——空間　81, 89
　——系列　81
　——作業　92
　——体験　140
　——テキスト　43, 111
　——の過程　48, 81, 226
　——の形式　229
　——の理論　225, 226
夢見る　12, 14, 60, 61, 69, 72, 74, 110, 237, 244, 245
容器　8, 9, 131, 192, 257
欲望　6, 45, 46, 47, 49, 54, 60, 64, 68, 80, 82, 87, 101, 109, 114, 116, 136, 171, 173-177, 183, 212, 219
　他者の——　213
　知識への——　55

ら・わ行

ラカン派　62, 63, 101, 103
領域　80
リンボ　209
類概念　54, 55, 226
　精神的——　53, 226
霊感　237
ローマ　224, 225, 226
我と汝　11, 12, 13

監訳者略歴

館直彦（たち　なおひこ）
1981年　大阪大学医学部卒業
1983年　大阪府立公衆衛生研究所
1995年　東京慈恵会医科大学講師
2002年　聖徳大学人文学部教授
現　職　多摩川病院院長，天理大学人間学部臨床人間学研究科教授
著訳書　境界例－パーソナリティの病理と治療（岩崎学術出版社　共編），ウィニコット著＝精神分析的探究１　精神と身体（岩崎学術出版社　共訳），ローゼンフェルド著＝治療の行き詰まりと解釈（誠信書房　共訳），ウィニコット著＝人間の本性（誠信書房　訳），
担当章　第3章，第9章，第13章，第14章，監訳

横井公一（よこい　こういち）
1982年　金沢大学医学部卒業
1993～1996年
アルバート・アインシュタイン医科大学トランスカルチュラル・サイカイアトリー・フェーローおよびウィリアム・アランソン・ホワイト研究所に留学
現　職　関西福祉科学大学大学院社会福祉学研究科助教授
著訳書　ミッチェル，S.A.＝精神分析と関係概念（ミネルヴァ書房　共訳），グリーンバーグ，J.R.／ミッチェル，S.A.＝精神分析理論の展開（ミネルヴァ書房　監訳）
担当章　第8章，第12章，監訳

訳者略歴

赤山正幸（あかやま　まさゆき）
1982年　関西医科大学卒業
現　職　爽進堂七山病院勤務
担当章　第3章，第9章

岡達治（おか　たつじ）
1989年　大阪大学医学部卒業
現　職　清風会茨木病院医局長
担当章　第5章

倉ひろ子（くら　ひろこ）
1998年　奈良女子大学人間文化研究科博士課程比較文化学専攻修了
現　職　奈良臨床心理研究所所長
担当章　第1章

小土井直美（こどい　なおみ）
1980年　岡山大学医学部卒業
現　職　大阪樟蔭女子大学人間科学部教授
担当章　第11章

後藤素規（ごとう　もとき）
1978年　神戸大学医学部卒業
現　職　大阪精神分析研究会
担当章　第6章，第10章

弘田洋二（ひろた　ようじ）
1986年　大阪市立大学大学院生活科学研究科後期博士課程単位取得退学
現　職　大阪市立大学大学院創造都市研究科助教授
担当章　第2章

村井雅美（むらい　まさみ）
1993年　米国ニューハンプシャー大学大学院心理学部博士課程中退
現　職　奈良県奈良病院こども心療科・NICU科
担当章　第4章，第7章

精神分析という経験
事物のミステリー
ISBN4-7533-0413-2

監訳
館直彦／横井公一

第1刷　2004年10月22日

印刷　新協印刷(株)／製本　(有)共伸舎
発行所　㈱岩崎学術出版社　〒112-0006　東京都文京区小日向1-4-8
発行者　村上　学
電話　03-3947-1631　FAX　03-3947-1088